當官員全是飯桶
朕想好好治國
也沒用！

貪汙侵吞、濫權枉法、昏庸無為……
當初意氣風發的新科進士，入了官場就只知道以權謀私！

張程 著

清朝吏治有多糟？十個官員八個貪！
因為只要皇帝沒發現，我們都是好官員！

—— 科舉黑箱 × 京控自戕 × 冤獄不彰 ——
盛世下的「敗」官野史！不求公理正義，全是政治角力！

目錄

目錄

前言：清朝的腐敗與反腐敗

　　清朝是懲治腐敗最為嚴厲的朝代之一，有數項證據為證：

　　清朝自西元一六四四年至一九一一年的兩百六十八年當中，因貪汙受賄、走私等各種經濟犯罪案件而受到刑事處分的一二品官員，據統計有一百六十五人。其中被判處死刑立即執行的七十一人；判處可緩刑的死期（斬監候、絞監候）的五十二人；判處其他刑事處分的四十二人。統計清代一二品官員經濟犯罪案件，其中有明確案發時間記載的有五十三案。其中一百天內判處結案的二十六案；一百天以上至兩百天判處結案的十七案；兩百天以上至三百六十天判處的六案；一年以上判決結案的四案。 可見，清朝對貪腐毫不手軟，對暴露出來的高官大案從嚴、從快處理。

　　另一方面，清朝終究未能擺脫腐敗的漩渦，腐敗現象層出不窮，大貪巨蠹前仆後繼，從早期的明珠、隆科多，到後期的和珅、奕劻等等。一邊是編織制度的藩籬，同時不斷殺戮貪官，一邊卻是貪腐案件如泉湧般出現。殺貪官殺到手軟的乾隆皇帝，就在晚年納悶：「朕御極五十餘年，嘗不時時以整飭官方為務。而貪縱舛法，如恆文、蔣洲、良卿、方世俊、王亶望、國泰、陳輝祖、郝碩諸人，接踵敗露。」

　　為什麼在懲貪最嚴厲的清朝無法遏止貪汙之風？為什麼懲貪愈嚴，貪風愈烈？

一、清朝反腐簡史

　　如果把腐敗定義為對政府賦予的公權力進行私用、濫用或者不作為，那麼，清朝的腐敗行為可以對應分為三大類：私用公權力的貪汙侵吞、中飽私囊等經濟犯罪；濫用公權力的騰挪枉法、胡作非為等行政犯罪；公權力不作為的昏庸無為。

　　經濟犯罪比較容易理解。本書將提到的乾隆三十四年（西元一七六九年）威寧鉛廠虧空案，就是典範的損公肥私、敲詐勒索案件。又比如，咸同年間貴州巡撫張亮基，在巡撫衙門內添沒內糧臺，凡有解款，先交內糧臺，再發軍需總局。歷年來，湖南解往貴州巡撫衙門的白銀有五十萬兩，而發往軍需總局的僅有二十餘萬兩，張亮基僅此一項就侵占不下三十萬兩。再比如，貴州綏陽縣知縣鄧爾龔，「初任綏陽即無惡不作，假勸捐為名，肆行搜刮，下至婦女簪珥等物，為之一空，其間侵蝕肥己，數逾巨萬。」鄧知縣所作所為就是赤裸裸地魚肉百姓，都有敲骨吸髓之嫌了。

　　清朝的優勢之一，在於它站立在之前朝代的肩膀上，可以汲取歷朝歷代優秀的制度成果，高起點地建構反貪倡廉體制。早在順治朝，清朝就建立了成熟的官員考核制度，定期對京官進行京察、對地方官進行大計，獎優汰劣；吸取前朝宦官亂政的教訓，嚴格管控太監，將太監置於文官集團的掌控之下，並且嚴禁宦官外出與參政 —— 清朝自始至終沒有發生宦官干政的現象；同樣的，清朝也嚴禁后妃和外戚干政，明確後宮不得過問前朝事務。往後，清朝制度在高起點上增減修訂，堪稱是中國政治制度之集大成者。

　　清朝建立之初，貪腐案件還集中在經濟犯罪領域，比如順治朝的順天鄉試案、盧慎言貪汙案，康熙朝的侵沒逆產案、噶禮貪贓案、趙鳳詔貪汙勒索案等等。

　　康熙皇帝是清朝的聖祖仁皇帝，平三藩，定臺灣，又南征北戰，建立了偉大的功業。統治後期，康熙對吏治並不重視，或者說有心整肅卻力有不逮。康熙五十三年（西元一七一四年）十二月，皇帝諭大學士等：「朕於大臣官員，每多包容之處，不察於細故也。人當做秀才時，負笈徒步，及登仕，從者數十人，乘馬肩輿而行，豈得一一問其所以來耶？」

這一問，問得好！一個窮秀才，為什麼當官沒幾年就成富豪了呢？難道當官就能發財，或者就為了發財？康熙無力追究這背後的原因。

康熙五十四年（西元一七一五年）十月，康熙皇帝談到對地方督撫的要求時說：「山西巡撫蘇克濟、直隸巡撫趙弘燮、山東巡撫蔣陳錫歷任俱久，未聞清名，亦無貪跡。而地方安靜，年歲豐稔，此等便是好官。」這話，把康熙的晚年心態暴露無遺。他口中的「安靜的好官」，很快就被證明是腐敗分子。雍正繼位後，查出蘇克濟虧空四百五十萬兩，蔣陳錫虧空兩百多萬兩，趙弘燮虧空三百四十萬兩。

雍正面臨著的是一個吏治疲軟、貪腐漸漸成風的局面。他強力整肅吏治，洗刷政治。登基一個月以後，雍正皇帝就下令在全國清理錢糧。除陝西省以外，其他省限令三年，各省總督、巡撫將所屬錢糧嚴行稽查，凡有虧空，無論已經揭發還是沒有暴露的，三年之內務必如數補足。三年補完之後，再有虧空者，「絕不寬貸」。

虧空問題不是一時一刻產生的，不可能用行政命令來解決。雍正皇帝並沒有真正解決清朝官府的虧空問題，但是遏制了府庫繼續虧空的局面。他真正的反腐制度創建，是推行了「養廉銀」制度。雍正把原先地方通行的、在正稅之外徵收的耗羨（各地巧立名目的附加費用）「火耗歸公」，由各省統一標準、統一徵收，再發放給地方官員作為「養廉」費用。一來補貼官員行政開支，二來彌補俸祿的微薄，保障官員的物質生活。雖然在執行之初，就有人認為養廉銀制度會增加百姓的稅負，並不能真正養廉。事實也確實如此。但我們不能否認，養廉銀的確緩解了清朝官員的財政壓力，更不能否認雍正為了杜絕貪腐所做的努力。

雍正的另一項反腐創舉是追賠制度。貪腐的不法收入，官員要如數退還，如果不能退還，就抄沒家產，再不夠數額就勒令其子孫世代賠償。追賠制度在清朝執行了下去，我們會發現清朝是官員抄家沒產最頻

繁的朝代。官員和朝廷之間,在轉移資產與反轉移、隱匿財富與挖掘貲財之間反覆攻防,幾乎是每一樁貪腐大案的必備曲目。

變革朝廷監察體制,是雍正的另一創舉。之前監察制度有臺、諫兩套系統,前者是御史臺,監察百官,後者是給事中,勸諫皇帝。雍正推行「臺諫合一」,將給事中併入御史所在的都察院,轉而同樣監察百官(側重於百官的行政效率)。此舉雖然強化了君主專權,但無疑加強了對官僚集團的監察。

清朝貪腐與反腐的高潮,出現在乾隆時期。乾隆皇帝堅信:「劣員多留一日則民多受一日之殘,國多受一日之蠹」,「斧鉞一日未加,則侵貪一日不止」。「重典治吏」,乾隆做得比康熙、雍正更嚴苛,更是後世子孫無法企及的。

乾隆對貪腐官員冷酷無情,處置起來從不手軟。王亶望的甘肅冒賑案發後,涉及官員兩百一十多名。乾隆殺了總督、巡撫、布政使三人,道府州縣官員六十六人;判處杖刑流放到三千里以外邊遠地區服苦役的有六人;發遣戍邊的五十餘人。另有五十多名官員遭革職並追罰銀兩。

對於高官顯貴的貪腐罪行,乾隆不但不留情面,還從嚴從重判處。比如王亶望案發後,閩浙總督陳輝祖之弟陳嚴祖身為甘肅某縣的知縣,貪汙三千七百兩銀子;兩江總督高晉之子成德也是甘肅某縣的知縣,貪汙四千三百兩銀子。該案其他知縣貪汙在一千兩以上一萬兩以下的都被判可緩刑的死期,陳嚴祖二人按律該判可緩刑的死期,乾隆特意改判為斬立決。乾隆皇帝就是要在全國官民面前宣告,在貪腐問題上對任何人都不會法外開恩。

乾隆皇帝時刻留心官員,尤其是高官廉潔與否,常常透過一些細節發現貪腐線索,然後深挖下去。《清史稿》承認「高宗(乾隆)譴諸貪吏,身大辟,家籍沒,僇及於子孫。凡所連染,窮治不稍貸,可謂嚴

矣！」晚清薛福成說過：「高宗英明，執法未嘗不嚴。當時督撫，如國泰、王亶望、陳輝祖、福崧、伍拉納、浦霖之倫，贓款累累，屢興大獄，侵虧公帑，抄沒資產動至數十百萬之多，為他代所罕睹。」

可嘆的是，乾隆時期的貪腐已經超越了簡單的經濟犯罪，而是在各項制度壓力下成為了普遍現象、全局現象。高度集權的制度設計，是官員不堪重負，不得不濫用公權力，或自保或營私謀利的根本原因。最典範的莫過於府庫虧空案件，在乾隆時期大量出現，且數額巨大。官員挪用、勒派銀兩，不是簡單地追求物質享受，更有彌補財政缺口、開展工作的形勢需求。官員挪用錢財，違規操作，也可能與個人品行無關，而是形勢所迫。比如，林則徐操守卓越，歷任督撫要職，而始終布衣素食，清廉自律。曾國藩曾說：「聞林文忠公三子分家，各得錢六千串，督撫二十年家產如此，真不可及，吾輩當以為法。」（《清朝野史大觀》）但是，張集馨在年譜中記載，其任陝西糧道時每年定期向時任陝西巡撫的林則徐奉送禮金數千兩。我相信，林文忠公用這筆錢維持巡撫衙門和幕府的運轉，並未裝入私囊。可嚴格衡量，這是違法行為。面對如此複雜的現實，乾隆堅持簡單處理的邏輯，注定不可能對財政困局有根本性扭轉。財政如此，司法制度高壓下的地方官員舉止失措，更是如此。而至於行政犯罪，也已然和經濟犯罪交叉混雜。

更糟糕的是，乾隆晚年也犯了和祖父康熙一樣「政失於寬」的毛病。精明又貪婪的和坤，就是在其晚年崛起的。和坤的存在，完全可以推翻乾隆朝反貪腐的所有成果。

乾隆之後的嘉慶、道光、咸豐諸位帝王，都是守成之主，同治、光緒、宣統更是不能與康雍乾三位相提並論。後世完全沒有康雍乾三人的雄才大略與執政手腕。而後六位帝王面臨的局面卻遠比祖宗複雜、困難得多。這注定清朝後期的反貪腐工作一團糟。

清朝後期，貪腐在經濟犯罪、行政犯罪之上，又加了一層政治黑暗。庸庸碌碌成為官員常態，圓滑敷衍成為他們處事的原則。事已不可為。晚清有某國公使造訪總理衙門，寒暄中，公使提到今天天氣不錯，清朝官員竟然鴉雀無聲。過了一會兒，先是名位最高的親王點了頭，接著排名其後的重臣附和，最後再是一眾官員紛紛回答：「今天天氣是不錯。」如此做派，老態畢現，哪有一點刷新政治的可能？政治黑暗會抹殺革新的萌芽，會打壓對公正高效的追求，掩蓋諸多骯髒貪腐，它本身就是最大的腐敗。

二、貪腐重因：清朝財政困局

財權是核心權力之一，清代財政管理制度固定僵化，缺乏必要的彈性，這是導致清朝諸多行政犯罪的重要原因，也給許多官員的經濟犯罪提供了便利。

所謂「國家經費有常」，清朝衙門和官員的開支只有符合特定的「例」與「額」才允許報銷。而這些標準，大多定於清朝前期，確定後就恆定不變。可是，社會是發展的，很快「例價不敷」就成為普遍現象。不合標準的開支無法正常報銷，不削足適履偽造帳目，就只能以其他名目騰挪資金。又比如「強幹弱枝」，財權操於朝廷，地方上除了官員俸祿外，原則上不能留存其他銀兩。那麼，地方的諸多開支怎麼辦？向朝廷報銷，往往例價不敷，報銷不了。地方官員只能盡可能地籌措資金，左右騰挪了。而隨著時間推移、朝廷開支不斷膨脹，財政壓力驟增，戶部又把包袱甩給地方。地方原本就壓力巨大，如今更是要寅吃卯糧、橫徵暴斂，及至偽造帳目了。上下都越來越苦不堪言。錢糧賦稅的虧空，上述原因是重要背景。

前言：清朝的腐敗與反腐敗

　　乾隆皇帝又給窘迫的官員們壓了好幾座大山。除了之後會提到的頻繁進貢外，還有議罪銀制度。議罪銀又稱「自行議罪銀」、「自請認罰銀」、「認繳銀」、「罰項」等。相當於官員檢討錯誤後交納的罰款，有一定的合理性。但是，議罪銀的名目太多，金額太大，顯然超過了官員的承受程度。有些議罪銀名目滑稽，不過是以小過獲咎。官員不得不認繳巨額銀子，向皇帝表示主動認錯、嚴以律己的態度。例如，乾隆四十八年（西元一七八三年）河南巡撫何裕城以奏摺玷汙香灰，遂聲言惶惶不可終日，積極要求「請罰銀三萬兩」。這種未曾奉旨議罪而主動自請繳銀的情況到乾隆晚年更為普遍。皇帝習以為常，官員完全不堪重負。

　　缺錢就得籌措。官員們籌資手法各不相同，但根子上是相同的，那就是「取之於民」。火耗、加徵、陋規、攤派、節禮等，都是官員重要的收入來源。官吏們橫徵暴斂，「私派倍於官徵，雜項浮於正額」，同時不惜侵吞、挪用官庫錢糧，導致官庫虧空。州縣官多方籌措資金後，並非全部據為己有，相當一部分又以陋規、節禮等同樣的名義奉送給了上司。上下串通，都靠種種法外收入維持著各級行政運轉。

　　《大清律例》規定，官吏犯贓，根據「枉法」和「不枉法」分別「計贓科斷」，有祿人（月俸一石以上）受贓枉法一兩以下者杖七十；八十兩，絞。無祿及月俸不及一石者貪贓一百二十兩，絞監候。監守自盜是嚴重的職務犯罪。從《大清律例》的規定看，死刑起點線是白銀四十兩，處決方式為斬首。而且，還「不分首從，併贓論罪」。嚴格按照這個標準執行，清朝中期以後幾乎每個官員都是罪犯，絕大多數人應該斬首。

　　清朝上層對財政虧空的處置，存在兩種意見。康熙四十八年（西元一七零九年），康熙皇帝談到對錢糧虧空的看法，他說：「凡言虧空者，或謂官吏侵蝕，或謂餽送上官，此固事所時有。然地方有清正之督撫而所屬官員虧空更多，則又何說？朕聽政日久，於各州縣虧空根源知之最

悉。從前各省錢糧除地丁正項外，雜項錢糧不解京者尚多。自三逆變亂以後，軍需浩繁，遂見一切存留項款盡數解部，其留地方者為俸工等項，必不可省之經費，又經節次裁減，為數甚少。此外則一絲一粒無不陸續解送京師，雖有尾次，部中亦令起解，州縣有司無纖毫餘剩可以動支，因而有挪移正項之事，此乃虧空之大根原也。」康熙的意見是，只要官員是一心為公，挪用、虧空錢糧可以默許。

雍正皇帝跟他父親的看法完全不一樣，雍正認為：「近日道府州縣虧空錢糧者正復不少，揆厥所由，或系上司勒索，或系自己侵漁，豈皆因公挪用！」官員「每恃寬容，毫無畏懼，恣意虧空，動輒盈千累萬。督撫明知其弊，曲相容隱，乃至萬難掩飾，往往改侵欺為挪移，勒限追補，視為故事，而全完者絕少。遷延數載，但存追比虛名，究竟全無著落」。因此，雍正嚴厲追查虧空，勒令官員填補窟窿。

基本而言，清朝對財政虧空的查辦，搖擺在康熙和雍正兩種意見之間。

暴露問題以後，朝廷會要求相關官員按照責任、品級、任職時間等複雜的標準分配好賠償的比例，定期繳納銀兩，或者乾脆扣罰官員的俸祿、養廉銀等來填補虧空。攤捐、分攤、流攤、捐賠等名詞，指的就是不同的彌補虧空的方法。

隨著虧空現象越來越普遍，官員的扣罰俸祿、賠補現象也越來越嚴重。款項「年增一年，至繁且雜」，以至初習錢谷事務者「每致茫無頭緒，難悉源流」。為此，道光初年，江蘇布政司書吏特意編纂《捐攤款目》一冊，作為財政工作的重要組成部分。道光初年官員何耿繩在官箴中寫道，州縣官到任交接庫項時應飭查「院司道府各衙門按年按季按月應解攤捐」之數額，足見攤捐在州縣錢谷事務中的重要性。道光二年，浙江會稽知縣稟稱：「年例捐攤及奉文特派，並在縣應捐各款，幾及七千

金，核之歲入，並應得養廉之數，已不敷甚多。」也就是說，每年的賠補金額就占去了會稽知縣的收入及養廉銀，同時期甚至有官員收入「全行坐扣，祿入毫無」的情況，他們只能去開闢額外的資金管道。金銀不會從天而降，官員只能剝削百姓，欺下媚上。

　　財政困局如此，司法困局也類似。清朝的法律既簡略又僵化。清代法律主要由「律」和「例」兩部分構成。律是穩定的法律原則，幾乎不變；而例是判例，因時制宜，相對靈活。例的數量往往多於律，在實踐中效用大於律。此外，聖旨也能成為最新的、最有效的法律。判例和皇帝的旨意不斷湧現，新的社會情況又不斷出現，不可能和條文完全相符，這就給了法官比附援引的自由裁量權，也給了上司駁斥的餘地。加之，清朝在審級、期限、定罪權等方面的嚴格限制，導致下級衙門司法壓力巨大，既不能應對複雜的現實，又不能滿足挑剔的上司。而司法權的集中，也讓上級機關不堪重負，疲於應付。在上下怨聲之中，唯一不受關注的就是原、被告的利益和事件的真相。

三、貪腐的「內隱」是皇權

　　晚清薛福成《庸庵筆記》記載：「（乾隆）誅殛愈眾，而貪風愈甚。或且惴惴焉，懼罹法網，唯益圖攘奪刻剝，多行賄賂，隱為自全之地。非其時人性獨貪也，蓋有在內隱為驅迫，使不得不貪者也。」那麼，到底是什麼「內隱」驅使著清朝官員前仆後繼地貪腐呢？

　　我們先來看幾個史實。皇帝的出巡和官員的進貢，是引發貪腐的原因之一。康熙乾隆兩朝巡幸頻繁，特別是乾隆皇帝，在位六十年間巡視次數竟然達到了一百五十多次。地方官員和紳士為了討得皇上的歡心，不惜耗費巨資，費盡心思接駕。地方官大興土木翻建行宮，修建園林，

打通御道，蒐羅古玩。乾隆皇帝晚年說道：「朕臨御六十年，並無失德，唯六次南巡，勞民傷財，作無益害有益。」這些錢肯定不會是官紳們自掏腰包。康熙四十九年（西元一七一零年）的江南虧空案就與康熙的多次南巡有關。這起虧空數額巨大卻緣由不清。先是兩江總督噶禮參奏江蘇布政使虧空四十多萬兩，後經欽差大臣查驗遲遲出不了結果，最後還是康熙皇帝親口說出：「朕屢次南巡，地方官預備縴夫、修理橋梁、開濬河道，想皆借用帑銀。原冀陸續補足。而三次南巡為期相隔不遠，且值蠲免災荒，所征錢糧為數又少，填補不及，遂致虧空如此之多，爾等皆知之而不敢言也。」

大臣進獻貢品，自古有之。但起初只是兩廂情願的事情，而且都是一些地方特產（方物）。可是，雍正時期，大臣進貢成為一項政治義務，從此固定了下來。雍正時期，非方物貢品較之康熙時期大幅度提高。廣東等各處海關從海外購進西洋製品進貢。乾隆朝，大臣進貢日趨制度化、系統化。乾隆皇帝本人鍾愛貢品，大臣的進貢愈演愈烈，達到頂峰。首先，可以進貢的人數增加，還允許越格進貢，乾隆皇帝也不追究駁回。其次，大臣進貢突破限制。一般說來，端陽、萬壽和過年是進貢的常例，但是上元、中秋等節大臣也要照例進貢。「非例」直供明顯增加。同時，乾隆還會主動要求大臣上貢。比如，乾隆二十二年（西元一七五七年）十二月，廣東海關監督李永標、廣州將軍李侍堯進貢。乾隆皇帝覽閱貢品以後，傳諭李永標、李侍堯說，此次所貢鍍金洋景表亭一座「甚好」，「嗣後似此樣好的多覓幾件，再有此大好者亦覓幾件，不必惜價，如覓得時於端陽貢幾樣來」。你說，李永標、李侍堯兩人膽敢不貢？乾隆時期，每年總督按例進貢共計一百八十三項，巡撫每年按例進貢共計兩百七十七項。由於大量的貢品湧進紫禁城，嘉慶皇帝親政以後，檢閱宮中藏品，內府所存陳設物件極其豐盈，「幾無可收貯之處」。

　　乾隆朝多個貪腐大案與進貢有關。閩浙總督陳輝祖查抄王亶望家產，事後解送入京。話說，王亶望未出事之前曾向乾隆進貢大批字畫。乾隆按照酌量退還的原則，將部分字畫退還王亶望，其中就有宋代米芾的一幅米帖石刻。結果，乾隆在陳輝祖奏報的王家家產中沒有發現米芾的這幅作品，進而懷疑陳輝祖貪汙，最終揭開了陳輝祖隱匿查抄家產的案子。又有浙江巡撫福崧到任後，命令鹽運使柴楨代辦玉器、朝珠、手卷、端硯、八音鐘等貢品，一次性就花費銀子三點八萬多兩，最後案發處斬。

　　出巡與納貢，體現了皇帝的私心。事實上，君主專制制度的核心就是皇帝，一切制度和人都圍著皇帝運轉。而皇帝的地位與享受，來源於皇權。確保皇權鞏固，就能守住皇帝的地位與享受的根本。皇帝不能允許對皇權的任何威脅或挑戰。在維護皇權這一點上，皇帝是絕對自私的。

　　乾隆三十七年（西元一七七二年），雲南布政使錢度貪婪勒索案發。刑部侍郎袁守侗奉旨赴雲南查辦，在貴州截獲錢度送京「進貢箱籠」四只，「內貯金器大小八件，稱重四百兩零，玉器十一件」。錢度在布政使任內三四年都停發了養廉銀，如果不是貪汙勒索，這些財富是哪裡來的？袁守侗於是扣押箱籠，準備以此為案件突破口。乾隆得知袁守侗等嚴訊錢度「金玉器件價值，何處置買，何處打造」後勃然大怒，嚴旨詰問袁守侗等人：、「將以此為能問事乎，抑別有意見乎？」並不顧九五至尊，親自上陣：「上年躬逢聖母萬壽，各省藩臬職分原不當貢祝，業已通諭飭禁，嗣因福建藩司錢琦代母進貢，曾酌留香錦一二事，然因其列有金器，即降旨申飭，並因督撫中有以金器為貢者，亦明降諭旨，嚴切申禁，乃中外所共知。至錢度上年亦因其代母恭進，准留如意、藏香等五件，以備慈覽，餘俱發還，其貢單現在，收存之件，有圈可考，並著發去令伊等看，不知該侍郎等沾沾以此為首務，是誠何心？」原來，這是給太后的壽禮，你們也敢動？為此，乾隆責令袁守侗、雲貴總督彰寶等

明白回奏，並要求「各議奏罰來！」結果，袁守侗因為是「新進之人」，不諳事體輕重，取得皇帝的施恩寬宥，僥倖躲過了一劫，而彰寶竟因此被罰了議罪銀一萬兩。

雍正皇帝以「實話實說」著稱。他對大臣說：「朕說你好，你才得好。」皇帝掌握著臣下的禍福榮辱，所以官員們對皇帝極盡奉迎之能事，法律、制度等都是一紙空文。只要把皇帝伺候好了，貪腐是次要的；但是把皇帝惹生氣了，再清廉也白搭。這就是清朝官員的「內隱」。

這個「內隱」主導了官員的貪腐，也解釋了諸多的反貪腐行為。我們發現，清朝的許多貪腐大案，從重從嚴從快處理，並非是嚴格依法辦案，更多的是出自「政治需求」。皇帝要把某件案子作為執政的需求、意志的宣示，或者乾脆就因討厭某個涉案官員，此案就能得到特殊處理。皇權隱藏在所有貪腐大案的幕後。政治辦案，超過了依法辦案，有時甚至達到了顛倒是非黑白的地步。舉個例子：雍正二年（西元一七二四年），四川巡撫蔡珽和夔州知府程如絲販賣私鹽、弊傷商民造成慘案。蔡珽更是逼迫重慶知府蔣興仁自殺，而謊稱自縊。年羹堯對蔡珽和程如絲揭發參奏。雍正看了年羹堯的奏折後，再三審問後經刑部判處蔡珽斬監候。當年年底，雍正皇帝為了利用蔡珽打擊年羹堯，將自己親自審問並判處可緩刑的死期的蔡珽立即釋放，並提拔為都察院左都御史；而程如絲則被雍正帝提拔為四川按察使。有了如此案例，清朝的官員們更加會把皇權放在清廉之前，把忠誠放在認真做事前面，甘心受到「內隱」的驅使了。無怪乎歷經乾隆、嘉慶、道光三朝的曹振鏞，為官之道就是「多磕頭，少說話」。

皇權與貪腐的發生難脫關係，同時也主導著反貪腐事業。乾隆後期，大臣尹壯圖上疏議政：「各督撫聲名狼藉，吏治廢弛。臣經過地方，體察官吏賢否，商民半皆蹙額興嘆。各省風氣，大抵皆然。」乾隆看後

大怒，先以「挾詐欺公，妄生異議」罪判尹壯圖「斬立決」，後為避免成全他的忠諫美名，免去死罪，降職處分。皇帝不讓人辦的貪腐案子，你是突破不了的。

四、貪腐始終伴隨清朝

雍正皇帝有言：「治天下，首在懲貪治吏。」其父康熙，從另一面表達了相同的意思：「國之安危，全在官僚之貪廉。官若忠廉，則賢才向用、功績獲彰，庶務皆得其理，天下何患不治。」貪官能夠亂政，清官能夠理政。政治得失，首在用人。

官員是最活躍的政治元素，也是最重要的元素。一切政治制度都需要官員的運轉，所有政治舉措都離不開官員的貫徹執行。官員的思想觀念和道德品行，很大程度上決定了體制的清廉與否，行政的高效與否。

中國傳統政治重視官德，講究對官員的教育。倡廉、勤政等是其中重要內容。紫禁城太和殿有「正大光明」匾，地方官衙有「爾俸爾祿，民膏民脂；下民易虐，上天難欺」的戒石。各地還有各具特色的對聯，或官員自撰格言、官箴。比如，桂林知府的儀門有一副對聯：「此是公門，裏足莫於三尺法；我無私謁，盟心只凜一條冰。」清代寧波知府衙門對聯有云：「念厥職非輕，休戚與六邑相關：曰慎，曰清，曰勤敏；求斯心可問，是非唯群言是度：不寬，不猛，不因循。」清代山東金鄉知縣王玉池曾撰寫對聯警醒自己：「眼前百姓即兒孫，莫言百姓可欺，當留下兒孫地步；堂上一官稱父母，漫說一官易做，還盡些父命恩情。」當然了，雖然有了警醒對聯，桂林府、寧波府在清朝還是出現了貪腐官員。思想觀念固然重要，但僅靠官員自律是不能杜絕貪腐問題的。如前所述，清朝貪腐的重要原因是制度性的壓迫，而皇權的自私與強悍，也

逼迫官員無暇將清廉擺在首位。

　　縱觀清朝歷史，雖然歷代帝王都強調反腐敗，也有諸多的制度建設與防範，遺憾的是沒有能夠在制度革新和官德教育兩方面齊頭並進。貪腐問題始終伴隨清朝歷史，最終拖著清朝沉入了歷史的長河之中。

　　清朝入關後的順治元年，即開始修撰大清律例，作為傳世的基本法典。大清律例博採前代之長，盡棄歷史積弊，加之歷代修訂，終成中國古代法典的集大成者。《大清律例》的主要內容是「官律」，類似於現代的行政法、政府辦事章程與廉政條例的混編。即便少數涉及社會生活的律例，本意也是規範官員的行為。不誇張地講，以大清律例為代表的清朝法律法規，組成了最全面、最規範的反腐敗、廉政藩籬。它和官德教育構成了「白色」的一面，乾淨透澈。可充斥現實的貪腐、昏庸構成了大清「黑色」的一面，渾濁黑暗。本書《黑白大清》的書名，著意於此。

　　為了讓讀者更清晰地了解清朝的「黑白」兩面，本書選取了清朝歷史上有代表性的事件進行詳細分析。蔣洲虧空案、威寧鉛廠案、浙江虧空案三個案子聚焦的是清朝府庫虧空問題，此問題在浙江虧空案中有比較詳實的分析；福建貪腐窩案討論的是為什麼貪腐問題一查就是「窩案」，上下沆瀣一氣的怪現象是如何產生的；李毓昌遇害案談的是賑災官員遇害問題，揭示了賑災弊病；京控自戕案、合州命案、楊乃武小白菜案、三牌樓案四個案子，都是司法方面的腐敗案件，討論了當薄弱的司法能力、嚴苛的司法制度面對複雜多變的社會現實時，為何冤案頻出，又該如何避免？順天鄉試案和雲南報銷案，則分別聚焦科舉考試中的公平公正問題和清朝報銷制度。需要指出的是，所有的案子都是複雜的，都不是只有一面。我在寫作的時候刻意突出了某一方面的內容，同時也盡量兼顧相關的背景與案情。希望大家理解了這些案件的前因後果之後，對思考清朝政治及貪腐問題有所幫助。

蔣洲虧空案：膽大妄為的勒派

一、填窟窿填出了問題

　　十月的山東正值旱季，降水非常少。但是乾隆二十二年（西元一七五七年）十月，山東卻出現了水患。濟寧、魚臺、金鄉、滕州等地都有水災，尤其是微山湖積水很多，影響南北漕運和南河河道安全。朝廷派出多名高官，親赴治水一線。山東巡撫鶴年，本已升遷為兩廣總督，因為水患不絕，自請暫緩赴任，先留在山東治水；調任山東巡撫的原山西巡撫蔣洲，照例是要到京城覲見皇帝聆聽聖訓，乾隆也以水患為由，免去蔣州進京聽訓，令其迅速趕往濟南治水。可以說，在乾隆二十二年的這個十月，「水患」兩個字是山東內外、城鄉官民關注的頭等大事。

　　就在這個忙碌的時候，山東巡撫衙門大門口，突然出現了一群不速之客，急匆匆地往衙門裡闖。巡撫衙門的差役們正想上前盤問，領頭的一名高官高喊：「奉旨，著將山東巡撫蔣洲革職拿辦！」差役們定睛一看，高喊者是正在山東督辦河工的欽差大臣、刑部尚書劉統勳，緊隨其後的是兩廣總督、剛剛卸任山東巡撫的鶴年。劉統勳、鶴年兩人氣勢洶洶而來，差役們哪敢阻攔？劉統勳等一干人馬闖進巡撫大院，蔣洲急匆匆地從衙內出來，來不及詢問怎麼回事就被拿下了，遭到押送看管。從上任到落馬，蔣洲擔任山東巡撫不足百日，成為清朝最短命的巡撫之一。

　　巡撫衙門的大小官吏差役，看著這一幕，震驚不已。且不說蔣洲上任還不足三個月，也不說當時山東氾濫的水患問題，就看蔣洲的個人履歷，輝煌燦爛，一點都沒有要落馬的預兆。

　　蔣洲出生在「一門兩相」的常熟蔣家。其父蔣廷錫，在雍正年間歷任兵部尚書、戶部尚書，授文淵閣大學士，死後諡號「文肅」。蔣廷錫的長子蔣溥，是雍正八年的狀元，歷任戶部尚書、禮部尚書，授東閣大學

士，乾隆二十二年正是他權勢熏天的時候。蔣廷錫的次子就是蔣洲。蔣洲出生在如此官宦世家，養尊處優，前半生順風順水，少了奮鬥努力的艱辛，也少了深思熟慮的慎重。

在家庭的支持下，蔣洲從部院主事起步，仕途一帆風順，外放道臺、按察使，乾隆二十年（西元一七五五年）任山西布政使。乾隆二十二年，山西巡撫明德調任陝西巡撫。一般情況下，一省巡撫從省外調任，也就是說，本省布政使如果升職，一般會升遷為其他省份的巡撫。但是，蔣洲接替明德，擔任布政使僅兩年，就升任了本省巡撫，體現了乾隆皇帝對他的栽培與信任。當年七月，蔣洲又平調山東巡撫。朝野內外都把蔣洲視為冉冉升起的一顆政治明星。想不到，就在他即將登頂的時候，突然革職拿辦，仕途可能戛然而止。

是什麼，讓一顆政治明星突然隕落？是什麼，比水患更加嚴重，讓乾隆皇帝在治水的緊要關頭毅然拿下了一省巡撫？那就是 —— 腐敗！

幾天前，乾隆二十二年十月初五（一七五七年十一月十六日），乾隆皇帝收到了山西巡撫塔永寧的密摺，參奏蔣洲在山西任上虧空庫銀兩萬餘兩。本年七月，蔣洲得知即將調任山東巡撫，就想著如何填平兩萬兩銀子的窟窿。

我們來看看蔣洲是怎麼做的。他找來親信、冀寧道道臺楊龍文商議，結果兩個人想出了一個「餿主意」：由楊龍文出面，給山西各府、州、縣行文，「視其地方之豐嗇，勒派銀兩」。也就是用正式公文的名義，要求下屬的州縣官員湊錢填補蔣洲造成的虧空。其中，凡是經蔣洲保提升轉的官員，額外加派，自數百兩到上千兩不等。這種公然發文、違法填補虧空的做法，蔣洲能夠奉行不移，和他的性格不無關係。

山西的州縣官員，不管是情願還是不情願，合計繳納了一點四萬餘兩銀子，仍然填補不滿窟窿。怎麼辦？蔣洲又把自己的前任、原山西巡

蔣洲虧空案：膽大妄為的勒派

撫明德調任之前在壽陽縣砍伐的三千餘株木材，變賣了兩千七百餘兩白銀入帳。這裡順便說一下，壽陽縣的木材是朝廷明令禁止砍伐的，明德砍伐木材有錯，蔣洲將其變賣是錯上加錯。即便如此，蔣洲還欠六千多兩銀子。他又把自己的長支銀，類似於提前支取的費用，三千兩百餘兩，再把調任廣東的前山西按察使拖穆奇圖借貸的三千兩百餘兩銀子，一併算在帳裡，勉強填補了窟窿。辦完這一切，蔣洲就高高興興去山東上任了。

新任山西巡撫塔永寧到任不久，感覺前任蔣洲的帳目有問題。狡猾的蔣洲在離任前，銷毀了部分帳目，加上山西省州縣官員懾於蔣洲的權勢和楊龍文等人的威脅，不配合調查。塔永寧的取證工作遭到了不小的阻力。好在塔永寧辦事認真細緻，經過反覆工作，取得了少數幾個州縣官員的配合，他調閱了部分州縣檔案，查出了蔣洲虧空官銀、變賣官木等事實，「不勝悚懼駭異。伏思蔣洲世受皇上深恩，今乃敢虧帑至兩萬有餘，且勒派屬員幫助」，隨即密奏乾隆皇帝，請皇上定奪。

塔永寧還在密摺中指出，蔣洲虧空事件暴露出山西省政治生態惡劣。州縣官員就不說了，前任巡撫明德在山西一載有餘，「與蔣洲相交甚好，諸事俱聽蔣洲、楊龍文之言」，對蔣洲虧空一事「明系有意瞻徇也」。而身為冀寧道臺的楊龍文，因為與明德、蔣洲兩任巡撫都關係密切，在山西省作威作福，刻薄屬員之事不勝枚舉。楊龍文是山西政治敗壞的核心節點，「因此一人而通省俱各傚尤，吏治因而浸下」。圍繞著楊龍文形成了黨同伐異、同流合汙的小團體，不聽從楊龍文等人的官員，就在山西遭到排斥，不是慘遭傾軋誣陷，就是事事都受到牽制束縛，難以正常工作。

身為新上任的山西巡撫，塔永寧是希望改變現狀的。他的密摺透露出他是想以蔣洲虧空事件為突破口，打破山西現有的政治局面。乾隆皇

帝拿到這道密摺，顯然看出了塔永寧的意圖。

乾隆皇帝沒有任何猶豫，迅速做出了將蔣洲革職拿辦的決定。筆者猜想，乾隆倒不是關心那兩萬兩銀子的虧空，而是痛恨蔣洲填補窟窿的惡劣做法。他竟然強迫下屬官員，湊錢替自己彌補！此舉體現出來的漠視法紀、欺凌下屬，實屬膽大妄為！而蔣洲荒唐的舉措竟然在山西貫徹、落實了下去，這更讓乾隆從心底泛起了一股寒意：山西的政治生態確實是同流合汙，在黑暗的道路上走得太遠了。所以，乾隆置蔣家兩代人的情面於不顧、置山東的水患於不顧，也要先把蔣洲的問題調查個水落石出。

拿到塔永寧密摺的當天，乾隆就傳諭正在山東督辦河工的刑部尚書劉統勛。乾隆在諭旨中講道：據山西巡撫塔永寧奏，蔣洲於山西任內，侵用帑銀兩萬餘兩，離任時，勒派全省屬員彌補，並變賣壽陽縣木材賠補，「此事實出情理之外，為之駭然」。為此，「著劉統勛即傳旨，將蔣洲革職拿問；帶往山西，並塔永寧劾疏內提到楊龍文等人，一併嚴審定擬具奏，其任所字跡貲財，一併查明奏聞」。鶴年暫回濟南，以總督銜代理山東巡撫，等蔣洲案審明後再赴廣東上任。

兩天後，也就是十月初七日，山西巡撫塔永寧也收到廷寄，隨即向冀寧道臺楊龍文宣旨，將他革職拿辦。

劉統勛、塔永寧雙管齊下，開始調查蔣洲案件。那麼，蔣洲的問題到底有多嚴重？調查會順利開展下去嗎？

乾隆皇帝也非常關心這兩個問題。調查尚在進行過程中，乾隆就在十月十六日諭告軍機大臣，說根據塔永寧奏報，蔣洲任內的一切舞弊納賄之事，都是他的吳姓師爺和家人黃姓、馬姓等人從中經手。要徹底調查清楚蔣洲的問題，必須將相關人等一併押送山西。乾隆強調：「吳姓諸人均系此案要犯，著傳諭山東巡撫鶴年即速嚴拿，委員解晉，交劉統勛

歸案嚴審。」為了防止在押送途中出現意外，乾隆特意要求鶴年選派得力官員，嚴加防範，迅速解送，勿使人犯逃脫，或畏罪自戕。正是因為乾隆的強調和經辦人員的防範，蔣洲案在調查審訊過程中程序流暢，沒有橫生枝節。

第二天一早，乾隆又和軍機大臣們談起了蔣洲案，並作出了具體的部署。可以想像，乾隆在前一天的晚上，可能都在思考蔣洲案，消化各種資訊，最終在當天早上就進一步審查蔣洲案，指出了四個重點：

第一，蔣洲肯定會為虧空找藉口，怎麼辦？塔永寧已經奏報，說蔣洲供稱自己擔任山西布政使的時候，看到布政司衙門年久失修，因此發起修理衙門，工程用銀很大，導致虧空。朝野也有人分析蔣洲的虧空原因，認為主動修繕衙門是他虧空的重要原因。乾隆指出：「此話究未可信」，修理布政司衙門，花錢再多，也用不了兩萬多兩銀子，「顯係藉端捏飾！」

皇帝常年居住在深宮之中，有些人可能會誤以為皇帝老兒不食人間煙火，對民生瑣事、物價高低茫然無知。事實並非如此。但凡處理過政務的皇帝，對天下物價必定了然於胸。當時，山西五臺山顯通寺發生了一場大火，共燒燬廟宇七十餘間，重建整座寺廟一共才花費了五六千兩銀子。以此類推，山西布政司衙門的修繕工程，能超過重建一座龐大寺廟的經費？因此，蔣洲聲稱把兩萬兩銀子花在了衙門修繕工程上，顯然是狡辯。

第二，乾隆決定擴大調查範圍，下令查審蔣洲的前任、現任陝西巡撫明德。明德與蔣洲共事時間較長，蔣洲擔任山西布政使，明德是同時期的巡撫，兩人是同一個團隊的核心成員。而且山西巡撫衙門和布政司衙門僅一牆之隔，蔣洲造成巨額虧空，明德難道就毫無所知？乾隆直言：「恐其中必有緣故」，責令劉統勳、塔永寧將明德一併詳細查察，「務得實

情，據實陳奏」。

乾隆從明德和蔣洲的官署只有一牆之隔這個事實，就推斷明德在此案中難脫關係。可見乾隆心思細密，為人精明。在二十多年後的甘肅冒賑案中，乾隆也是憑藉細密的心思，揭開了一椿腐敗大案的調查序幕。當時，阿桂、和珅先後向乾隆奏報，說甘肅省道路泥濘難行。這原本並不涉及甘肅政務，但是乾隆一下子就聯想到甘肅省連續多年報告旱災，以此要求開捐賑災。既然多年乾旱，為什麼會道路泥濘呢？乾隆進一步懷疑甘肅上下官員冒賑，很快揭開了一椿大案的黑幕。再晚些的兩廣總督富勒渾貪汙案，更是乾隆皇帝在出巡時召見官員，於談話之中發現各位官員對富勒渾評價含糊其辭，疑竇頓生，進而揭開腐敗黑幕。

如今的蔣洲案也是如此，從明德與蔣洲毗鄰而居，乾隆聯想到明德也有問題，擴大了調查範圍。應該說，合理的懷疑有助於全面、徹底地調查清楚腐敗黑幕。

第三，乾隆下令追查廣東布政使拖穆齊圖。拖穆齊圖是與蔣洲有任期交集的前任山西按察使，在蔣洲之前調離了山西省，升任廣東布政使去了。蔣洲在帳目中列明他在離任時，借銀三千多兩。乾隆就聯想到拖穆齊圖身為山西按察使，養廉銀不少，為何離任起程時還需要蔣洲出三千兩銀子？「看來拖穆齊圖為人亦甚不妥。其在山西，種種情節，俱當悉心研究，使水落石出，毋得草率完結」。

此舉同樣體現了乾隆縝密的心思。他不惜進一步擴大調查範圍，也體現了「除惡務盡」的期望。

第四，乾隆要求嚴防蔣洲自戕。劉統勳當時正押解蔣洲前往山西，乾隆下令「途中需要速行，不可久稽時日，更應留心防範，勿令其畏罪自戕」，可見他不希望蔣洲畏罪自殺，留下一筆糊塗帳和一個骯髒的故事。他要看到一個真相。

乾隆對蔣洲案的指示，可謂事無鉅細，勞心勞神。他幾乎可算是此案的「一號檢察官」。那麼，有了皇帝的高度重視和明確指示，蔣洲的問題能否查個水落石出，順利結案呢？

二、上梁不正下梁歪

在整個案件中，山西冀寧道臺楊龍文是關鍵嫌疑人。蔣洲勒派州縣官員填補窟窿，是楊龍文出面辦理的。之所以這麼做，一來楊龍文是蔣洲的親信，更重要的是楊龍文對上巴結上司，對下狐假虎威，胡作非為。山西官員對他畏避三分，只有他才能貫徹落實違法違規的事情。久而久之，楊龍文在山西拉幫結派，惡化了全省的政治風氣。塔永寧在密摺中彈劾楊龍文：「居心巧詐，善逢迎，是以歷任上司為其所愚，任為心腹。」

塔永寧對楊龍文的這一句評價，值得我們深入解析一下。

不管是誰當上司，楊龍文都逢迎攀附。他的目的，不僅僅是成為上司的心腹，而更是要藉著上司的依仗或者信任，牟取私利。所謂「居心巧詐」，就在這個地方。但是，歷任上司都把楊龍文當作心腹，不是簡單的「為其所愚」。蔣洲等人身為楊龍文的上司，社會閱歷、政治經驗並不在後者之下，難道看不出楊龍文的「居心巧詐」之處？就算他們看不出來，這麼多年來楊龍文在山西上下其手，擅權亂政，難道上司們就沒有耳聞，進而產生懷疑？所以，楊龍文之流之所以能夠恣意妄為，並非歷任上司被他愚弄，而是「不得不」為其所愚。

譬如蔣洲這樣的上司，需要楊龍文出面幫自己彌補虧空，填補窟窿。楊龍文對蔣洲的底細一清二楚。這樣，蔣洲就有把柄攥在了楊龍文的手中。蔣洲對楊龍文的胡作非為睜一隻眼閉一隻眼，雙方相安無事，

楊龍文繼續逢迎巴結蔣洲；蔣洲一旦嚴格執法，處理楊龍文的違法亂紀行為，後者手中掌握的內幕消息足以把蔣洲拉下馬來。所以，蔣洲等人是裝出被楊龍文愚弄的表象，掩蓋自己的心虛。最終，蔣洲、楊龍文等人沆瀣一氣，共同敗壞了政治風氣。

俗語有言，「上梁不正下梁歪」。蔣洲自己立身不正，當然談不上以上率下了。清朝不乏類似的例子：

康熙五十三年（西元一七一四年）的廣東捐穀案，一百二十萬兩捐銀廣東巡撫滿丕就貪汙了八十萬兩，和幾個屬下的大員瓜分了，只把四十萬兩銀子交付給各個知縣購米。知縣們知道巡撫的小動作，很快喪失了清廉自守、照章辦事的立場，「竟不購米者亦有，購半數者亦有。上官自身既行私舞弊，有無倉米亦不敢查。故此，倉米欠缺者甚多。」

幾年後，廣西也發生了類似的腐敗案。廣西省收到捐納的購米銀一百二十九萬兩，廣西布政使黃國材等，串通桂林、梧州、柳州、南寧四個府的知府，貪汙瓜分了其中的八十二萬兩，只把剩餘的四十七萬兩下發給各個州縣購買米穀。上梁不正下梁歪，州縣的官員再次「雁過拔毛」，廣西官倉的糧食儲存量嚴重不足，最終引發了嚴重的錢糧虧空案。

同樣是山西，康熙末期的山西巡撫蘇克濟，假借軍需名義動用了三十萬兩官銀，貪汙了其中近二十三萬兩，只解送給承辦軍需的大同知府欒廷芳七萬兩。欒廷芳效仿巡撫大人的做法，同樣以軍需為名，侵吞、挪用官銀四十一萬兩，另外造成庫銀虧空十六萬餘兩。

中國古代政治講求治國之道首在用人，而用人之道首在大吏。因為封疆大吏，有「厘治軍民，綜制文武，察舉官吏，修飭封疆」之權，奉行「宣布德意，撫安齊民，修明政刑，興革利弊」之責，位高權重，關係重大，所以「課一人而其下皆可以整齊」。倡導廉政建設的康熙皇帝曾有言：「大臣為小臣之表率」，「如大臣果能精白乃心，恪遵法紀，勤修職

業，公而忘私，小臣自有所顧畏，不能妄行」。康熙認為「凡地方官者，但能持己為正，不為非法之事，即稱良吏」，而一個合格的封疆大吏的產生，非經過中央部院、地方州縣的多崗位、長年歷練不可，還要不時經受皇帝和監察部門的查驗。遺憾的是，蔣洲並非合格的封疆大吏人選。

劉統勳押解蔣洲，尚未到達太原，塔永寧就開始從楊龍文入手，對整個案情抽絲剝繭。在查抄楊龍文府邸的過程中，發現了與蔣洲虧空案有關的派單。所謂的派單，類似於一種任務分解表。派單的底單由密碼寫成。塔永寧組織破譯後，發現上面詳細列明了向山西各州縣勒派彌補虧空銀兩的數目、人名。

太原府知府七賚是楊龍文團夥的重要成員。塔永寧也查抄了他的府邸，從中發現了札文。札文是明清時期官府的下行公文，上級官府向下級發出指示、布置任務，就用札文。七賚府邸的札文和楊龍文府邸的派單完全吻合，可以還原蔣洲一夥人勒派填補虧空的主要流程：蔣洲分配了任務，楊龍文幕後操作，七賚具體實施。在行文過程中，為了增加權勢，七賚還冒充山西省其他八名知府列名其上，把一樁搶錢惡行掩飾成眾多知府聯名作札的「官府行為」。

楊龍文團夥惡行累累，塔永寧還調查發現楊的其他罪行：首先，楊龍文「生財有道」。他挪用朝廷撥發山西五臺山的歲修工程專款和官庫所存公銀，交給當地商人生息謀利，侵蝕庫銀利息一千五百兩。朝廷下撥的專款和地方庫存官銀，在撥付或者解送過程中都要履行必要的手續，不可能隨到隨走，這就造成了銀子會閒置一段時間。楊龍文連這個時間差都不放過，私自貸款給商人，並貪汙了貸款利息。其次，楊龍文可能覺得貸款利息太少了，直接把手伸向了官銀。他採取透領養廉銀、借領司庫捐監倉費銀、截留錢局鑄錢節餘銀等多種方式，大肆侵貪，擅自私用官銀一點四二萬餘兩，侵虧官銀四千一百餘兩。隨著調查的深入，楊

龍文腐敗的蓋子徹底掀開，露出了觸目驚心的內幕。

楊龍文面對扎實的調查工作和確鑿的證據，無力狡辯，對罪行供認不諱。

此時，劉統勛押解著蔣洲，於十月二十四日抵達太原。親信楊龍文已經認罪，蔣洲的現實選擇就只有認罪伏法一條了。但是，蔣洲比楊龍文「強」的一點在於，面對人證、物證俱全的困境，困獸猶鬥，百般狡辯。

蔣洲並不否認在離任時收到上萬兩銀子的州縣官員貢獻。但是他避重就輕，說這筆錢是其妻亡故後，山西各地官員送的賻金，並不是填補的虧空。既然是禮尚往來，就不存在勒派逼迫的行為了。蔣洲沒有料到的是，其吳姓師爺護送亡妻棺柩返鄉途中，在江蘇境內被捕。經調查，蔣洲亡妻的祭奠儀式發生在當年春季，而收錢是在秋季。哪有隔半年贈送賻金的？蔣洲的狡辯不攻自破。

同時，在蔣洲原任所內搜查出來他接受私人請託，代謀官位營私舞弊的證據。加上在劉統勛的勸誘之下，遭到強行攤派的山西州縣官員，紛紛交出七賚交給他們的札文字條，與從楊龍文處查獲的密碼底單核對，正好相符。蔣洲明白敗局已定，對罪行供認不諱。他還供稱，前任明德離任時欠修理衙門的費用三千餘兩，按察使拖穆奇圖欠他三千餘兩養廉銀。

十月二十五日，劉統勛等人奏報乾隆蔣洲案的查訊情形：

蔣洲任內虧空一點二萬兩白銀，透支養廉銀三千餘兩，侵吞工程款兩千兩，共計虧空庫銀一點七萬兩。離任前，他與楊龍文密議，勒令全省州縣代為幫補虧空，由七賚出面把虧空分攤到各州縣。後來因為沒能及時收齊，又由七賚出面弄虛作假，以加蓋官印的批文，領取買穀建倉的一點四萬兩專款白銀，暫時填補虧空。事後，僅從各州縣收上八千六百餘兩白銀，不足以抵償挪用的款項。蔣洲進一步變賣了壽陽縣

的木材，才湊足了填補窟窿的銀子。

蔣洲虧空勒派案，在山西造成了極糟糕的影響。劉統勳奏稱：山西省平定州知州朱廷揚借為蔣洲彌補虧空的機會，暗中截留贓款兩萬餘兩銀子；山西綠營兵守備武璉不甘落後，利用虛報兵員、隱瞞欺騙等手段前後共剋扣白銀一千餘兩。反正巡撫大人帶頭胡來，下面的不肖官員更是肆無忌憚、胡作非為。

乾隆在案發時就極為憤怒，如今案情真相大白，他更是出離憤怒了。財政虧空，自古有之，蔣洲並非第一個，金額也遠遠不是最高的。但是，一省巡撫，明目張膽地動用公文攤派虧空，蔣洲是「本朝第一人」！

乾隆二十二年，對於乾隆皇帝來說，原本是一個好日子。四十七歲的乾隆皇帝正處在年富力強、經驗豐富的最佳執政時期。當年春天，乾隆皇帝開始了第二次、長達百日的南巡，沿途受到官民歡呼。不想，春夏之交爆發了雲貴總督恆文勒派黃金案。雲貴總督恆文以進貢為名，向雲南州縣官員勒索黃金。乾隆大為敗興，從嚴處理，勒令恆文自盡。回到北京後，西北傳來捷報，清軍平定了準噶爾叛亂，控制了天山南北。西北之役，乾隆皇帝自詡為「十全武功」之一。不想馬上又爆發了蔣洲腐敗案。心情剛剛轉好的乾隆，掃興和憤怒之情可以想像。

迎接蔣洲的，是乾隆皇帝「從嚴從重」處理的命令！

在接到奏報的第二天，十月二十六日，憤怒的乾隆連下四道諭旨。第一道諭旨，乾隆明確蔣洲虧空勒派事件不可饒恕，「明目張膽，竟如公檄」，導致山西政治風氣敗壞。朱廷揚侵銀二萬餘兩，武璉虧銀一千餘兩，都與虧空勒派事件沒有直接關係，卻有深刻的內在連繫，「由此類推，其恣意侵蝕而未經查出者，更不知凡幾，該省吏治尚可問耶！」「吏治至此，尚不為之徹底清釐，大加整飭，何以肅官方而清帑項！」乾隆

為整個事件定了性，而且把話說得很重。

乾隆的第二道諭旨，正式將原山西巡撫明德革職審問。乾隆說，山西省侵虧庫銀成千上萬，「是該省風氣，視庫帑為可任意侵用，已非一日。」明德身為巡撫，嚴重失職失責。諭旨要求立即將明德革職，解赴山西，交劉統勛審擬具奏；其任所貨財，立即查封。

乾隆的第三道諭旨，下令全面追查平定州知州朱廷揚虧空案件。山西巡撫已經行文直隸，查封其家產。朱廷揚原籍浙江紹興，乾隆傳諭浙江巡撫，將他原籍的所有資產嚴行查封，用來彌補虧空的帑銀。乾隆還著重要求浙江官府「不得稍有泄漏，以致其家藏匿寄頓」。

在第四道諭旨中，乾隆責令劉統勛對明德「秉公嚴訊，不可稍為回護」。對所有監禁於晉省的案犯，均須留心防範，嚴行看守。

皇帝在一天之內，就一起案件連發四道諭旨，極為罕見。乾隆皇帝對蔣洲案也確實重視，發布諭旨後還在思索這件事。此案實在會讓「乾隆盛世」丟臉，為蒸蒸日上的乾隆統治添堵，乾隆決定把此案樹立為整頓吏治的一大榜樣。於是，乾隆快刀斬亂麻，在從嚴從重處理之餘加了一條處理原則：從快！

僅僅過了三天，十月二十九日，乾隆不等劉統勛等人回奏，直接命令軍機大臣「速結蔣洲之案」。他認為，蔣洲一案證據確鑿，蔣洲、楊龍文、七賚三人「即可速為審擬，具奏正法」。等待蔣洲等主要案犯的結局，只有「正法」一途了。

十一月初三，劉統勛、塔永寧的結案奏摺送到了乾隆案頭。蔣洲虧空一罪，按照大清律法「侵盜錢糧入己數在一千兩以上者擬斬監候，數逾一萬兩以上遇赦不准援免」，擬斬監候；而他又犯有勒派屬員一罪，從重處理，升為斬立決；楊龍文「朋比作奸，並為罪魁」，得到與蔣洲一樣的下場：斬立決；七賚狼狽為奸，且冒名行文勒派，擬絞監候。

三、追贓無窮期

乾隆二十二年十一月初五，乾隆皇帝在收到結案奏摺兩天後，就下諭：

蔣洲乃原任大學士蔣廷錫之子，由部屬擢用，一路升為封疆大吏。乾隆原本對蔣洲寄予厚望，想不到他「不思潔己奉公乃恣意侵虧」，數額巨大，又復勒派通省屬員，作為彌補之計，「其貪黷狼藉玷辱家門，實出情理之外」。山西冀寧道臺楊龍文，對上曲意逢迎，對下貪汙勒派，「不法已極，其情罪實無可寬宥」。蔣洲、楊龍文「即行正法，以昭炯戒」。太原知府七齎，迎合上司，助紂為虐，定為絞監候，秋後處決。平定州知州朱廷揚、綠營守備武璉，渾水摸魚，大肆貪汙，著在太原就地正法。

在山西與蔣洲「組過團隊」的幾個高官，也深陷腐敗漩渦。原任山西巡撫、現任陝西巡撫明德收受蔣洲及其他官員古玩、金銀等物，之前已遭革職挐問，如今催促解赴山西，由劉統勛等人審明定罪；原任山西按察使、現任廣東布政使拖穆齊圖，與蔣洲結納關通，接受蔣洲古玩饋贈，收受銀兩，乾隆斥之為「貪汙無恥」，令就地革職，挐解來京治罪。

乾隆在諭旨的最後大發感慨：「山西一省，巡撫藩臬，朋比作奸，毫無顧忌。吏治之壞，至於此極！朕將何以信人，何以用人？」

談到用人問題，乾隆首重對封疆大吏的使用與監督，認為「督撫為一省表率」，「政治行於上，民風成於下」。所以，乾隆尤其在意督撫廉政與否，「外吏營私貪黷，自皇考整飭以來，久已肅清」。他原本以為督撫層級的貪腐已經得到抑制，「乃不意年來如楊灝、恆文等案，屢經發覺」，打破了皇帝的幻覺。乾隆諭旨提到的恆文，前面已有介紹。至於楊灝一案，更可看出乾隆的肅貪態度。

楊灝曾任湖南布政使，侵吞購糧專款白銀三千多兩，被判斬監候。

乾隆二十二年秋審，乾隆皇帝批閱湖南官犯名冊時，看到湖南巡撫蔣炳奏請將楊灝歸人「緩決」一類，理由是楊灝已經在限期內退還了侵吞的銀兩。蔣炳的依據是雍正三年的「完贓減等」定例。這條「例」規定：「凡侵盜挪移等贓，一年內全完，將死罪人犯比免死減等例再減一等發落；軍、流、徒罪等犯免罪。」如果在限期內不能完贓，犯人還是暫停治罪，再限一年追賠。如果再不能完贓，才正式執行刑罰。

對於這條法例，乾隆皇帝深感不安。他認為，完贓減等的條例使得對於監守自盜、挪用公款等腐敗罪行的懲罰，變得非常寬鬆。況且，乾隆覺得完贓就可以免罪的邏輯，給天下人的感覺是朝廷更看重銀子，不尊重國法，對吏治和人心都危害嚴重。但無奈這是「祖宗成法」，是父皇雍正定的，乾隆不方便否決，所以一直隱忍不發。

如今，乾隆看到楊灝因為完贓被歸入緩決，雷霆震怒，一天之內連下四道聖旨，諭令將楊灝在湖南即行正法，將奏請緩決的湖南巡撫蔣炳立刻革職，並解京交部治罪。參與此案秋審的三法司及九卿、科道官員，一律交部議罪。相關官員可能只是照章辦事，結果引火燒身，連自己的烏紗帽也都丟了。

乾隆借楊灝案正式取消了完贓減罪的法律。他批評這條法例：「藩司大員狼藉至此，猶得以限內完贓，概從末減，則凡督撫大吏，皆可視婪贓萬帶為尋常事，侵漁剋扣，肆無忌憚，幸而不經發覺，竟可安然無恙，即或一旦敗露，亦不過於限內完贓，仍得保其首領，其何以飭官方而肅法紀耶？」官員貪贓累累，家私豐腴，吸的都是民脂民膏，如果僅把贓款吐出來就能免死，甚至免罪，於情於理都說不通。第二年，乾隆正式將「完贓減等」從《大清律例》中刪除，明確規定官員貪腐，既要退贓，也有接受懲罰，而且退贓是義務。

乾隆皇帝把蔣洲和楊灝、恆文相提並論，是因為三人都是在同時期

蔣洲虧空案：膽大妄為的勒派

從嚴從重處理的高官。三人之中，乾隆認為其荒唐嚴重程度「莫甚於蔣洲此案」，「若不大加懲創，國法安在？朕為愧憤。」在乾隆統治期間，他對封疆大吏的貪腐案件十分重視，一經發現便親自過問，催促辦理，構成了這一時期的肅貪特徵。

蔣洲斬首後，十一月十六日，明德被押赴至太原，劉統勳奉旨對其嚴審。

蔣洲的山西布政使任期，與明德的山西巡撫任期，基本重合。期間，蔣洲刻意討好明德，先後贈送古玩、金麒麟、壽星等禮物和白銀一千兩百五十兩，就是為了搞好與巡撫的關係，使得明德放棄了對自己的監管。

明德受審時，也是百般狡辯。對於收受賄賂，明德認為是禮尚往來，況且自己用禮金、贈品等加以補償，並非受賄。被處斬的平定州知州朱廷揚，在大同縣知縣任上就造成了虧空，明德非但沒有追究他的責任反而保薦為平定州知州。對於這一點，明德承認自己一時糊塗，用人不當，可是辯稱保薦之時並不知道朱廷揚存在虧空。至於砍伐壽陽縣木材一事，明德辯稱是蔣洲等人私自賣掉，當時自己已經調任西安，毫不知情。對於透支庫銀一事，明德說是蔣洲預支給他的養廉銀，勸他到新任後再還不遲。抵任西安後，榆林受災，自己辦理災情公務繁忙，還沒來得及償還。總之，明德把自己的罪行推卸得一乾二淨。

最終，劉統勳等人奏報，明德明知藩司虧空不揭露舉報，反而收受餽贈，按枉法論罪，擬絞監候。乾隆對明德免於治罪，革職發往甘肅，交給陝甘總督黃廷桂差遣使用。

乾隆二十二年十二月，乾隆又處置了在蔣洲虧空勒派期間署理山西布政使的達靈阿，以「徇隱不報」治罪，將其革職；接受勒索繳納銀子的平陽府知府秦勇均等人，則受到降一級留任的處分，以懲罰他們面對

醜惡行為時的喪失原則、逆來順受，而不是據理抗爭。蔣洲案最後一個受處分的官員，是侍郎多綸。那是兩年後的乾隆二十四年，當年京察，乾隆想起侍郎多綸在山西布政使任內，曾將楊龍文考評為「卓異」推薦給朝廷。多綸用人失察，部議革職，乾隆從寬令他退休。

蔣洲案至此，看似可以結束，卻還有一項重要的善後：那就是蔣洲虧空的兩萬兩銀子應該怎麼辦？人死了，但是官銀的損失怎麼得到彌補呢？

清朝的做法是，誰造成的虧空由誰來彌補，砸鍋賣鐵也要賠上，而且「人死帳不消」，父債子償，直到填補上官庫的損失為止。蔣洲死後，其家產抄沒充公。但是，蔣洲的財產金額比不上造成的虧空，他沒有賠補完的虧空，就由親屬承擔。蔣洲的長兄、內閣協辦大學士兼署吏部尚書蔣溥上奏，懇請由自己代為弟弟分期償還。得到允許後，蔣溥替蔣洲賠補了三年虧空，直到乾隆二十五年，乾隆皇帝才特旨免除剩餘的賠款。當時，蔣溥已經升任東閣大學士，並且病重在身，日漸沉重，乾隆或許是看在蔣家兩代人位列相位、勞苦功高的情分上，才免除了蔣家的賠補責任。

清朝的這項制度，我們可以稱之為「追賠」。之前的朝代也存在勒令貪官及其家屬賠償官府損失的做法，但沒有形成一項固定的制度。清朝把追賠作為一項制度，貫徹執行了下去。

雍正是追賠制度的創始人。雍正皇帝認為，虧空問題的根源，主要在於官員貪腐。而官員貪腐的目的，是為了給子孫和親屬聚斂財富，創造更好的生活條件。因此，對貪官及其家屬要痛下殺手，從根子上遏制官員貪腐的念頭。雍正元年，雍正面對揭發出來的督撫貪腐案件，鐵腕處置：「朕若不加懲治，仍容此等貪官汙吏擁厚資以長子孫，則將來天下有司皆以侵課納賄為得計，其流弊何所底止？」他制定了追賠制度，要

蔣洲虧空案：膽大妄為的勒派

把貪官「追到水盡山窮處，畢竟叫他子孫做個窮人，方符朕意」。

追賠制度的內容很多，包括抄沒家產罰入官庫、勒令相關官員分擔賠償責任等，而其中最主要、也最令人深刻的，就是子子孫孫都要承擔祖輩貪腐的賠償責任。

雍正元年規定，虧空之官，查其子有出仕者，解任發追，賠補完虧空款項才能恢復官職。巧合的是，常熟蔣家就是追賠制度的第一批「被執行人」。在蔣洲之前，常熟蔣家曾暴露出另一個大貪官，早已經承擔了一項賠償責任。

雍正元年，蔣洲的伯伯、原山東巡撫蔣陳錫虧空兩百餘萬兩，事情敗露，部議督追。因為蔣陳錫已經於康熙六十年病故，其家產充抵虧空款項後，還有巨額差距。常熟蔣家難以承擔這麼大的賠償金額。蔣陳錫的弟弟，也就是蔣洲的父親蔣廷錫，當時正是雍正皇帝的寵臣。蔣廷錫便斗膽入陳始末，獲得雍正皇帝「詔減其半」的恩賜。而這剩餘的一半賠償金額，就落在了蔣陳錫的兒子蔣洞頭上。雍正八年，蔣洞因在陝西效力有功，隨後在山西按察使、布政使任上都有較好的政績，再次獲得雍正皇帝「免其父應追銀之半」的恩賜。在得到皇帝的兩次開恩後，蔣洞說，其父蔣陳錫名下應賠的山東虧空等款項，「屢經減免，已逾十分之九」，即便如此，蔣家應賠款項仍有二十萬兩左右。巨額的賠償，對於蔣家來說始終是沉重負擔。蔣洞死於乾隆五年，至死都還套在賠補的處分之中。

追賠制度，使得清朝的貪腐案件真正做到了「懲治有律例，追贓無窮期」。

蔣洲一案發生後，朝野再次聚焦於如何防治虧空的話題。只有從制度上入手，才能真正杜絕貪腐。御史馬錦文提出了由各省學政稽察藩庫的建議。學政又稱「學差」，「學」字表示他的工作局限在文化教育領域，「差」字則表示這是一份差使，並沒有與地方利益牢固捆綁。因此，

由學政來稽查藩庫，相對中立，這個建議有一定的合理性。然而，乾隆皇帝斷然拒絕了馬錦文的建議，理由是：第一，布政使是方伯大員，都是行政經驗豐富、朝廷信任的官員，況且上面還有督撫稽核，「體制相維，已自周備」。像蔣洲這樣的案子，並不常見，偶爾有之，也必定馬上敗露，被繩之以法。不能因為一兩個高官犯法，就認為各省督撫藩司都不足信。第二，就算督撫藩司都不足信，又怎麼能保證學政就能相信，不會在稽查時瞻顧徇隱？況且，學政專司文教科舉，對財政事務並不熟悉，怎麼能稽察藩庫？而乾隆認為這項建議到最後會有名無實，為地方徒增滋擾。

應該說，乾隆皇帝反對在現有大制度上再加一套小制度，理由是充分的。確實，因為對既有制度的不信任，就要增加一套新的監察制度；又因為新制度未必奏效，可能還要再增加一套更新的制度，如此反覆，疊床架屋，只會拖累效率，於事無補。清朝地方虧空的根源，是高度集中和僵化的財政制度，並不是缺乏監管和稽查。但是，乾隆反對馬錦文建議的核心立足點是清朝現有的財政制度和監察制度「體制相維，已自周備」。他固執地認為蔣洲案是偶發個案，並非制度性的問題。因此，乾隆皇帝沒有進行制度調整，而是局限在查漏補缺上。蔣洲案結案後，朝廷加強各省藩庫的管理，州縣錢糧除應留的俸祿、驛站款項外，其餘均須隨征隨解；新舊官員交接，必須把庫存錢糧數目和有無挪用、轉借等情況上奏。這些措施強化了以往的要求，沒有觸及朝廷和地方的利益分配，沒有解決地方官員的公私收支界定等根本問題，注定不可能杜絕虧空的爆發。

事實上，蔣洲雖然被斬首了，追賠制度也始終存在，虧空問題卻愈演愈烈。不僅虧空成為普遍現象、金額節節攀升，而且從清朝中葉開始，各省勒令州縣官員分攤虧空逐漸成為操作慣例。少數不接受如此操作慣例的官員，反而被視為另類。

威寧鉛廠案：官辦事業的困局

一、「官官相告」

乾隆三十四年（西元一七六九年）八月，貴州巡撫良卿上摺，彈劾本省大定府威寧州知州劉標。良卿說，威寧轄區內有鉛廠，知州劉標運鉛不足定額，並以各種託詞拖延輸送鉛料，明顯有「侵蝕支飾情弊」。經初步查訪，劉標短缺鉛一百餘萬斤，並虧工本二十餘萬兩白銀。那麼，良卿貴為一省巡撫，為什麼要特意專摺彈劾一個小小的知州？而其中的關鍵詞「鉛」，又是怎麼和奏摺扯上關係的呢？

鉛是重要的策略物資，關係到國家的鑄幣與軍械生產。貴州的鉛產量在清朝長期占全國的百分之七十以上，有時甚至能超過百分之八十。朝廷的戶部、工部以及全國許多省份的鉛料需求，仰仗貴州供應。而威寧州又是貴州最主要的鉛產地，產量占全省的大頭。清朝非常重視鉛的生產，對鉛實行國家專營，即鉛礦的開採、冶煉必須獲得國家的許可，生產出來的鉛由國家壟斷經營。為此，朝廷設立了威寧鉛廠，每年下達定額生產任務，下撥專項資金收購成品鉛。鉛廠的管理一般由所在州縣的官員負首要責任，稱為「廠員」。威寧知州劉標就是管理威寧鉛廠的「廠員」。

近年來，貴州省的鉛料輸出出現了很大的問題，經常遲緩誤期，耽誤了下游的一系列生產。尤其是從乾隆三十三年（西元一七六八年）開始，清軍開赴西南與緬甸作戰，對軍械的需求大增，對鉛料的需求隨之增大。朝廷頻繁催促貴州省及時、足額供應鉛料，乾隆皇帝也多次申飭良卿要保障鉛料供應。

在這樣的背景下，良卿上奏彈劾劉標運鉛不足定額，且虧空專項資金，對旁人來說似乎是找到了問題之所在：鉛料主產地經營不善，虧空嚴重。嚴重到什麼程度呢？良卿指控的虧空金額是二十多萬兩。根

據《貴州通志・食貨志》記載：貴州全省田賦、雜課、契稅在咸同年間的收入是二十一萬兩，加上商稅四萬兩，貴州全省的年財政收入共計二十五萬餘兩。這是距離良卿上奏大約一百年以後的數額，良卿時期貴州的全年收入還要少。也就是說，威寧鉛廠一個廠子的虧空抵得上貴州省一年的財政收入了。問題非常嚴重！

乾隆皇帝閱覽奏摺後，雷霆震怒，於九月十一日下令將劉標革職拿問，交良卿嚴行審究。同時，乾隆對良卿也極為不滿。他對軍機大臣說，貴州省鉛料供應屢屢誤期，都是由於良卿督辦不力造成的。如今因為朝廷催辦，這才參奏下屬侵欺虧空問題，明顯是拿下屬的問題來掩飾自己的責任。因此，乾隆傳旨嚴行申飭良卿，嚴令他務必徹底查清劉標鉛廠虧空的實情，倘若「尚欲存心袒護，曲為劣員開脫」，一併治以重罪。

良卿受到斥責後，誠惶誠恐，立即投入對劉標的調查審訊中去。良卿是滿洲正白旗人，乾隆七年的進士，仕途從戶部主事開始。乾隆皇帝對他的評價是「辦事尚知奮勉」，良卿的職位也穩步升遷，累遷至貴州布政使，乾隆三十二年署理貴州巡撫，正式成為封疆大吏。當時，清軍正在緬甸作戰，地處西南的貴州是緬甸戰場的後方保障要地，乾隆此時任用良卿主政貴州，或許正是要發揮他「辦事奮勉」的優點。一年左右後，良卿實授廣東巡撫，因為戰事未決，留任貴州巡撫。

本案另一個主角劉標的資料，就要少得多了。劉標是直隸大城縣人，長期在貴州當官，至少在乾隆二十五年到乾隆三十四年的九年時間裡主政威寧州，期間長期管理威寧鉛廠。劉標極可能是長期從事基層工作的州縣官，「沉溺下僚」之人。如果不是因為良卿挑起的彈劾，劉標是不會在史書上留下記載的。

良卿的調查，進展很快。乾隆是九月十一日下旨申斥良卿，良卿在

九月二十三日就回奏了調查結果。刨除北京和貴州之間公文往來的時間，良卿的調查肯定不超過十天。除非他之前做了大量細緻的工作，否則良卿的這份調查報告是倉促的。

良卿回奏說，威寧州知州劉標短缺鉛料超過七百萬斤，虧空原料銀四千八百三十九萬餘兩、工價銀十餘萬兩。原料銀和工價銀都是朝廷下撥的專款，前者是購買費用，後者是運輸費用。因為數額特別巨大，良卿奏請將專管鉛務的貴州糧驛道永泰和劉標直屬上司、大定府知府馬元烈革職審問，並懇請派遣欽差大臣來黔會審。

乾隆批准了良卿的奏請，於十月初四降旨將永泰、馬元烈革職審問，派內閣學士富察善為欽差大臣，前往貴州，會同良卿一併詳查嚴審。同日，乾隆傳諭直隸總督，命令即速查抄劉標在原籍大城縣的家產，防止劉家人隱匿、轉移財產。貴州劉標威寧任所的財產自然也在查抄範圍內。

乾隆又降旨再次訓斥良卿「在任四載，屬員承辦銅鉛，虧缺如此之多，漫無覺察，所司何事？」下令將良卿交部嚴加議處，如果劉標的虧空不能填補，要良卿、永泰、馬元烈三人分賠。所謂「分賠」，就是由相關的官員分著賠補虧空。

至此，貴州鉛廠案的發展都很正常，眼看著等欽差大臣抵達貴陽，會審嫌犯，就可以順利結案了。如果此案照此發展，那麼就太小看貴州鉛廠弊病的複雜程度了。我們還只是看到了案子的開頭，完全猜不到案子的結局。

之前的案情都是建立在巡撫良卿的單方面陳述之上。良卿身為貴州巡撫，處於當地權力金字塔的頂端，掌握著行政優勢，把持著話語權，主導了案情的發展，在乾隆和一般人的腦海中先入為主地植入了一套印象·那麼，來自案子的另一方、嫌犯劉標的陳述又是如何呢？

　　按照正常的行政流程，劉標一方看似沒有機會作出自身的陳述。劉標連向乾隆皇帝上奏摺的資格都沒有，在與良卿的對抗中處於完全的劣勢。所謂「官大一級壓死人」，便體現在這個細節當中。然而，清朝行政流程中允許「越級」行文。當情況緊急、上司不能及時作出反饋的時候，朝廷是允許下級官員直接向更高級部門反映情況的；或者是涉及敏感、機密內容的時候，朝廷也允許下級官員越級反映。越級的公文形式，有揭帖、有稟帖。比如，朝廷禁止下級逢迎、賄賂上級，嚴禁上級勒索、攤派下級，《六部處分則例》載明：「上司抑勒州縣饋送，許州縣官揭報督撫，若督撫徇庇不參，許該州縣官開具款跡實封徑達通政司衙門轉奏，將該督撫降三級調用。」相反，如果官員甘心受到勒索而不揭發的話，處分更重：「官員將上司衙微索銀之事，受囑徇隱不報者革職。」這是下級官員與上司抗衡的終極武器之一。

　　在本案中，最先奮起上告的是遭到革職處分的貴州糧驛道永泰。永泰是分管鉛廠事務的道臺，因劉標巨額虧空遭到參奏革職。他沒有坐等欽差大臣前來查辦，而是整理自己掌握的情況，直接向戶部呈報虧空緣由。永泰揭帖的主要內容是揭發署理貴州布政使高積營私枉法，私自將官府儲存的水銀，販賣到蘇州等地，並侵吞貨款；高積還對威寧鉛廠多次求索，這是造成鉛廠虧空的重要原因。永泰此舉目的，是要把查辦的方向轉向高積等更高層的官員，減輕自己的責任。他還揭發貴為巡撫的良卿也有貪索的行徑。

　　清朝的財政，高度集權，造成地方官員開支拮据，而森嚴的制度又造成地方官員花起錢來束手束腳。如果轄區內有類似於威寧鉛廠這樣的工礦單位，不僅能獲得巨額的穩定撥款，而且在國家壟斷經營和市場活躍交易之間可以左右逢源，開創額外的收益。工礦單位的朝廷撥款和商品收益，可以壯大負責官員的財政實力，增強開支自由度。所以，威寧

鉛廠在州縣官員眼中便是一隻「肥羊」。而管理鉛廠的官員是最基層的州縣官員，位卑言輕，在許多上司，尤其是省級官員看來，鉛廠無異於一個「提款機」。上級官府財政緊張，或者上司個人需要用錢的時候，都找下轄的鉛廠「幫貼費用」。

永泰管轄威寧鉛廠，又是負責貴州全省糧食、驛站事務的道臺，對高級官員盤剝、貪贓轄區工礦單位的情況是清楚的。事實上，他本人就是把威寧鉛廠當作「提款機」的官員之一。大家都這麼做，那麼大家都是安全的。可是，良卿迫於朝廷的壓力，把永泰、馬元烈、劉標三個官員推出來，為鉛廠虧空負責，永泰便覺得很「不公平」，完全接受不了。「憑什麼大家都拿了錢，我就要革職查辦，其他人就安然無恙？」於是，他搶先越級行文戶部，明確把髒水往更高層級的官員身上引。

劉標的想法和永泰完全相同，不同的是，劉標掌握的上司盤剝的消息更全、更細。就在永泰上告的同時，他也在整理材料，派人日夜兼程趕往北京上告戶部。

劉標的稟帖，呈控威寧鉛廠賠累及諸位上司勒索緣由，明確指出上司的勒索是虧空的主要原因。他是一個有心人，之前把諸位上司的需索、貪贓情況都暗地裡記錄了下來。如今，劉標把底簿作為附件一併呈上，裡面詳細記錄了相關官員索錢要物的情況。

其中，現任巡撫良卿勒索鉛廠代為購買朝珠、大玉瓶、馬匹、氈貨等，合計白銀兩千五百兩；前任貴州巡撫、現任湖南巡撫方世儁索取朝珠、翡翠瓶，方巡撫的家人李四勒索白銀一千五百兩與方世儁的侄孫方四分贓，共計白銀六千八百餘兩；署理布政使高積索要金如意、皮貨、氈貨，又強迫派買綢緞、玉瓶等，合計白銀三千五百餘兩。此外，貴西道道臺圖默慎、貴陽知府韓極等，或派屬員購買物件，濫令供應夫馬飲食，或代上司轉賣玉瓶，託買氈貨皮貨，巧立名目、損公肥私。這些

「大戶」勒索的鉛廠銀兩就高達一點九萬餘兩。威寧鉛廠就算撥款再多、銷售再旺，也經不起這麼多長官的肆意盤剝。

戶部先後收到永泰、劉標的兩份越級告狀，不敢怠慢，隨即奏報乾隆皇帝。乾隆對比前後兩種說法，不由得怒從心頭起。貴州爆出鉛廠虧空大案，良卿雖然把責任推給了劉標等人，乾隆還是痛斥了良卿，認為他懈政失察。懈政失察，尚且是能力問題，永泰、劉標揭露出來的盤剝貪贓，可是整個貴州官場的腐敗問題，屬道德敗壞。乾隆翻看劉標呈報的底簿，認為可信度很高。良卿為了掩飾腐敗，把劉標、永泰等人當作替罪羊，內心陰險狡詐，行為惡劣至極。

良卿和永泰、劉標等人上下互控。無獨有偶，三年以後，相鄰的雲南省也發生了上下級官員互控的醜聞，那一次是因銅而起。銅在清代同樣是重要的策略物資，主要產於雲南，雲南的銅產量最旺時占全國總產量的百分之八十左右。乾隆三十七年，管理雲南義都銅廠的宜良知縣朱一深，同時向雲貴總督、雲南巡撫稟告自己虧空銅廠數萬兩白銀，並且列出從乾隆三十二年開始一直到乾隆三十七年，上自總督、巡撫，下自長官家的少爺、幕僚對銅廠的敲詐勒索。雲南官場腐敗大案就此爆發，最終朱一深與督撫藩臬等長官同歸於盡。朱一深當時伏案書寫稟帖的心情，想必與三年前劉標書寫揭帖的所思所想，有異曲同工之處。

那麼，劉標會像朱一深那樣，與良卿等上司同歸於盡嗎？

二、突如其來的御狀

乾隆皇帝正在為貴州鉛廠的醜聞煩心，看到奏事太監又捧進來一個黃木匣，外護以黃綾袱。乾隆定睛一看，這是統兵進攻緬甸的兵部尚書阿桂從前線發來的報匣，連忙令太監捧到面前開啟。清軍在緬甸的戰

爭，是當下的頭等大事，耽誤不得。

乾隆取出木匣裡的第一份摺子，仔細閱讀起來。讀了幾句，他就眉頭緊鎖。看得出來，乾隆怒容滿面。他強壓著怒火，把褶子看完，然後重重地擲在了案上。原來，乾隆看到的不是一道軍報，而是一份狀紙！貴州省普安州（今貴州盤縣）百姓吳國治與吳倎領銜，狀告當地官府「派累、侵蝕」。這是怎麼回事？老百姓告狀，怎麼就以軍情快遞直達了乾隆的案頭？

事情還得從緬甸戰爭說起。戰爭爆發後，貴州是軍隊與物資輸送的必經之地。貴州部分州縣的官吏、差役就藉口軍需，向民間橫徵暴斂、強派勞役。朝廷考慮到了這種弊病，三令五申相關省份不得私派累民，但是那些貴州官吏並未絲毫收斂。乾隆皇帝又曾頒發賞銀，獎勵為緬甸戰事付出辛勞的官吏與百姓。一些不法官吏竟然把皇帝的賞銀也敢侵吞，一分一厘都沒有到達百姓手中。普安州的吳國治、吳倎，就是控告本州差役許文衡等人私自派累百姓，貪汙皇上恩賞銀兩的。

更為惡劣的是，吳國治等人在本地多次控告許文衡等「派累、侵蝕」，普安州和上級的南籠府衙門都不受理，吳國治就一直告到貴州巡撫衙門。巡撫良卿又出場了，他批示由貴陽府知府韓極主審吳國治一案，可同時又令普安州知州陳昶隨同會審。這嚴重違反了迴避原則。百姓狀告普安州橫徵暴斂的案子，怎麼能指定普安州的知州會審呢？

結果可想而知。貴陽知府韓極主審時基本是甩手掌櫃，不聞不問，會審的陳昶反而掌握了主動權。陳昶先是找各種理由斥責原告，給吳國治等人掌嘴、打板子，來了好一頓下馬威，接著又授意原告悔過撤訴。吳國治等人在威逼之下，知道案子不可能得到公正審理，不得不具結悔過，含著淚撤訴了。

事後，吳國治怨憤難平，想到了最後一條路：冒死告御狀。但是，

如果千里迢迢去北京告御狀，不僅耗費巨大、時間漫長，而且沿途可能遭遇州府官吏的刁難攔截。有了之前屢次告狀失敗的慘重教訓後，吳國治覺得正常的告御狀的辦法行不通。吳國治曾經在雲南騰越州軍臺充當號書，清楚軍情快遞不經地方官府傳遞，速度快而且安全。他就想到了把狀紙混入軍報，直送乾隆手上告御狀的主意。巧了，同鄉吳佃在貴州軍營中有熟人，便冒險將原呈詞夾入軍臺馳遞報匣內。驛站把這份「緊急軍報」以六百里加急的速度，約六晝夜就送達紫禁城。於是，便出現了乾隆皇帝龍顏大怒的一幕。

乾隆最擔心的情況出現了。每一次戰爭，難免侵擾百姓，造成社會動盪。皇帝希望能將這種干擾降到最低。因此，緬甸戰爭伊始，乾隆就擔心軍需會破壞貴州正常的秩序，告誡良卿要做好徵用民間物資和勞役的登記工作，防止濫徵。良卿回奏說具體事務都是鄉保在執行，難以一一核實。乾隆大為不悅。後來頒賞官民，良卿卻上奏說要先核實官民的付出再一一賞賜，乾隆當即憤怒了，申斥良卿之前說難以詳細核實，如今卻要先核實再恩賞，明顯前後矛盾，辦事推諉拖沓，給了良卿一個降級留任的處分。雖然在軍需擾民問題上，乾隆和良卿有過不愉快的經歷，但是良卿信誓旦旦地說貴州官府對百姓沒有「絲毫侵擾」，乾隆還算是放心。

如今，貴州百姓的告狀信就擺在案頭，乾隆如何看待良卿的信誓旦旦呢？貴州官吏不僅橫徵暴斂，還壓制百姓，粉飾太平。良卿之前的保證是「欺君罔上」，愈發不可饒恕。再考慮到之前威寧鉛廠的巨額窟窿，良卿與永泰、劉標的互訟醜聞，貴州的情況已經相當糟糕了。乾隆不禁感嘆：「黔省吏治，狼藉至此，實出情理之外。」

乾隆決定，貴州鉛廠案的審查矛頭，從劉標轉移到良卿。十月十五日，乾隆下諭嚴斥良卿。他說：自辦理軍務以來，朝廷向相關各省發放

幣銀賞賚急公奉上的百姓。朝廷屢次申飭各省巡撫悉心洞察，務使百姓均霑實惠。貴州巡撫良卿一再回奏官員胥役沒有絲毫侵擾之事，如今普安州百姓呈詞控告，款證鑿鑿，證明良卿之前所奏，全是捏詞欺飾，不可不徹底追究。「良卿之罪，實在於此」。永泰揭報高積違法之事，又涉及良卿。之前朝廷已經任命富察善為欽差大臣前往貴州查辦，因為案情重大，現在加派湖廣總督吳達善、刑部侍郎錢維誠前往貴州審訊，務令水落石出，以懲積弊。如果良卿、高積確實罪證確鑿，吳達善可以一面奏聞，一面將二人革職拘禁。最後，乾隆提醒欽差大臣，防止良卿等人隱藏、轉移財產，或自戕自殘逃避審訊。

當時，貴州布政使張逢堯正好進京陛見，朝廷對他另有任用。乾隆命令軍機大臣向他詢問貴州吏治並按察使高積販賣水銀之事。張逢堯原本以為這只是例行的任前召見，沒想到突然受到訊問。他是個明哲保身的官僚，腦袋瓜子立刻飛快地轉了起來：貴州的事情已經和自己沒有關係了，可是皇上讓軍機大臣訊問，肯定是發現了什麼問題。那麼，皇上掌握了多少消息呢？張逢堯不清楚。他避重就輕地回應著高積的問題。張逢堯說：「卑職幾個月前即交卸印信，赴京覲見皇上，對貴州近況並不了解。只是今年夏天，卑職曾聞船戶言及，他們曾經裝過按察使高大人的水銀。」

張逢堯的回答並沒有讓乾隆滿意。相反，其中透露出來的油滑退縮和欲言又止，使得乾隆更加深信貴州吏治的骯髒不堪。於是，乾隆不等三位欽差大臣的回奏，在十月下旬至十二月初，連下數道諭旨，高調而嚴密地指示對貴州一系列案件的審理工作。

第一，審查高積。乾隆認為張逢堯的回奏可以肯定一點，那就是高積私賣水銀。就這一件事，便罪無可貸，足夠把他革職查辦。命吳達善將高積任所貨財嚴密查封，命兩江總督查抄高積寄放蘇州的財產，命閩

浙總督嚴密查抄高積在福建原籍地的一應田房產業。

第二，複審良卿。良卿與高積同在省城，豈有署理布政使私賣水銀而巡撫毫不知情的道理？良卿不揭發查奏，其中或有知情徇及希冀分肥之情，亦未可定。命吳達善將良卿因何隱匿不報，以及良卿、高積二人平日有無往來密交的情況，嚴審回奏。同時，命令查抄良卿任所貲產。

第三，將湖南巡撫方世儁解任。方世儁，安徽桐城人，乾隆四年進士，授戶部主事。二十九年，擢貴州巡撫。三十二年，調湖南巡撫。方世儁擔任巡撫以來，乾隆認為他辦事認真，平日為人謹慎穩重，對他的印象不錯，想不到他勒索屬員，公然索要金銀，毫無顧忌，「實出情理之外」。傳諭將方世儁解任，押往貴州質審，並嚴密查封其任所貲財。

很快查明高積私自將庫存水銀運到蘇州販賣，得銀六千八百兩。良卿對高積販賣水銀、勒索屬員等事，推託一無所知。可是，高積在按察司衙門交銀領貨，鬧得滿城喧騰，良卿顯然是撒謊。隨著良卿、高積、方世儁等人勒索強取的事實一一得到證實，乾隆毫不留情地下令將高積等人革職，並將方世儁家人李四及其姪孫方四等人押解貴州質訊，並查抄安徽桐城方家的家產。十二月初七，乾隆降旨，良卿與高積勾結，肆意侵漁，「督撫與藩臬，至於上下一氣，串通結納，任意營私，將何事不可為？此則甚有關係，不可不審明從重治罪，毋令稍有遁飾。」至於永泰、馬元烈兩人，直接管理劉標，豈有劉標饋送遍及上司，而單單漏了永泰、馬元烈這兩個直屬上司的道理？最後，乾隆再次強調要「嚴究定案」。

乾隆皇帝對高官的貪腐案件，一貫痛心疾首，處置起來雷厲風行，痛下殺手。之前，被乾隆處死的督撫層級的高官達十人以上。但是，高官的貪腐案件層出不窮，行為惡劣，金額動輒數萬，甚至上百萬。這是一個值得深思的問題。

官員們貪腐的手段無非就是那麼幾種，貪汙、挪用、監守自盜、敲

詐勒索下級官員等。這些行為明擺著就是嚴重違法，隨時可能敗露，一查起來就會革職罷官，甚至斬首示眾。那為什麼官員們，包括那些閱歷豐富、情商和智商都很高的總督、巡撫們，還要前赴後繼，去犯這些低級幼稚的錯誤呢？

有一種流行說法是清朝的低俸制導致官員普遍貧困，而貧困是腐敗的重要誘因。事實上，能夠在科舉考試中勝出的人，家境都不會太窮。因為漫長的科舉考試，要以相當的物質能力作為基礎。而乾隆時期貪腐的督撫大員，幾乎沒有貧民家庭出身的，相反很多人原本就家產豐厚。比如，方世儁在原籍安徽桐城有祖傳的田莊六座，隨莊瓦土草房一百七十五間，每年收田租兩千兩百四十二石。他不存在靠貪汙養家餬口的問題。而且官員的俸祿、養廉銀和其他灰色地帶的收入，足夠讓高官們維持比較體面的生活。

那麼，官員們為什麼還要貪腐呢？因為他們有來自正常生活、工作之外的巨大經濟壓力。

比如乾隆時期，官員頻繁的進貢。原本，端陽、萬壽、元旦時，大臣們有向皇帝進貢賀禮的慣例。乾隆則規定上元、中秋等節日也要進貢，此外平常還有不定期的進貢。僅有制度可循的，乾隆時期的總督每年進「例貢」就有一百八十三項、巡撫進「例貢」兩百七十七項，這還不包括制度之外的「非例之貢」。乾隆二十二年，雲貴總督恆文低價向下屬強買黃金，少付銀兩，打的旗號就是「辦貢」。乾隆查辦後，宣稱各省貢品限送土特產，自己不會收黃玉重器。乾隆是在撒謊，紫禁城裡多數的自鳴鐘、西洋鏡和玉器、金佛，乃至名人字畫，哪樣不是高官大吏們進獻的？

乾隆還創立了「議罰銀制度」。中央和地方重要官員，特別是督撫高官，凡犯有「過誤」，無論瀆職、違例、侵貪、奏事錯誤等，或者根本無過但是乾隆認為有過的，均得自願認繳銀兩「自行議罪」。金額少則扣發

一年養廉銀，多則數萬兩。閩浙總督陳輝祖因胞弟陳嚴祖在甘肅冒賑案中參與貪汙，交議罪銀三萬兩；浙江巡撫福崧在乾隆四十六年至五十年的四年時間裡，繳納議罪銀七點四萬兩。這樣的金額遠遠超過了官員正常的收入。

乾隆時期還大規模推廣「分賠」「攤賠」制度。凡是財政虧空難以填平，或者某事責任不清，便讓所有相關官員，包括離任官員分擔責任，出錢補足虧空。雖然乾隆意識到此舉可能讓廉者替貪者擔責，但還是強力推廣分賠制度，在各級官員身上加了另一道沉重負擔。

乾隆的這些制度，本意是檢驗官員的忠誠，制約高官大吏，結果是讓官員，尤其是地方督撫不堪重負。他們本能地把經濟壓力向下轉移。閩浙總督伍拉納承認：「我們並不自出己資買辦物件，乃婪索多銀自肥囊橐。」而浙江巡撫福崧到任後，馬上吩咐鹽運使柴楨「代辦」貢品，計有玉器、朝珠、手卷、端硯、八音鐘等件，一次進貢就花費白銀三點八萬餘兩，全部計在鹽運司衙門的帳上。

高官大員們面對巨大的經濟壓力，不得不花費大量時間和精力「經營創收」。貪汙挪用公款有之，敲詐勒索下屬有之，更多的人還把貪腐所得資財進行市場化經營。清朝禁止官員在任職地置辦產業，官員們就紛紛易地置產，或者在原籍地蓋房買田。他們還在經濟發達的地區經商，一般在蘇州、揚州以及京師將銀兩借出生息或營運，開設當鋪、首飾樓、綢緞鋪、雜糧店、醬房鋪等。案發後，朝廷查抄涉案官員資產的諭旨往往發往多個地區，就是官員在多地置產或經營的緣故。毫不誇張地說，置產經營以應對經濟壓力成了清朝中期以後官員的一項常規動作。督撫大員貪腐敗露，固然罪該萬死，但乾隆皇帝在此問題上也難辭其咎。他強力反腐敗，嚴辦了諸多腐敗官員，但許多做法卻在客觀上迫使高官們在貪腐道路上前赴後繼。

三、複雜的真相

欽差大臣吳達善等人抵達貴陽後，首要工作是理清威寧鉛廠巨額虧空的主要原因：是廠員劉標貪汙侵蝕造成的，還是巡撫良卿等人敲詐勒索導致的呢？

威寧鉛廠由官府壟斷經營，可是並沒有建立統一的大工廠生產模式。官府並不直接涉足採礦與冶煉，這兩個環節由老百姓完成。從事鉛生產的老百姓，需要登記在冊，稱之為「爐戶」。鉛廠向零散的爐戶收購成品鉛，再統一把鉛運送到相關部門或地區。因為個體爐戶資本微薄，難以獨立承擔風險，常常出現不能按時、保量供應鉛料的情況，鉛廠的生產面臨困難。而朝廷每年規定鉛廠的供應任務是固定的，為此下撥了採購專款。廠員就從採購款中挪用銀兩，預先向爐戶發放購鉛款，稱為「工本」。這本質上是一種官府和爐戶之間的「預購」行為。爐戶用預付款採礦、冶鉛，再以官方規定的價格賣給礦廠。礦廠扣除預付款和稅銀後，如果有剩餘，再向爐戶支付尾款。以上這種折中的「土政策」，在西南各地的礦產地普遍存在，名為「放本收鉛」。如果是銅礦，就是「放本收銅」，依此類推。

放本收鉛並非法定政策，一旦出事是不受朝廷律例保護的。從理論上分析，這個政策本身存在巨大的風險。預付的工本，爐戶並沒有任何抵押。如果遇到老天爺大災大難，爐戶生老病死，或者當年產量不足，甚至出現爐戶逃亡等情況，官府的工本就血本無歸了，鉛廠的帳目就出現了虧空。這種虧空稱為「爐欠」。威寧鉛廠的虧空，最初正是源於爐欠。

貴州威寧州不但是清代最重要的鉛產地，還出產銅。乾隆二十年，朝廷議定威寧每年辦銅五十二萬斤。所以，威寧知州劉標除了供應鉛，

還要負責辦銅，也向爐戶採取「放本收銅」的土辦法。從乾隆二十五年至乾隆三十三年間，知州劉標挪用工本，向爐戶發放預付。無奈乾隆二十八年威寧發大水，淹沒礦硐，銅廠生產不繼，產量稀少，由此造成的爐欠多達七八萬兩。日積月累，鉛廠、銅廠兩邊都有爐欠，劉標只能拆東牆補西牆，勉強維持。

劉標也曾努力為鉛廠的生產經營四處奔走，但是未能從根本上扭轉形勢。這個時候，他個人品性的骯髒和不堪就暴露了出來。劉標看到鉛廠經營不善，虧空導致帳目日益混亂，竟然動起了渾水摸魚的歪主意。他想，反正土政策奉行多年，虧空不止一日，一直沒有清查準確過。真實的帳目，誰也不知道。劉標開始挪用鉛廠銀兩私用，後來慢慢發展到中飽私囊，肆無忌憚。

劉標始終心存僥倖。這個僥倖，並非混亂的帳目，而是諸多上司的敲詐勒索。他所主管的威寧鉛廠之所以心甘情願地被歷任上司需索逼要，就是要把更多的人牽涉到鉛廠虧空中來，把更多的人塑造成自己的同案犯。上司們從鉛廠拿走的每一樣東西、每一筆銀子，劉標都記錄在冊。不知情者以為威寧鉛廠是貴州官員的提款機，殊不知它是貴州官場腐敗的發動機、渾濁吏治的攪拌機。牽涉進來的官員越多，劉標感覺自己就越安全。要不是最終乾隆皇帝嚴飭查辦，鉛廠的糊塗帳也許就糊里糊塗地拖延下去了。

當劉標得知巡撫良卿參奏自己巨額虧空，他知道「最後的戰鬥」打響了。劉標把髒水拚命往歷任上司那裡引。不管是真是假，只要多交代一筆金額、多咬出一名官員，劉標感覺自己的罪行就能減輕一分。

比如，劉標供認為了申請重開一度遭到封禁的銅礦礦廠，曾向前任巡撫方世儁奉送一千五百兩銀子，經手人是方巡撫的家人李四。李四被緝拿到貴陽後，供認劉標曾送一千兩銀子給方世儁，他本人只得到四十

兩銀子從中說合。但是劉標堅稱送了一千五百兩銀子，並且表示其中的五百兩銀子很可能為李四獨吞或與方巡撫的侄孫方四分肥。對此，李四堅稱只收到一千兩銀子，方四並不知情。一直等到十二月十二日，方世傛被押解到貴陽受審，對劉標送給他朝珠、玉瓶等物品一一供認不諱，唯獨對劉標贈送白銀一事，只承認一千兩的金額。辦案人員安排方世傛與劉標當面對質，劉標這才承認是為了推卸責任，捏造虛詞。從這件小事，可見劉標人品之惡劣，以及渾水摸魚的做派。

經過五個多月的調查和審訊，欽差大臣吳達善、錢維誠、富察善三人，才把威寧鉛廠案及其相關貪腐案件查辦清楚。三人於乾隆三十五年正月十九日上奏了案情和處理意見：

貴州巡撫良卿在任期間營私肥己，荒廢政務。良卿明知劉標虧空巨大，卻不及早參劾，直到事情難以掩蓋，才上奏揭發，顯然是為了棄卒保車。良卿對劉標私自出借的一點零八萬餘兩官銀不予追究，還將已追回的六千七百餘兩銀子批示留抵，私填公項，不列入查封款內，屬於知情故縱。另有晉安州民吳國治控告差役派累侵賞，遭知州陳昶斥責，百姓上告到省裡，良卿批示由陳昶會審，明顯是強壓民間訴訟。此外，良卿還有長支養廉銀一千七百九十餘兩等問題。按律，良卿應判斬監候，但其「受恩深重，敢於匿情欺罔」，實屬欺君，請旨即行正法。

威寧州知州劉標虧空帑銀二十九萬餘兩。他自知行將敗露，在案發之前三四個月，即派侄子、侄婿等攜帶行裝十七八馱，從四川繞道回直隸原籍，囑託親屬隱匿寄頓財產，以致官府在直隸大城縣查抄所得田房地畝，僅值四百餘兩銀子。後來經過多次追查，也不過查出劉標財產二三萬兩，加上其揭發的上司勒索之銀也僅兩萬兩，其餘的二十多萬兩贓銀下落不明。這筆巨款哪裡去了呢？欽差大臣的結論是「顯係密藏」，也就是被劉標隱藏轉移了。劉標行賄、虧空都數額巨大，情節嚴重，奏

請即行正法。

貴州按察使署布政使高積收受屬員賄銀，私將藩庫水銀及從廠收買水銀共二點六萬斤運往蘇州發賣；貴州布政使張逢堯雖然沒有勒派需索問題，但徇情透支巡撫良卿養廉銀，自己也預支養廉銀九百三十兩，且對劉標的虧空沒有及早參奏，有失整飭通省屬員之責。

前任貴州巡撫方世儁收受屬員賄賂，其中白銀一千兩已為其家人方四供認不諱。方世儁貪贓枉法，請旨即行正法。家人李四絞監候，秋後處決；方四未拿贓銀，無罪釋放。

乾隆三十五年二月初二，乾隆下旨終結此案。他對良卿深惡痛絕，認為「良卿與高積受賄交通，聽任高積販賣水銀，並任幕友往來無忌，已屬敗檢不法」，在劉標虧空數目達到二十多萬兩的問題上，良卿明知故縱，知道事情即將敗露，才參奏塞責，「徇縱劣員，毫無顧忌，致通省傚尤，罔知檢束，吏治官方，不可復問」。而普安州百姓吳國治狀告官吏科派一案，良卿既不查辦，又令被控的知州參加會審，敷衍了局，「是其心存消弭，盡喪天良，公行欺罔，並不止於法婪贓，封疆大吏敗裂至此，天理國法尚可復容乎！」

於是，乾隆時期被斬首的封疆大吏中又多了一個人。良卿在省城貴陽，由欽差大臣監視正法。在省城的貴州官員都來觀斬，上了一堂生動的廉政課。良卿的兒子富多、富永，銷去旗籍，發往伊犁，賞給厄魯特人為奴。前任巡撫方世儁失察、受賄，罪無可免，但其沒有良卿那樣的欺君長奸行為，乾隆開恩判處絞監候，秋後處決。方世儁被押赴北京，在當年的「秋審」中歸入「情實」，押往菜市口處決了。

貴州布政使張逢堯，吏部的處理意見是「降三級調用」。乾隆則認為張逢堯「斤斤自守」，不問同僚貪腐，也不監察下屬，致使貴州省吏治狼藉，「國家於此等頹廢職守之藩司，將安所用之」？張逢堯革職，

發往軍臺效力贖罪。其經手給良卿的預支養廉銀及本人超支的養廉銀共一千九百二十餘兩，按十倍賠繳，以示懲戒。

貴州按察使高積勒索財物、盜賣水銀、貪贓枉法，判處絞監候，不准減等，秋後處決。貴州糧驛道永泰照良卿例，斬監候，秋後處決。貴西道圖默慎勒索財物，杖一百，流放三千里。貴陽知府韓極杖一百，另處徒刑三年，定地發配。大定知府馬元烈革職，分賠劉標遺留的虧空。

鉛廠的虧空，有二十多萬兩的窟窿無法填平。欽差大臣、湖廣總督吳達善奏請將良卿、方世儁、高積、永泰等人的家產抵補虧空，不足部分再由歷任上司分賠。這本是慣常的做法，不料乾隆大發雷霆，下諭斥責吳達善：「劉標虧空官帑至二十九萬餘兩之多，良卿等人欺謾長奸，扶同舞弊，因此將他們全都從重治罪。查抄良卿等人的家產，是因為他們枉法欺公，不是要代劉標填補虧空。吳達善的提議，明顯是要減少歷任上司理應分賠的數額，一味取悅沽名，殊為謬誤。著將此折擲還，交吳達善等另行改議具奏。」因此，良卿等人的家產額外查抄歸公，不算入鉛廠虧空的彌補金額。乾隆諭令將劉標父子嚴加刑審，務必找出隱藏家產的下落。如果查找不到，那麼歷任貴州相關職位的官員，就要分賠二十多萬的巨額虧空了。無疑，這是一筆巨大的經濟壓力。

乾隆意猶未盡，在二月十三日又下諭，列舉此案告誡地方官員，並申飭言官閉口不劾。這道諭旨可以作為此案的結束語：「朕臨御以來，整飭官方，諄諄訓誡，於諸臣功罪，無不秉公核定，若其犯出有心，孽由自作，一經敗露，亦未嘗不執法示懲。……為督撫大吏者，苟有人心，亦當洗心滌慮，畏國憲而保身家，何意尚有冥頑不靈、天良盡喪如良卿等者……科道為朝廷耳目之官，於大吏等有蠹不飭、蠹國剝民之事，皆當隨時舉劾，知無不言，何此案未經發覺以前，並未有一人劾奏其事者？言官職司糾察，若唯知撿拾細故，而置此等侵虧敗檢大案於不問，

則國家亦安用此委蛇緘默之言官為耶？」

　　乾隆希望透過喚起官員群體的天良，強化言官的監察作用，來防止類似鉛廠虧空大案的發生。事實上，鉛廠虧空案的根源，一在於落後的鉛廠經營管理體制，二是乾隆時期額外施加給官員的巨大壓力。乾隆對威寧鉛廠案的處置，並沒有改變這兩大根源，也就不可能從根本上杜絕類似案件的復發。諷刺的是，第二年（乾隆三十六年），威寧鉛廠又爆出了虧空大案。經查，威寧鉛廠歷年舊欠白鉛一百一十六萬餘斤，廠員張祥發新欠白鉛三十四點九萬餘斤。署威寧州知州高偉不足額發放工本銀，「逐季通融辦理」。原任廠員王葆元有歷年未完秋糧及採買莜折等米五千一百石等。乾隆大為感嘆：「此事大奇，實出情理之外。」他本以為去年劉標虧空一案，已經徹底查明各種問題，「何以尚有舊欠？」況且，王葆元正是查辦劉標虧空的官員，怎麼也重蹈覆轍？乾隆盛怒之下，將張祥發、王葆元、高偉全部革職查辦。革職容易，從根子上杜絕問題難。乾隆當局者迷，找不到杜絕虧空的根本辦法，只能從嚴從重處置一波又一波的貪腐案件了。

浙江虧空案：一個人的戰鬥

一、奇怪的考卷

　　故事要從乾隆五十一年（西元一七八六年），浙江科舉考場的一張試卷說起。

　　清朝主管一省教育文化事業的最高長官是學政。當時的浙江學政叫寶光鼐。他在閱卷的時候發現了一張奇怪的考卷：這份考卷根本就沒有根據題目答題，而是列舉了平陽知縣黃梅的種種罪行。黃梅在任八年來，揮金如土，造成錢糧巨額虧空，又以彌補虧空的名義，向老百姓額外徵稅、勒索錢財，把聚斂來的巨額錢財裝入自己的腰包等等。總之，凡是官員可能觸及的經濟犯罪問題，黃梅都犯了。平陽老百姓苦不堪言，民間流傳「黃梅時節家家苦，青草池塘處處冤」的民諺。

　　看完考卷，寶光鼐倒吸了一口涼氣：這哪裡是一張答卷，分明是一份舉報書啊！他對這位考生的勇氣十分敬佩。對於古代讀書人來說，科舉考試決定了一個人的前途。為了準備一場考試，無數學子往往要花費十幾年甚至幾十年時間刻苦讀書，同時，考生的家人都免不了要節衣縮食，支持他讀書應試，希望他能金榜題名、光耀門楣。所以，考試不僅左右著考生的命運，更是承載了整個家族的期望，有誰會輕易放棄呢？眼前的考生放著科舉功名不要，毅然放棄了之前的寒窗苦讀和家人的期望，是受了多大的委屈、得下多大的決心？

　　寶光鼐不禁想到，就在這次考試的考場上，秀才們三五成群，談論黃梅的斑斑劣跡。有些平陽當地的秀才，情緒激動，說黃梅多年來橫徵暴斂、敲詐勒索。還有秀才說，黃梅在老母親去世的當天晚上竟然還在看戲。對於飽讀詩書，以儒家禮儀道德來規範言行的讀書人來說，黃梅的行為禽獸不如。

　　秀才們以這種方式，請寶光鼐出面懲治貪官。尤其是那位寫檢舉答

卷的勇敢考生，清楚地向竇光鼐傳達了這樣一條訊息：我敢不顧一切地告，你敢接嗎？

竇光鼐陷入了沉思。他很猶豫，要不要管這件事呢？

竇光鼐，山東諸城人，當官很早，起點很高。乾隆七年，22 歲的竇光鼐就考中了進士，進了翰林院。但在仕途摸爬滾打了整整 44 年，很多晚輩和下級都當上了總督巡撫，甚至是內閣大學十，竇光鼐還只是浙江學政。其中的主要原因就是竇光鼐為人處世堅持原則，得罪了很多人。

乾隆皇帝很了解竇光鼐，《清史稿》說乾隆「夙知光鼐」。一開始，他很欣賞竇光鼐勇於任事的性格。竇光鼐在翰林院學習的成績不是很好，考試只考了第四等，按規定要受到罰俸，也就是扣發薪資的處分，同時下放到地方去當知縣。但是，乾隆卻破例提拔竇光鼐為左中允，不僅沒有把他外放地方，而且還升了官。之後，竇光鼐青雲直上，歷任內閣學士、左副都御史。到乾隆二十年，竇光鼐只用了十三年時間，就升遷到了從二品的高官。當年竇光鼐三十五歲。和他同年考中進士的多數人還是知府、知縣。應該說，乾隆皇帝對竇光鼐皇恩浩蕩，重點培養。竇光鼐離入閣拜相只有一步之遙。

但是，之後發生的幾件事情，讓竇光鼐和乾隆的關係開始疏遠，竇光鼐在仕途上就此止步。竇光鼐擔任左副都御史期間，指出許多不當判例應當修正。有一年，竇光鼐以都察院長官的身分參加了秋審。秋審就是每年秋天，朝廷對可緩刑的死期判決進行審核。清朝的司法實權集中在刑部，秋審漸漸淪為例行公事，變成對刑部判決的確認儀式而已。但是，竇光鼐卻在秋審中發現，廣西有個犯人陳某因為保衛田裡的莊稼而殺死了盜賊，被判了死刑，刑部認可了這一判決。同樣是犯了殺人罪的貴州羅某，原因是逞凶殺人，卻被判了緩期執行，竇光鼐對此提出異議，發公文給刑部，表示反對。這讓刑部長官很意外、很震驚，和竇光

鬧吵了一架，還向皇帝告了狀。乾隆就讓人調查這件事，結果是大家認為竇光鼐火氣太重、言詞過激，要承擔主要責任。

竇光鼐這麼一鬧，大臣們認為他要受降級處分，乾隆皇帝命令竇光鼐留任，但心中對他的印象大打折扣。竇光鼐非但沒有吸取教訓，還固執己見，上奏說：「殺死盜賊，按照法律只要打板子和判處有期徒刑。近來，各省大多把殺死盜賊按照擅自殺人處理，處罰過重。應該嚴格按照法律執行。」乾隆採納了竇光鼐的建議，但是認為竇光鼐頑固、迂腐，不適合擔任高級職務，不再重用他。

幾年後，竇光鼐擔任了順天府尹，相當於首都北京的市長。順天府尹是正三品官，比左副都御史低一個級別，竇光鼐被降了一級。北京周邊有許多滿族王公和八旗子弟的莊園、田地。竇光鼐雖然是順天府尹，是名義上北京的最高行政長官，但皇城根下的很多事情他說了根本不算。當時京城附近蝗災嚴重，蝗蟲鋪天蓋地地來了，竇光鼐只能督促漢族老百姓消滅蝗蟲，王公大臣和八旗子弟們一點力都不出。竇光鼐就覺得這不公平，憑什麼你們不付出只享受？於是，竇光鼐上奏，要求不論八旗子弟還是漢族百姓，都要出勞力消滅蝗蟲。不用說，竇光鼐的建議，遭到了一大批王公大臣的反對。雙方在皇帝面前吵了好幾個回合，弄得乾隆很厭煩，乾脆將竇光鼐罷官。

竇光鼐原本起點很高，但是這一件件事情讓皇帝對他的評價大打折扣，升遷之路就此止步。晚年的乾隆皇帝是個喜歡穩定的太平天子，討厭下面的官員和老百姓生事。但乾隆並不是一個昏君，他認為竇光鼐是迂腐的書呆子，缺乏辦事能力，卻也知道竇光鼐沒有什麼大過，陸續給他在一些清水衙門安排了一些閒職。就這樣過了四十多年。

這一年竇光鼐已經六十六歲了，乾隆特意安排他擔任浙江學政。乾隆的意思是這個職位比較適合竇光鼐。而且浙江經濟發達，官員的收入

比較高，可以解決竇光鼐的退休生活問題，打算讓竇光鼐在浙江待上三四年，就讓他退休養老了。

乾隆對他還是很照顧的。在清朝，學政在理論上是一個差事，而不是正式的官職，學政的級別是根據任職之前職位的級別而定的，所以乾隆還很「貼心」地把竇光鼐提升為吏部侍郎。侍郎是正二品的高官，這就解決了竇光鼐的級別問題。所以，竇光鼐在乾隆五十一年來浙江當學政，是「皇恩浩蕩」的結果。

這樣一個等著退休的老人，還有必要拋頭露面，奮戰在反腐敗的第一線嗎？

竇光鼐完全可以把考生們的陳述置之不理。因為學政不管司法，不管人事，反腐敗不是自己分內的事。但是，我們從竇光鼐的宦海沉浮中了解到，他不是這樣的人。儘管多次受到打擊，竇光鼐心底始終不畏強權、堅持原則。這位年近古稀的老人，骨頭始終是硬邦邦的。

竇光鼐下定決心，要把黃梅的腐敗案管到底。那麼，這事到底應該怎麼管，才能真正管好？這就好比是打獵，打好了可以滿載而歸，打不好的話，獵手就會被老虎吃了。

黃梅的問題不是一個簡單的問題。他一個小小的知縣，能夠在平陽胡作非為八年，屹立不倒，難道就沒有人知道？為什麼就沒有人管呢？這說明，黃梅只是一隻小蒼蠅而已，他的背後，極可能趴著大老虎。這頭大老虎正張著血盆大口，隨時準備吃人。

竇光鼐畢竟在官場上沉浮了幾十年，知道在帝國的政治體制下，要想辦成任何一件事都是要講技巧的。怎麼彈劾黃梅，就是一件非常敏感、非常巧妙的事情。竇光鼐決定把黃梅腐敗的事情，和乾隆皇帝關心的事情連繫起來。

在清朝，地方高級官員赴任之前，皇帝都要召見他們，面授機宜。

這是皇帝加強對地方控制的一個手段。巧的是，竇光鼐到浙江上任之前，乾隆皇帝召見他，就談了一件事。原來對於浙江省，乾隆皇帝最關心的就是錢。浙江省千百年來都是魚米之鄉，是帝國的糧倉和財政大省。乾隆對浙江的錢糧收支情況很關心，召見竇光鼐的時候就說：你到杭州後，留心一下浙江府庫的收支情況，有什麼問題隨時向我報告。

竇光鼐決定把黃梅的貪腐問題，放在浙江省的錢糧收支的大問題下面做文章。他結合自己到浙江的所見所聞，向乾隆皇帝上了一道奏摺。竇光鼐說：「浙江省各州縣倉庫虧空很多。之前以浙江巡撫王亶望、閩浙總督陳輝祖為首的兩大腐敗集團被揭發出來後，浙江省並沒有對他們貪汙公款的情況進行徹底調查，只是籠統地算在倉庫虧空中。各級官員以文件落實文件、以帳目核對帳目，並沒有實地調查。地方官員升遷或者調任，接任的官員不認真查看倉庫、核對錢糧，就草率出具交接文書。」為了說明浙江省虧空的嚴重性，竇光鼐舉例說：「我聽說嘉興府下屬的嘉興、海鹽兩個縣，溫州府下屬的平陽縣，虧空都超過了十萬兩。」黃梅的問題，被作為例子，巧妙地鑲嵌在了「浙江府庫虧空」的大題目下了。

竇光鼐不知道，自己的這道奏摺將會掀翻整個浙江官場，引起官場的大地震。一場曠日持久的權力大戰，即將拉開序幕。

二、如何了解虧空？

浙江省是朝廷的錢糧重地，乾隆一直盯得很緊。然而不幸的是，浙江省先後出了王亶望、陳輝祖兩個大貪官。乾隆就想，他們貪汙的錢是不是公款，對浙江的錢糧收支產生了什麼樣的影響呢？於是在乾隆四十七年，皇帝就下令浙江省清查府庫虧空的情況。

這一查就是三年多，一直到乾隆五十一年二月，在多次催促下，浙

江巡撫福崧才遞上來一份清查報告，報告說，浙江各地倉庫錢糧虧缺三十三萬餘兩，地方官員正全力彌補。浙江省每年徵收的錢糧數以百萬計，乾隆皇帝不相信才虧空了三十萬兩銀子，將浙江巡撫福崧和浙江布政使盛柱免職，另外派了三位欽差大臣，戶部尚書曹文埴、刑部左侍郎姜晟、工部右侍郎伊齡阿到浙江省清查虧空情況。其中，伊齡阿接任浙江巡撫。

你們浙江官員不是不願意清查嗎，那好，我派人幫你們查帳。

這三位欽差大臣果然「效率」很高，二月十二日被派往浙江，三月底到四月初就連續上了三道奏摺，報告浙江省的虧空情況。他們說浙江省虧空三十三萬餘兩，照抄了被免職的巡撫福崧的結論。乾隆很生氣，曹文埴、伊齡阿這三個人是二月派出去的，當時沒有飛機，也沒有京滬高鐵，欽差大臣帶著一大幫人，從北京走到杭州就需要個把月時間。辦理交接手續、核對帳目、實地調查等都需要時間。三個欽差只花了不到兩個月時間，就報告了結果，明顯是想敷衍了事。乾隆皇帝覺得他們嚴重辜負了自己的期望，很不客氣地駁斥了三個人的奏摺，警告他們如果再不認真盤查，就要對他們不客氣了。

就在這個節骨眼上，竇光鼐揭發浙江府庫虧空的奏摺遞了上去，對乾隆皇帝造成了火上澆油的作用。竇光鼐指出的三個縣的虧空，加在一起就超過了三十萬兩，和欽差大臣匯報的浙江全省的虧空持平。難道其他七十幾個縣都沒有虧空？

四月十二日，乾隆親筆寫下了長達一千兩百字的聖旨，除了表揚竇光鼐外，就是在警告包括欽差大臣在內的所有浙江官員：再不認真清查，我就對你們不客氣了！

竇光鼐的奏摺讓皇帝很生氣，後果很嚴重。同時，浙江省的官員們也很生氣，後果也很嚴重。全省官員齊刷刷地站到了竇光鼐的對立面，

浙江虧空案：一個人的戰鬥

巡撫伊齡阿領銜，多次上奏乾隆，說竇光鼐捏造事實、汙衊同僚，嚴重傷害了浙江官員的感情。各式各樣的壓力，有的是明的，有的是暗的；有的來自浙江省內，還有來自全國各地的，氣勢洶洶地撲向竇光鼐，要求竇光鼐收回之前的奏摺。全國各地、朝野內外，無數雙眼睛盯著，看這件事怎麼發展下去。

竇光鼐攤上大事了！為什麼揭發虧空會引起這麼大的反響？為什麼全省官員，甚至包括其他省的官員要對竇光鼐群起攻之呢？這要從虧空產生的原因談起。

虧空最直觀的原因就是官員貪汙。但如果把虧空的原因只歸咎於官員腐敗，那就把這個問題簡單化了。事實上，清朝府庫虧空的產生，板子不能只打在官員身上，原因很複雜。

首先，清朝的財政高度中央集權，所有的錢糧收支權力都集中在中央，地方上的任何支出都要上報朝廷。朝廷對地方開銷審計循「例」進行。例，既有開支的項目，又有一成不變的固定標準。這便導致朝廷財政僵化滯後，嚴重缺乏效率又不符合實際。地方一旦出現不時之需，如軍需、河工、災荒、承辦差務、修繕衙門房屋等情況時，由於中央下撥的資金不能及時到位，或者根本無法批准，地方政府就只能拿府庫裡的錢來救急。這種額外支出一旦得不到彌補就形成虧空。江蘇省經常發水災，整修河道的錢稱為河費。然而中央下撥的資金遠遠滿足不了實際需求。自乾隆四十七年到嘉慶二十五年江蘇省僅河費一項就虧空五十二萬兩銀子。這部分支出因為屬於例外開支，不能報銷，就成了虧空。

江浙地方府庫虧空的問題在乾隆中後期變得嚴重，其實與乾隆本人有關。乾隆六次南巡，承擔接駕重任的浙江、江蘇等州縣傾盡全力迎駕，但多數款項根本就不能報銷，少數能夠報銷的款項長年得不到報銷，地方官只能挪用公款，造成虧空。現任浙江巡撫的伊齡阿，之前擔

任過兩淮鹽運使，操辦過乾隆的接駕任務。他很清楚地方虧空的來龍去脈，也深深知道很多事情不可能透過正常管道解決。

其次，清王朝實行十分微薄的俸祿制度。一品官員歲俸一百八十兩，五品八十兩，七品四十五兩，九品三十三兩。這些俸祿如果僅限於養家餬口是足夠的，但是清朝的情況是，官員權力太大、責任太重。一個縣所有的行政工作，都要由知縣一個人來承擔。農田水利、造橋鋪路、剿匪捕盜、社會治安、徵收稅賦等，都由他一個人來做。官員們不是超人，不可能完成那麼大的工作量，因此，他們必須要僱用師爺、幕僚、傭人等，替自己出謀劃策、分擔工作量，而且不能只請一個。司法審案方面得請一個師爺，錢糧民政方面得請一個師爺，檔案文書方面得請一個師爺，總之方方面面都得僱傭幫手。清朝中期以後，知縣上任一般都帶著一百名左右的幕僚和傭人，巡撫布政使等帶的隊伍則有五六百人之多。這些人做的是官府的公事，薪資傭金卻是官員個人支付的。

有人會問，清朝沒有專門的行政費用來支付這筆錢嗎？行政費用在清朝有一個專門名詞，叫作「公費」。清朝中央官員有非常少的公費，內閣大學士級別的是每個月有四兩銀子的費用，一般官員只有一兩銀子左右。京官們要靠這筆錢承擔行政費用，比如文房四寶、交際應酬等。公費明顯不夠京官們的日常行政開支。地方官員就更加悲慘了，因為他們壓根就沒有公費。衙門的一切費用，自理！

地方衙門最大的開支是日常的送往迎來。地方官府沒有一個銅板的接待費用，交際應酬的任務卻非常重。來來往往的各級官員、各式各樣打秋風的人員，誰都不能得罪。交際應酬成了地方官員的主要日常工作。接待的標準可不能是粗茶淡飯，熊掌魚翅一樣都不能少，而且還要額外送禮。道光年間，張集馨在《道咸宦海見聞錄》中記載，山西每有欽差到省，首府即「赴藩司請借辦公銀二萬兩，事畢攤派各屬歸款，大

約每次攤派俱在三五萬金」。這些銀子，除了欽差大臣一行人在山西的吃喝玩樂之外，就是給欽差大臣的賄賂。欽差大臣都不直接收受賄賂，山西省直接把銀子送到欽差在北京的家裡。

這些饋贈、招待費用，攤派給各個官員，官員可不能做到明帳裡，而要找各種旁門左道消化掉。乾隆後期，浙江就有「公分」名義的行政支出。各地知府「借饋送上司之名，分別大中小縣分，攤派屬員，名曰公分」。之後嘉慶末年，四川則有借總督、藩臬生辰，向各縣出單聚斂禮金的，每次每縣十餘兩至三四十兩，一年之內多達五六次至十餘次不等。就這樣，地方政府就把朝廷存在當地的公款一方面用來維持自身的運轉，一方面為自己牟利。然後用今天朝廷下撥的款子，來填補昨天的債務。長此以往，地方的虧空越來越大，成為一個全局性的、制度性的嚴重問題。州縣衙門製造出了兩本帳，一本帳是給朝廷看的，規規矩矩；另一本帳是給自己看的，裡面記載了本地衙門實際收支、虧空舞弊和官場應酬腐敗的真實情況。第二本帳的內容很潦草，甚至可能都沒有落在紙上，但卻是各級衙門真正的家底，是官員必須奉行的潛規則。如果新舊官員關係很好，離任官員可能會把真實的帳目向接任官員透露一些。一旦辦理了交接手續，虧空的定時炸彈就從一個官員手裡傳到了下一個官員手裡。一旦日後虧空問題爆發，接任官員就要承擔所有的責任。所以，官員都希望虧空問題不要在自己任期內爆發。這就類似「擊鼓傳花」的遊戲。

有時候上一任或者上幾任官員留下的虧空太大，下一任官員無論如何都不願接手。比如黃梅在乾隆四十九年（西元一七八四年）就被彈劾過虧空公款，遭到了撤職處分。隨後浙江省先後派了金仁、汪誠先兩人接任黃梅的職務。奇怪的是，金知縣和汪知縣兩個人，到平陽縣沒幾天，先後找藉口都不做了。官場上流傳說，他們兩人到平陽後，看到地

方財政虧空嚴重、帳目極其混亂，都不敢接這個爛攤子。就這樣，平陽知縣這個職位竟然空缺了好幾個月。沒有辦法，上司只好申請由黃梅復職，讓他自己收拾平陽的爛攤子。

這樣一來，黃梅更加有恃無恐，他看到虧空問題普遍存在，是人人都害怕的定時炸彈，反而利用虧空問題大做文章。黃梅不但不填補虧空，還以此挾制頂頭上司溫州知府，默許他們父子倆在轄區內橫徵暴斂。黃梅的算盤是：我出事了，你也要出事，更多的官員都要出事，所以，你們都不能讓我出事。就這樣，虧空成了黃梅的武器，用它綁架了越來越多的官員。像他這樣的害群之馬胡作非為，進一步惡化了地方財政，讓虧空問題越來越嚴重。

因此，我們不難理解，竇光鼐揭發浙江虧空為什麼引起了政壇大地震，為什麼無數官員向他施加壓力？因為虧空涉及的官員太多了，難以統計的眾多官員的身家、性命都牽涉其中。

竇光鼐能以一個人的力量去挑戰整個帝國官場嗎？

三、一個人的戰鬥

欽差大臣曹文埴負責盤點浙江財政，他拋出了一顆重磅炸彈。他向皇帝上了一道奏摺，說幾位欽差大臣會同浙江官員，認真盤查了府庫，認定浙江十一個府的倉庫共虧空白銀二十七點二萬餘兩。這個數字不僅遠遠低於竇光鼐的揭發，甚至比一個月前浙江省承認的三十三萬兩的虧空數字還要小。

為什麼欽差大臣向乾隆報告的虧空數目越來越小呢？曹文埴這麼做是有深意的。

乾隆時期，對於爆發出來的虧空問題，各地官員習慣於「內部處

理」，誰造成的虧空誰拿錢補上，難以確定責任的就由相關的官員按照職位高低、在任時間長短，按一定比例掏錢彌補窟窿，稱為「攤賠」。比如，杭州府爆發出了一萬兩銀子的虧空案。浙江官員們商量後決定，離任的和在任的相關官員分別賠款五千兩。在任的官員中，杭州知府是直接責任人，負責兩千兩；負有領導責任的杭嘉湖道臺出一千兩；杭州府轄下的各個縣的知縣籌集兩千兩。現任杭州知府可能是新官上任，一下子拿不出兩千兩銀子來。沒關係，可以分期付款，三五年內把錢補上都行。這又叫作「流攤」。

曹文埴所匯報的虧空數目的減少，說明了之前報告的虧空數目的準確性，也顯示沒有新的虧空，而且浙江省官員在認真地填補虧空。在短時間內，取得了填補六萬兩虧空的「重大成就」。另一方面，曹文埴以戶部尚書兼欽差大臣的權威身分，出面反駁了竇光鼐的揭發，維護了浙江省的官員。

曹、竇兩人奏摺的內容有出入。誰是對的，就意味著對方在撒謊，撒謊就是欺君，是要掉腦袋的。事情發展到這一步，雙方僵持不下，都說自己是對的。

竇光鼐不畏懼、不退縮，決定用事實說話。他到浙江時間不長，但從官場和民間聽到了很多官員腐敗的消息。竇光鼐選取了一些和虧空問題有關的例子，寫成第二封奏摺，交給了乾隆皇帝。

在這份奏摺中，竇光鼐再次強調浙江省的虧空不是幾萬兩的小數目，而是幾百萬兩的大窟窿。臺州府仙居縣等七個縣，每縣虧缺都數以萬計，這還是比較貧困的地區，其他縣的虧空遠不止這個數。為了增加說服力，竇光鼐舉了溫州的例子。溫州樂清知縣虧空兩萬兩，新知縣拒絕接任；永嘉縣倉庫一貧如洗，在上司來盤查的前一夜，知縣連夜向地方紳士和財主們借銀子和糧食運到倉庫來充數；平陽知縣黃梅多次以彌

補虧空為名，敲詐勒索老百姓，所得錢財沒有用來填補虧空，而是全裝進了自己的腰包。竇光鼐還特別提到黃梅的母親去世，黃梅不但不丁憂守孝，還唱大戲，有損名節。

在奏摺中，竇光鼐特意提出了浙江官場交際應酬的風氣很重，間接造成了虧空。他毫不留情地批評了當時浙江的高官，比如閩浙總督富勒渾經過嘉興、衢州、嚴州等府，地方官員超規格接待，僅僅給總督大人門衛的紅包就裝了幾百兩銀子。已經被罷職的前浙江布政使盛住，去年進京攜帶了數萬兩銀子，還裝了幾大車的禮品貨物，進京後用來結交權貴。

此外，竇光鼐也在奏摺中提到了自己管轄範圍內的情況，用來證明浙江官場的腐敗墮落。比如，地方官府是不能刑訊有功名在身的讀書人的，必須申報本省學政剝奪讀書人的秀才或者舉人功名後，才能動刑。臺州府臨海縣的秀才馬真卻不明不白死在鄰近的仙居監獄裡，據說是被知縣徐延翰刑訊逼供打死的。

應該說，竇光鼐的奏摺也是一顆重磅炸彈，炸得浙江官員膽顫心驚，炸得乾隆皇帝也暈頭轉向了。如果竇光鼐說的是真的，那麼浙江的吏治還能要嗎？浙江省的官員當然不能承認。他們紛紛上奏，極力否認竇光鼐的指控。乾隆皇帝也希望浙江省的官員都是好的，浙江的虧空並不嚴重，但竇光鼐的兩份奏摺有時間、有人物、有罪行，讓乾隆滿心懷疑。怎麼辦？

乾隆皇帝決定派遣新的欽差大臣徹查浙江的虧空問題。他選擇的是內閣大學士兼領班軍機大臣阿桂。

阿桂出身八旗貴族，戰功赫赫，既有威望又有能力。乾隆皇帝多次派遣阿桂擔任欽差大臣，處理棘手問題。阿桂就相當於乾隆的消防隊員，這一回被派往浙江「滅火」。

浙江虧空案：一個人的戰鬥

阿桂當年虛歲七十，與竇光鼐年紀相仿。但和竇光鼐不同的是，阿桂幾十年南征北戰、遊歷大江南北，熟知地方實際情況，對虧空問題多多少少有些了解。按說，他應該會支持竇光鼐。但是，阿桂是個「聰明人」。他知道像虧空那樣的全局性、普遍性的問題，必須要從制度層面入手解決，不是憑一己之力就可以解決的。如果硬要刨根問底，不僅不能解決問題，而且只會傷害自己。

阿桂還有一個難言之隱，那就是竇光鼐所揭發的閩浙總督富勒渾，正是阿桂的族孫，已經調任兩廣總督，是可以在政治上相互支持的力量。阿桂不希望查出他在浙江的罪行來，進而導致富勒渾的倒臺。

阿桂決定就事論事，把乾隆交代的事情敷衍過去就可以了，不深入追究浙江虧空問題。於是就出現了這麼一幕：

阿桂與曹文埴等人一起，當面詢問竇光鼐。阿桂問：「你所奏的永嘉、平陽兩縣挪用錢糧、勒索暴斂的事情，是何人告知？」

竇光鼐回答：「我聽別人說的，已經記不得姓名了。」

阿桂又問：「你舉報前任浙江布政使盛住進京攜帶巨額銀兩，有什麼證據嗎？」

這一下直擊竇光鼐的弱點。他的奏摺，根據的都是社會傳聞，並沒有確鑿證據。而且竇光鼐不具有提出確鑿證據的能力。他的職務是學政，雖然是省級官員，但因為主管的是文教事業，與地方官員並沒有業務往來，並不掌握地方政務的文書、數據等。同時，巡撫、布政使、按察使等人都是有屬官的，省級官員中只有學政手下沒有人，光桿司令一個。因此，竇光鼐既沒有合法的管道，也沒有人力物力去調查地方上的弊端。阿桂要他為舉報提供證據，表面上看是合理的，實際上是在為難竇光鼐。

最後，竇光鼐無法提供證據，浙江地方官員卻反而拿出證據，一一

否定了竇光鼐奏摺中的指控。嘉興、衢州、嚴州等府官員作證說，富勒渾經過這些地方時並沒有超規格接待，更沒有給總督大人的看門人送成百上千兩的紅包。仙居知縣則提供證據證明臨海秀才馬真，身為讀書人，勾結土匪，向各寺和尚敲詐勒索，又嫌錢財太少，誣陷和尚們賭博，導致與和尚的鬥毆，被帶到仙居縣衙後正常死亡。

阿桂就回覆乾隆皇帝說，竇光鼐揭露的問題，提供不了證據。他還重點向乾隆報告了前任浙江布政使盛住攜帶重金去北京的事。

他為什麼放著其他問題不說，要詳細說明此事呢？這其中大有深意。

本來，竇光鼐揭發盛住攜帶巨款到北京，是為了說明他「巨額資產來源不明」。但是阿桂清楚，比起「這些錢是怎麼來的」，乾隆皇帝更關心「這些錢去了哪裡」。盛住攜帶巨款到北京來做什麼？

乾隆首先擔心盛住與京城中的王公大臣內外勾結，結成朋黨。清朝為了維護皇權，嚴禁地方官員和京城官員之間結交。皇帝的邏輯是：如果京城內外的官員都廉潔奉公、公事公辦，為什麼還要私自聯絡，暗中結交呢？

其次，盛住進京的時間也很微妙。當時乾隆皇帝已經七十六歲了，圍繞著皇位繼承人的猜測或者說是爭鬥開始暗流湧動。盛住進京結交王公大臣，是不是和皇位爭奪有關，其中有沒有皇子皇孫參與其中，這才是乾隆皇帝對盛住進京一事，最關心的地方。

皇帝的這些內心想法，竇光鼐是不知道的。但是阿桂知道。阿桂常年擔任軍機大臣，陪伴在乾隆左右，更了解乾隆。所以，阿桂把皇帝想知道的事著重匯報。他說，盛住去年進京，的確攜帶了白銀三點九萬餘兩。但是，這筆錢不是用來在北京行賄送禮的，而是交給了內務府廣儲司。內務府是管理宮廷事務、負責皇帝飲食起居的專門衙門，它的經費獨立於朝廷財政收支之外。內務府自己的財政，不受正常的財政制度監

督。地方官員向皇帝表示忠心，貢獻禮品，也都是直接和內務府打交道。而內務府廣儲司就是專門掌管皇家財政的。

盛住這個人是內務府奴才出身，巧妙地利用了內務府不受監督的特點，解釋說自己攜帶的三點九萬兩銀子是孝敬給皇上的。有內務府廣儲司的收據為憑。他的潛臺詞就是：奴才對皇上一片孝心，竟然被人誣陷！而阿桂刻意突出這件事，潛在的指向也很清楚，那就是：竇光鼐竟然質疑同僚對皇上的孝心！

總之，阿桂上給乾隆的奏摺，透過對竇光鼐舉報事件的詳細回覆，非常巧妙地向皇帝灌輸了一個印象：竇光鼐無端懷疑浙江官員，沒有證據就胡亂舉報揭發。

果然，乾隆皇帝本來就信任阿桂，看了奏摺後對竇光鼐失去了信任。他傾向於相信，這次的風波是竇光鼐這個書呆子興風作浪，浙江省吏治並不像舉報的那樣骯髒。於是在六月初，乾隆對浙江虧空案下了結論，認定浙江財政虧空白銀二十五點三七萬餘兩。這個數字比之前浙江省上報的二十七萬餘兩還要少。乾隆皇帝認為這是浙江省官員認真填補虧空的結果。

至此，乾隆皇帝公開站在了浙江官員一邊，竇光鼐敗局已定。浙江的官員們看到竇光鼐已經失去了乾隆皇帝的信任，群起而攻之，說竇光鼐揭露的官場黑幕完全是子虛烏有。這些告狀進一步惡化了乾隆對竇光鼐的印象。七月初三日皇帝頒布聖旨，專門痛罵竇光鼐，認定他誣告平陽知縣黃梅，給予通報申斥，並要求竇光鼐「據實明白回奏」，也就是讓竇光鼐深刻地檢討一番。

四、竇光鼐絕地反擊篇

面對這種一邊倒的形勢，竇光鼐該怎麼辦呢？

大家誰也想不到的是，竇光鼐作出的回應是拒絕接受聖旨。他還寫了一道奏摺，自我申辯。竇光鼐說，他之前舉報的事都是參加考試的讀書人們說的。黃梅主政平陽多年，魚肉鄉里，全省輿論都在議論。竇光鼐認為，群眾的反映肯定是有原因的。竇光鼐還倔強地指出，欽差大臣並沒有認真調查，只是派人到平陽縣走了一下過場，被溫州和平陽的地方官蒙蔽了。所以自己決定要「親赴平陽，查核確實，再行回奏。」

竇光鼐的膽子太大了！皇帝都已經下聖旨作出結論了，明確要你作出深刻檢討了，你竟敢公開反對皇帝的意見，還固執地要去實地調查，來證明皇帝和欽差大臣們是錯的，這是一定要讓乾隆皇帝認錯服輸啊！

竇光鼐的公然抗旨，讓乾隆臉上掛不住了，大發雷霆，於閏七月初一日下諭痛罵竇光鼐「狂妄固執」。竇光鼐身為浙江學政，教育管理讀書人才是正經事，並沒有核查州縣錢糧的權力，如今卻固執地要前往平陽訪查，是不做好本職工作、攪亂地方政務的表現。本來，乾隆只想讓竇光鼐主動認個錯、再作出深刻檢討，這事情就算過去了。如今乾隆下令將竇光鼐「交部議處」，要給他嚴屬處分了。

竇光鼐當然知道抗旨的嚴重後果。他現在要做的就是搶在處分到來之前，趕緊調查取證。

竇光鼐的時間和精力是有限的，不可能在所有問題上展開反擊。所以他決定收縮戰線，從揭發的眾多問題中力求證明一個，進而證明自己不是無端陷害同僚。他選取的這個突破點就是平陽知縣黃梅。黃梅劣跡斑斑，民怨沸騰，竇光鼐認為最容易找到他的罪證。他說做就做，在上奏的當天晚上就奔赴千里之外的平陽，實地調查。

浙江虧空案：一個人的戰鬥

到了平陽，竇光鼐立刻發動全縣的讀書人和百姓，希望他們提供證據，遭到了縣令黃梅等平陽官員的阻撓。但是，竇光鼐畢竟是「省裡來的官員」，品級比黃梅等人高得多，黃梅等人表面上不敢對他下手。但是對普通老百姓，他們就沒有這麼客氣了。他們威脅讀書人和老百姓，禁止他們向竇光鼐提供證據。

竇光鼐一開始在平陽縣的明倫堂，也就是縣裡官辦學校的教學大堂，貼出告示，要召見平陽縣的秀才。學政大人要見，秀才們不得不來。秀才們雖然來了，但是迫於黃梅的淫威不是支支吾吾不敢回答，就是避重就輕。總之，竇光鼐沒有得到任何證據。

竇光鼐也明白秀才們的顧慮，但是黃梅威脅得了幾個秀才，他威脅得了全縣的百姓嗎？竇光鼐決定換一個地方。他來到平陽縣最熱鬧的城隍廟，貼出告示，鼓勵老百姓檢舉揭發地方官的罪行。

在古代，城隍廟在人們心目中有著特殊的地位。城隍廟是供奉城隍的廟宇，而城隍被視為城市的守護神。人們相信城隍能夠分辨善惡，懲惡揚善。所以遇到鄰里糾紛、疑難雜案，官員也好，百姓也好，都習慣於聚集在城隍廟裡協商解決。大家公認城隍廟具有某種超脫於官府權力之外的、平等協商和不受暴力侵害的神聖地位。竇光鼐選擇城隍廟，就是為了讓老百姓有安全感，鼓起勇氣來檢舉告發黃梅。

果然，老百姓踴躍來到城隍廟，七嘴八舌，哭訴黃梅等人的種種罪行。很多人還拿出了官府勒索攤派的告示、收據和白條等。這回黃梅等人也沒有辦法了，只能乾瞪眼。

浙江虧空案發展到現在，已經變成了不是你死就是我亡的惡鬥。浙江上下的大小官員之前在皇帝面前堅持說自己沒有問題，現在當然沒這麼容易讓竇光鼐拿著證據到皇帝面前去告狀。杭州的欽差大臣阿桂和巡撫伊齡阿等人當然也不會坐以待斃。伊齡阿的策略是「打鐵趁熱」，趁乾

隆對寶光鼐失去了信任，進一步攻擊寶光鼐。

伊齡阿向乾隆上了加急奏摺，極力渲染寶光鼐在平陽造成的「混亂」情形。說寶光鼐因為秀才們不肯揭發黃梅，就在學堂裡發怒咆哮，恐嚇讀書人，勒令幾個讀書人作偽證，誣陷黃梅。還貼出告示，騷擾百姓。伊齡阿認為，寶光鼐這是在逼迫百姓「挾制官長」、「武斷鄉里」，嚴重干擾了地方治安，助長了歪風邪氣。

幾天後，伊齡阿又上了一道奏摺，彈劾寶光鼐，繼續渲染了寶光鼐在平陽造成的「混亂」局面。他說寶光鼐和當地的秀才、平民平起平坐，慫恿成百上千的人擠到城隍廟，使平陽城秩序大亂。

伊齡阿把對寶光鼐的批評不斷地指向發動群眾、組織百姓，簡直是用心歹毒。

因為清朝是一個少數民族統治的王朝，它很不自信，對漢族百姓的謀逆與反抗特別敏感，就連歃血為盟、結拜兄弟這類事也是禁止的。大清律附例中規定，凡是異姓男子，歃血結拜的，按照「謀叛未行」律處罰，為首者絞監候，為從者減一等。如果結拜規模超過二十人，則加重處罰，為首者絞立決，為從者發往煙瘴地帶充軍。

因為歃血結拜這個行為是違法的，清朝的老百姓如果真的要結為異姓兄弟，都不能結拜，而是採取「換帖」的形式來結成異姓兄弟。只有江洋大盜、綠林好漢，才歃血為盟結拜兄弟。此外，對百姓抗糧抗稅、罷工罷市等行為，清朝都從重處罰，也就是不允許有絲毫的百姓組織或者群眾運動出現。寶光鼐發動群眾，恰恰犯了這個忌諱。

乾隆皇帝對群眾運動尤其反感與防範。他用一生的時間把封建專制推向頂點，認為乾綱獨斷的君主專制體制是優越的。為了消滅任何初萌芽的不穩定情況，他強調不得「越級上訪」，對於群眾的聚眾抗議，維護自己的權利，一再強調要「嚴加處置」，視如大敵。老百姓無論怎麼走投

無路，也只能消極地等待皇恩浩蕩、改正問題。而竇光鼐現在做的，恰恰是在組織群眾，自下而上地主動維權。

因此，乾隆讀了伊齡阿的兩封奏摺，十分生氣。他對竇光鼐已經不是懷疑和討厭，而是痛恨了。乾隆寫了一長篇聖旨，歷數此案的經過，痛斥竇光鼐在浙江財政虧空問題上，爭執不休，誣陷他人，又招集百姓滋事，再也不能對他姑息縱容了。乾隆在聖旨中明確宣布，將竇光鼐革職。

當時竇光鼐已經滿載而歸，從平陽返回了杭州。浙江巡撫伊齡阿深知不能讓竇光鼐把實地調查的情況匯報給乾隆，就第三次惡人先告狀，說竇光鼐在平陽嚴刑逼供，威脅不從命的百姓；說竇光鼐回杭州時，催逼隨從晝夜兼行，導致水手墮河淹死；說竇光鼐回到杭州後，張牙舞爪，公開聲稱黃梅罪行累累，一定要告御狀，說自己「不欲做官，不要性命」。伊齡阿一心要置竇光鼐於死地。

乾隆皇帝看了告狀，更加憤怒，又下了一個聖旨，痛罵竇光鼐簡直是個瘋子，舉止癲狂，不但有失大臣之體，而且煽動人心、破壞安定團結的大局，不可不嚴懲。聖旨說，僅僅把竇光鼐革職，太便宜他了，下旨讓伊齡阿即刻捉拿竇光鼐，押赴京師治罪。

至此，浙江官員們終於鬆了口氣：竇光鼐這回算是徹底完蛋了！

難道浙江府庫虧空案就這麼結束了？竇光鼐就這麼輸得乾乾淨淨了？案子還沒有結束。竇光鼐手中還握有一張王牌。那就是他在平陽蒐集到的兩千多張田單、印票、借票、收帖等證據。

平陽縣虧空嚴重，知縣黃梅以彌補虧空為名，按照田地面積向農民加派苛捐雜稅，每畝地要交銅錢五十文，每戶給官印田單一張。這已經和徵收法定的稅收沒有區別了，連形式上的偽裝都沒有了。同時，平陽縣購買倉穀（政府儲備糧），都打白條不給百姓購糧款，上級官府撥付的

購糧款都落入了黃梅的腰包。那一張張單據就是證據，可以確鑿地證明黃梅的貪贓。竇光鼐估計黃梅在任八年，侵吞的上級撥款和橫徵暴斂的款項總計二十多萬兩，相當於伊齡阿等人報告的浙江全省的虧空總額。

黃梅橫徵暴斂還敢留下單據，一點都沒有危機意識。他這麼做，是因為自信而疏於防範。畢竟虧空是普遍存在的問題，不論是清官還是貪官，誰都避免不了。黃梅相信自己不會出事，所以想渾水摸魚，大撈一筆，根本不認為這些單據能成為證據。

竇光鼐現在已經被逼到了牆角，手中的王牌得趕緊出手，不然就沒有機會了。竇光鼐不敢有絲毫遲滯，迅速擬了一份奏摺，附上證據，以五百里加急的快件發往北京。奏摺剛發出，伊齡阿就派人來押解竇光鼐去北京治罪了。

關於這個傳奇情節，晚清筆記《清稗類鈔》中有另外的說法。它雖然是野史，不可全信，但為後人提供了另一種說法，反映了當年的緊張情形。《清稗類鈔》中說竇光鼐並沒有在平陽拿到詳細的單據。一回到杭州，伊齡阿就派軍隊圍住了學政衙門，把竇光鼐軟禁了。竇光鼐心急如焚，不知如何是好。關鍵時刻，溫州的兩個秀才王以銜、王以鋙拿著門生帖子來拜會竇光鼐。這兩個秀才是竇光鼐錄取的，和竇光鼐有師生關係。他們到學政衙門來，名正言順，加上有秀才功名在身，官兵們不便強攔，就放他們進去了，只在暗地裡監視。兩人進入學政衙門後和竇光鼐閒聊，並沒有提到地方官府虧空的事情。臨別的時候，兩人留下棉襖一件，說是要報答竇光鼐的賞識之恩。監視的官兵們以為這是一次普通的師生會面，鬆了一口氣。竇光鼐也有些莫名其妙，他拆開棉襖一看，裡面藏著兩千多張平陽百姓提供的田單、印票、圖書、收帖！

五、乾隆的善後難題

竇光鼐被捕之前，成功地將蒐集到的證據，夾在奏摺中快遞出去。竇光鼐坐在囚車中，走在回京的路上，他的奏摺搶先一步，進了紫禁城。

乾隆皇帝看到奏摺中這樣寫道：當地紳士吳榮烈等數百人提供了乾隆五十年的田單兩千餘件。他們說黃梅以彌補虧空為名，每畝令捐錢五十文，繳納後每戶給一張田單。之後，吳榮烈等人又提供了乾隆四十七年的白條九張，共計兩千一百兩銀子，他們說乾隆四十四年、四十七年，黃梅在全縣勸捐兩次。所謂勸捐，其實是勒索。秀才伍庚等人作證，如果不主動捐錢，縣裡的差役就會上門來，強迫繳納從三五十兩到上百兩不等的捐款。平陽縣倉庫裡有紀錄可查。然而這些錢都沒有用來彌補虧空，而是進了黃梅自己的腰包。

此外，平陽縣應該儲存官糧四點七一萬餘石，黃梅卻把官糧倒賣一空。之後需要用糧食的時候，都臨時從民間徵集。官府給百姓一張發票，叫作「飛頭」；或者給一張「穀領」，寫明有多少糧食賣給了官府，等官府有錢了再支付。飛頭也好，穀領也好，表面上看起來像是白條，實際上是繳費通知單。收到的百姓，不需要賒給縣衙糧食，而是按照上面註明的金額直接去交錢。黃梅再拿著錢去大規模購進糧食臨時抱佛腳。而且他強迫百姓按照遠高於市場價的糧食價格繳費，每買一次糧食就發一次橫財。黃梅正是運用這些五花八門的伎倆，貪汙敲詐超過二十萬兩白銀。

竇光鼐在奏摺中說，吳榮烈等證人都願意與黃梅對質；並隨奏摺附上田單、印票、飛頭、穀領、收帖、催貼、借票各一份。人證物證俱全。

乾隆皇帝百感交集地閱讀了奏摺和一張張物證。這些單據中有一半蓋有平陽縣的官印和黃梅的私人圖章。官印與私章很難偽造，就算造假

也不可能造出兩千多份單據來，況且每個單據上都有遭到剝削欺壓的百姓資料，可以一一核實。乾隆不得不承認，黃梅貪汙腐敗，鐵證如山。

至此，事實已經清楚了，但是該怎麼善後卻變成了另外一道難題。如果承認黃梅是個貪官，會引發連鎖反應。首先，承認黃梅貪腐就承認了平陽縣財政存在嚴重的虧空，也就證明竇光鼐並不是信口開河、誣陷他人。而之前阿桂、伊齡阿等人信誓旦旦地承諾浙江省並不存在虧空，擔保黃梅和平陽縣沒有問題則是在撒謊。

更進一步，浙江官員和欽差大臣們為什麼要撒謊呢？平陽一個縣就存在巨額虧空，整個浙江省虧空的真實情況又如何呢？平陽的虧空存在不止八年時間，在這麼長的時間裡為什麼沒有官員察覺、改正呢？我們可以說，黃梅的問題只是第一塊骨牌，會引發一系列的問題，黃梅的黑幕只是官場大黑幕的一個小角落而已。

現實總是殘酷的，通向真相的道路依然障礙重重。現在，如何善後的難題擺在了乾隆皇帝面前。乾隆推翻自己之前的聖旨事小，如何面對浙江省巨大的財政虧空、如何處置人數眾多的官員事大。乾隆皇帝猶豫了起來。

乾隆敏銳地意識到，竇光鼐挑起的這場紛爭顯示，財政虧空已經成為地方官府的大問題，成了普遍存在的嚴重問題。這個問題，能夠讓難以計數的官員齊刷刷地結成統一戰線，已經超越了個人品行的範疇，涉及了體制問題。

清朝地方財政虧空的根源在於高度集權的財政制度，在於中央與地方的利益分配，還與財務制度、官吏待遇、監督機制等相關聯。要解決地方虧空問題，就要下放中央財權，給地方政府和地方官員與他們的責任相稱的財權。簡單地說，就是乾隆皇帝把錢管得太死了，他應該放手讓地方官員們自主處理財政。但是幾千年血淋淋的皇權爭鬥告訴乾隆，

財政權力是最核心的權力之一。誰控制了財權，誰就能在政治爭鬥中占據優勢。他不可能讓財政大權旁落，不可能對現行的財政制度進行根本性的改革。

而且乾隆晚期好大喜功、剛愎自用，喜歡聽好話、喜訊，不想聽真話，討厭冷冰冰的現實。乾隆自封為十全老人，就等著死後躋身於歷代最偉大的帝王行列了。現在，你突然告訴乾隆，地方財政到處都是窟窿，虧空問題積重難返，乾隆怎麼可能聽得進去？怎麼可能進一步改革呢？

乾隆不能允許的是官員的貪汙腐敗。從根本上說，官員貪汙，就是從乾隆的錢包裡偷錢。同時，官員貪汙也是造成地方財政虧空的原因之一。反貪汙腐敗的確能在一定程度上遏制虧空的惡化。更重要的是，把財政虧空的責任都推到貪官的身上。黃梅很不幸，被證明是個大貪官，乾隆要用他來作擋箭牌，保護現行財政體制，保護皇權。

於是，乾隆確定了浙江虧空案的善後原則，就是：動貪官，不動體制。乾隆皇帝接連下了兩道聖旨。

第一道是轉述竇光鼐奏摺的說法，承認平陽縣存在巨額虧空和貪腐。下令立即釋放正在押解途中的竇光鼐，讓他回杭州參與此事的善後。

第二道聖旨痛罵平陽知縣黃梅劣跡斑斑、罪惡罄竹難書，要求徹底查清，絕不姑息；第二是批評前後兩批欽差大臣，工作失誤，沒有查明浙江虧空的真相。但是，乾隆的意思馬上一轉，說欽差大臣們都忠誠可靠，之所以出現這樣的「失誤」是無心之錯，是被底層官吏矇騙了，可以原諒。第三，乾隆要求大臣們重審對竇光鼐的處分。

平陽知縣黃梅被當作了靶子，成了整個事件的替罪羊，這在大家的意料之中。讓大家意外的是，乾隆對揭發出來的其他問題，當作根本不存在一樣，提都不提。相反，還對這些高官只是略為訓誡，主動為他們

開脫。乾隆用承認平陽一個縣的虧空和痛罵黃梅一個人罪過的方法，逃避了對浙江全省虧空的追查和對包括欽差大臣在內的浙江官員的責任。

接到聖旨後，阿桂、曹文埴、伊齡阿等人迅速領會了乾隆的意思，態度發生了一百八十度的轉變。他們紛紛上奏，說平陽縣存在嚴重的虧空、黃梅等貪官劣跡斑斑，而竇光鼐剛正勇敢要向他好好學習，最後盛讚「皇上聖明」。北京和杭州兩地統一了立場後，乾隆皇帝在乾隆五十一年九月頒布了多道聖旨，宣布浙江府庫虧空案的最終意見。

平陽知縣黃梅貪汙腐化多年，被判決斬立決。乾隆特意選擇在大批秀才聚集杭州參加鄉試的時候公開處決黃梅，讓大家圍觀。此舉除了警告官員之外，也希望各地的秀才們，可以把自己樹立的「反腐敗典範案例」回鄉廣為宣傳。黃梅的兒子黃嘉圖，狐假虎威，在平陽做了不少壞事，被發配新疆伊犁充軍。

前任浙江巡撫福崧沒有及時發現查辦平陽縣和黃梅的問題，具有不可推卸的責任，不適合繼續擔任封疆大吏，被免去了職務；前任浙江布政使盛住，和福崧的情況一樣，也被免去職務。兩人被要求返回北京，接受有關部門的調查。

現任浙江巡撫伊齡阿，工作不實，偏聽屬員之言，兩次冒昧彈劾竇光鼐，應該接受懲罰。但是伊齡阿趕在聖旨之前就作出了深刻的自我反省，主動申請處分。因此，乾隆只讓他接受「在職調查」。

阿桂、曹文埴等欽差大臣辦事草率，有負皇上委託，欽差大臣不用當了，回北京接受有關部門的調查處理。

現任浙江溫州知府被發配伊犁。前任溫州知府、現任嘉興知府也被撤職。現任溫州處州道臺、永嘉知縣、平陽知縣三人，維護黃梅，官官相護，又蒙蔽上司，得到嚴懲。應該說，乾隆只處理了與黃梅問題有關的少數官員，且處理得相當輕。相反，對堅持真理、堅持原則的英雄竇

光鼐，乾隆處理得卻相當重。乾隆的聖旨又一次斥責了竇光鼐，說竇光鼐揭發黃梅的罪行，只有三條經審理後證明是事實。同時，乾隆揪住伊齡阿彈劾竇光鼐「要真相不要性命，不要做官」的豪言壯舉，斥責竇光鼐不顧大臣禮數，一味蠻幹。

的確，竇光鼐抓住真相不放，一定要把黑幕揭開，為乾隆出了一個大難題，乾隆能高興嗎？

但是，竇光鼐的功勞是實實在在的。乾隆法外開恩，讓他署理光祿寺卿。竇光鼐原來是吏部侍郎外放的浙江學政，級別是正二品。而光祿寺卿是從三品，而且還是「署理」的。竇光鼐被連降了三級。乾隆專門解釋了把他降級的原因：「如果竇光鼐沒有揭發不實和亂講話的情節，我一定還任命他為侍郎。」賞罰顯然有失公允。

回到北京後，竇光鼐依然堅持原則，剛正不阿。乾隆六十年，竇光鼐擔任會試主考官。和珅一直嫉恨竇光鼐，就向乾隆告狀，說竇光鼐擔任過浙江學政，會試的前兩名都是浙江人，涉嫌徇私舞弊。乾隆就把竇光鼐免職，接受調查，讓和珅擔任殿試的考官。結果，和珅評定的第一名，正是竇光鼐錄取的那名考生。竇光鼐的一場牢獄之災，就此煙消雲散。事後，乾隆勒令竇光鼐以四品官退休。不久，竇光鼐死在了家中。乾隆皇帝也禪位，當太上皇去了。

浙江府庫虧空案就這樣結束了。虧空問題根本沒有得到解決，被睜一隻眼閉一隻眼的皇帝和大臣們留給了後人。中國古代歷史告訴後人：在君主專制政體下，如果沒有皇帝的支持或者認可，任何對體制本身的改革都不會成功，甚至會導向惡性的後果。地方財政虧空問題持續發酵，越來越嚴重，越來越可怕。到了乾隆的兒子嘉慶皇帝親政後，領班軍機大臣王傑坦率地指出：「現在地方上有些縣，虧空十幾萬白銀。一遇到核查，地方官就橫徵暴斂，東挪西借，使出各種旁門左道。老百姓苦

於繁重的、不透明的稅負，怨聲載道。至於各地提出的『設法彌補』，只有拖延的藉口而已。地方財政清查一次，虧空金額就多一次，而彌補的期限再往後拖延一次。年復一年，循環往復，不知道什麼時候是盡頭。」據嘉慶三年至五年的清查結果，各地府庫積欠即達兩千餘萬兩。經過多年的催逼督辦，到嘉慶二十一年（西元一八一六年），戶部統計各省仍拖欠或者財政不明銀兩一千七百二十餘萬兩。財政虧空和清朝歷史伴隨始終，不斷惡化，一直到王朝滅亡。

福建貪腐窩案：乾隆盛世謝幕大案

一、案件迅速失控

　　乾隆六十年（西元一七九五年）五月的臺灣，即將進入一年中最酷熱潮溼的季節。外地人來到臺灣，完全適應不了高溫和水氣，往往手足無措，坐立不安。在島上辦事的閩浙總督伍拉納就像熱鍋上的螞蟻一樣，難受得團團轉。不過，他煩心的不是天氣，而是來自乾隆皇帝不斷的訓斥。

　　從血統上說，伍拉納姓「愛新覺羅」，和乾隆皇帝是一家人，但他不是宗室成員，而是覺羅。清朝入關後，面臨一個宗室成員的認定問題。清朝的創立者是努爾哈赤，其父名為塔克世，其祖名為覺昌安。清朝認定塔克世的嫡系子孫才算是宗室子弟，有權佩戴黃色腰帶，俗稱「黃帶子」；塔克世的兄弟後裔，也就是覺昌安的其他子孫，稱「覺羅」，可以佩戴紅色腰帶，俗稱「紅帶子」。伍拉納就是「覺羅」，是乾隆的遠親。伍拉納是滿洲正黃旗人，年紀比乾隆小得多，蒙皇上天恩，從抄寫翻譯的筆帖式起步，迅速升遷至總督，長期和乾隆保持密切關係。但是，最近一兩年，伍拉納感覺乾隆不信任自己了，君臣關係迅速緊張起來。

　　伍拉納感嘆「聖心難測」，更感嘆「流年不利」。

　　先是兩年前，浙江巡撫福崧貪腐處斬，伍拉納身為閩浙總督，沒有及時參奏彈劾，遭到乾隆皇帝的申斥，最後落了一個革職留任的處分，並罰了三年養廉銀。雖說名義上是革職，但是留任了，伍拉納感覺乾隆留了情面。接著是去年，福建發生了水災，漳州、泉州等地水淹嚴重，很快引發了饑荒。伍拉納敏感意識到如果處理不當，乾隆會從重處理自己。偏偏進入乾隆六十年後，水災、饑荒的後遺症進一步顯現，米價飛漲，導致嚴重的社會動盪。伍拉納不得不出巡各地。三月初，伍拉納出駐泉州，遭遇飢民聚集哄鬧，飢腸轆轆的百姓強烈要求官府賑濟。對

此，伍拉納的處理是：對上，瞞著乾隆皇帝，不能讓皇上知道；對下，飢民不能得罪，免得進一步激化矛盾。他就私下與福建巡撫浦霖商量，挪銀子來賑災。

一想到浦霖，伍拉納心中寬慰了許多。浦霖，浙江嘉善人，乾隆三十一年進士，由戶部主事升至福建巡撫。乾隆五十年第一次出任福建巡撫，不久改授湖南巡撫，乾隆五十五年再次出任福建巡撫。伍拉納也是乾隆五十年來到福建，當時他升任福建布政使，是浦霖的下屬。乾隆五十三年伍拉納離開福建、北上河南擔任過一年巡撫，乾隆五十四年就回福建任閩浙總督，而浦霖的職位五年間原地踏步，反而成為了伍拉納的下屬。他們兩人長期共事，合作順利，辦起事情來得心應手。接到賑災要求後，浦霖完全同意伍拉納對泉州事件的處理。他告訴伍拉納，有一筆原本要賑濟漳州的專款六萬兩銀子，可以挪用到泉州去放賑。伍拉納同意了。

屋漏偏逢連夜雨，伍拉納在泉州放賑救災的時候，突然接到了臺灣的緊急軍報：臺灣爆發起義！中國的災荒之前蔓延到了臺灣，當年三月十日，陳周全聚攏民眾起義，攻陷了鹿仔港，幾天後攻占了彰化縣，殺死知縣、副將等人。這一回，伍拉納不敢隱匿不報，只好硬著頭皮飛奏乾隆。

軍情傳到北京，乾隆對造反極為敏感。皇帝迅速下令伍拉納前往臺灣鎮壓。伍拉納與乾隆的判斷不同，他認為彰化起義僅僅是飢民暴動，遠遠不如福建的大面積饑荒嚴重。而且，派兵遣將就能將飢民鎮壓下去，但救濟地方、穩定秩序需要大量繁重的工作。所以，伍拉納選擇停留在泉州，派兵前往臺灣鎮壓。果然，臺灣道楊廷理得到大陸兵力支援後，很快就擊敗陳周全，基本鎮壓了起義。乾隆皇帝得到報告後，非但沒有表揚，反而斥責伍拉納抗旨。他認為掃清殘餘起義軍和穩定臺灣治

安，事關重大，多次下詔催促伍拉納親赴臺灣。伍拉納這才從泉州啟程，於四月二十八日入海前往臺灣。

一到臺灣，伍拉納就預感不妙，可又不知道問題會出在哪裡。作為起義善後，伍拉納在五月上奏彈劾鹿仔港巡檢朱繼功。鹿仔港是起義的爆發處，巡檢是正九品的小官。清朝在重要市鎮、關隘設置巡檢作為彈壓。鹿仔港巡檢朱繼功在飢民起義前夕服喪離職，起義時帶著家眷內渡。伍拉納請旨將他革職，發遣新疆。同時，伍拉納上奏說捉拿海盜多名，請旨正法。奏摺遞上去後，伍拉納希望就此了結臺灣的差使，返回大陸。很快，他就收到了紫禁城加急發送的聖旨。此後，聖旨像一個又一個晴天霹靂，劈頭蓋臉地砸向伍拉納！

乾隆皇帝對伍拉納的奏摺批了八個字：「不知羞恥，可笑之至！」

乾隆認為朱繼功只是一個「微末小官」，況且起義爆發時已經服喪離職，伍拉納能推出一個像樣一點的官員作為罪魁禍首嗎？朱繼功永不錄用就是了，那麼誰該為臺灣民變負責呢？乾隆皇帝直接指出福建省的現狀是饑荒遍地、盜匪橫行。伍拉納竟然還敢說抓獲海盜多名，向朝廷邀功。乾隆質問道，既然你伍拉納屢次報告抓獲海盜，為什麼福建還治安混亂，就連省城附近的、閩江入海口五虎門附近都有海盜公然游弋搶劫？乾隆皇帝最後直接指出，閩浙總督伍拉納「平日於地方公務種種廢弛貽誤，及至賊匪滋事，又復在內地逗留」，著立即革職，交福州將軍魁倫嚴加審訊。來人同時透露，伍拉納的政治盟友、福建巡撫浦霖也已革職拿問。

伍拉納頓時癱倒在地。他明明把福建的情況多有隱瞞，乾隆皇帝卻瞭若指掌，到底是誰打的小報告？選擇伍拉納遠赴臺灣的時候動手，又是誰在背後向伍拉納捅刀子？這個人就是奉旨審問伍拉納的福州將軍魁倫。

魁倫，複姓完顏，滿洲正黃旗人，從乾隆五十三年起一直擔任福州將軍。他和伍拉納、浦霖兩位督撫共事時間也不短了，但關係很不好。

伍拉納、浦霖走的是文官仕途，魁倫則是行伍出身，雙方共同語言不多。而且，魁倫有一個不良嗜好：喜歡逛花街柳巷。魁倫好聲色，喜冶遊，有時不顧官體狎妓玩樂，而朝廷嚴禁官員嫖娼。伍拉納對魁倫忍無可忍，決心彈劾魁倫。魁倫得知後，便先下手為強。

乾隆六十年三月，魁倫瞅準伍拉納、浦霖二人都因公事離開福州，發動突襲，上奏乾隆揭發福建吏治廢弛、倉庫虧空。魁倫先說福建從去年冬天開始就米價昂貴，強盜搶劫傳聞四起，尤其是沿海地區，海盜出沒，甚至省會福州附近的五虎門，盜船都停泊行劫。今年閏二月初旬，福建省採購糧食準備海運接濟漳泉地區災民，糧食已經裝船，卻懼怕海盜搶劫，至今沒有運到。接著，魁倫檢舉福建各州縣倉庫嚴重虧空，錢糧數目停留在帳面上，與實際完全不符。

那麼，問題來了：你魁倫身為福州將軍，位居省級大員行列，為什麼不及早報告，反而要在這個時候揭發呢？魁倫在奏摺中自我辯解說，之前幾年聽說伍拉納、浦霖在設法彌補虧空，自己如果揭發，可能干擾督撫的正常工作，誰料事情越來越糟糕，「今時勢至此，再不據實陳明，即是背負天恩，喪盡良心之至」。魁倫是個公文高手，撇清自己責任的同時順便強調了伍拉納、浦霖二人多年來無所作為，導致虧空問題愈發嚴重。

果然，乾隆皇帝內心積壓的對伍拉納的不滿，被這道奏摺激發出來。乾隆立即下旨：「閩省近年以來，吏治廢弛已極，皆由該督撫等平日漫無整頓所致。」伍拉納因為在臺灣辦差，不方便立即處置，但浦霖立即卸任福建巡撫，進京候旨，所遺福建巡撫一缺，著姚棻調補。姚棻是乾隆二十六年進士，從地方知縣開始，歷任知府、道臺、按察使和多省的巡撫，經驗豐富，此次平調福建巡撫，顯然負有「摻沙」和救火的責任。

魁倫對這個處理結果，並不滿意，他的目的是扳倒伍拉納。浦霖雖然

福建貪腐窩案：乾隆盛世謝幕大案

調離了，可伍拉納安然無恙，回來後知道是自己揭發檢舉，還不舊帳新帳一起算？所以，魁倫決定再次背後捅刀子，於五月初上了第二道揭發奏摺。

魁倫拿漳泉地區的饑荒說事，揭發浦霖辦理不善，以致貧民流為匪黨。伍拉納在泉州，飢民圍繞乞食，浦霖從布政使伊轍布那裡提取朝廷下發的賑災款六萬兩銀子，解往泉州。魁倫詢問伊轍布此舉是否妥當，伊轍布回答：「此項銀兩，原系督撫商同機存，尚未提用。」魁倫又揭發伍拉納性情急躁，按察使錢受椿、德泰等人慫恿迎合，辦理司法刑獄多有不妥之處。

此奏牽連福建布政使伊轍布、按察使錢受椿，大有把福建省級文官一鍋端的架勢。而「貧民流為匪黨」、「此項銀兩，尚未提用」等語，隱含「官逼民反」，剋扣挪用朝廷賑災款的指控。乾隆閱奏後，意識到福建問題嚴重，下旨將伍拉納、浦霖、伊轍布、錢受椿四人革職，交魁倫審訊；調兩廣總督長麟署理閩浙總督、浙江布政使田鳳儀為福建布政使，會同審理。在本文開頭，遠在臺灣的伍拉納接到的聖旨，就是這條內容。

新任閩浙總督長麟，滿洲正藍旗人，乾隆四十年進士，歷任地方要職，乾隆五十二年出任山東巡撫，後調任江蘇、山西、浙江巡撫，再升兩廣總督。和新任福建巡撫姚棻一樣，都是地方經驗豐富之人，被乾隆寄予整頓重任。

乾隆整肅福建政務的意圖，從福建督撫藩臬全部革職的聖旨中，一目瞭然。魁倫揭發的諸多弊政中，乾隆最關注的是虧空問題。錢糧是政務的基礎，福建到底虧空了多少錢糧呢？福建大案的突破口和主要調查問題，聚焦在了「錢」字上。乾隆給調任福建布政使的田鳳儀發了一道專旨，要求他會同魁倫「將該省各處倉儲何處虧缺若干，是否系州縣任意侵挪舞弊抑或上司通同弊混之處，逐一查明，據實聯銜具奏。」

田鳳儀，乾隆三十六年進士，從刑部開始仕途，後來外放地方，兩

司道府履歷完備。這次平調福建布政使，田鳳儀既肩負皇帝重望，又面臨人生重大機遇，自然不敢怠慢。田鳳儀當月就趕到福州上任，會同魁倫清查倉庫，果然發現了巨額虧空。

五月末，魁倫第三次上奏，專門談福建虧空問題。根據布政使帳目顯示，藩庫現存雜銀兩百五十一點六四一五萬兩，乾隆五十九年各州縣額徵地丁銀一百一十萬兩。截至五月初二日，藩庫只收到銀子三十三萬餘兩，只完成應徵稅額的十分之三，「明系各州縣將錢糧任意侵挪⋯⋯閩省庫項虧空之多，不獨倉儲之非實貯。」魁倫、田鳳儀隨即提訊藩司書吏嚴光、曾元吉、羅嘉信等人，供稱：「福建藩庫官銀以前都沒有如實奏報，之後陸續又繼續虧空，缺口已經超過了兩百五十萬兩。至於下面州縣的虧空，總數額沒人統計過，單單就省城福州兩廳、兩縣，就虧損穀米五點三萬餘石，官銀七點八萬餘兩。」

乾隆雙手顫抖著讀完了這道奏摺。隨便一查，單藩庫就查出虧空兩百五十多萬兩，而且缺口不斷擴大！如果徹底查清，那將會是多麼駭人聽聞的天文數字？乾隆異常震動，硃批：「此事大奇，省城兩廳二縣已如此，其餘各處，不問可知。」命令魁倫等嚴訊有關官員，抓緊奏報。於是，魁倫參奏事件中的虧空問題，率先發酵成大案。

二、案中案

隨著黑幕逐漸揭開，福建的問題到底有多嚴重呢？

六月，新任閩浙總督長麟抵達福州，頂著乾隆皇帝嚴查的命令，不敢拖延，立刻會同魁倫，清查虧空案。原本躲藏在黑幕後面的貪官汙吏，紛紛現身：

福州知府鄧廷輯、閩縣知縣張映斗、侯官知縣嚴峻，虧空嚴重、協

福建貪腐窩案：乾隆盛世謝幕大案

同徇私，請旨革職；泉州知府張大干，貪鄙成性，轄區受災不知體恤災民，反而辦理平糶時倒填日期、報價短開數目，請旨革職；同知李振文，知縣李堂、路釗、郭廷魁、姚鶴齡、李廷彩、牛世顯、汪光緒，縣丞史恆岱等虧空嚴重，請旨革職；前任知縣王僧額、吳慕曾等均有虧損，押解鎖拿監禁；臺灣道楊廷理、候補知府徐夢齡也有虧空，因在臺灣鎮壓起義，等辦妥後再歸案查辦；已經離開福建的同知方繼憲等十二名官員，也涉嫌虧空，請旨押解回福州受審，並查封家產，追還欠款……最令人驚掉下巴的是，新任福建巡撫姚棻，下車伊始，就被相關官員揭發十餘年前在福建漳州任職時挪用、虧空官銀。姚棻這個級別的官員如何處置，長麟、魁倫兩人不敢做主，一併奏報乾隆，請旨如何定奪。

乾隆皇帝得報，硃筆一揮，所有請旨革職官員全部批准，所有涉案官員全部押解福州候審，就連姚棻也難逃懲罰，到任之時就是免職之日，接受調查。所遺福建巡撫一職由魁倫兼署。已遭革職的浦霖、伊轍布、錢受椿三人，原本奉旨押解進京，乾隆下令「截解回閩」，與涉案官員當面對質。看來，皇上是要痛下殺手，不得到真相誓不罷休！

長麟、魁倫二人奉旨後，面面相覷。他倆心裡不斷叫苦：「這可怎麼辦啊？」隨著調查深入，福建官員能有幾人倖免？查明的巨額虧空，日後應該如何彌補？長麟、魁倫二人各有各的苦衷。魁倫參奏伍拉納的本意是為了自保，希望把伍拉納扳倒，沒想到事情越鬧越大，牽涉面越來越廣，已經完全出乎自己預料，更像脫韁的野馬一般完全不受自己控制了。這匹野馬會闖出什麼禍來，會不會引火燒身呢？魁倫越想越害怕。

長麟擔心的是另外一點。他深知，案情遲早會牽涉自己的前任伍拉納，難免開刀問斬。伍拉納並不可怕，可伍拉納有一個姻親，長麟不得不忌諱。這個人就是軍機大臣和珅。和珅和伍拉納是親家，兩人互相引

為奧援。福建的問題是否與和珅有關，暫且不說。和珅大權在握，年邁的乾隆皇帝對他言聽計從。不論長麟如何辦理此案，最後都要經過乾隆這一關，也就是和珅這一關。和珅的精明強悍、黨同伐異，長麟是深有體會的。之前在山西巡撫任上，長麟不忍心無辜者受害，推翻過一樁和珅擬定的逆黨案，得罪過和珅。如果這一次再次與和珅硬碰硬，長麟不知道後果如何。

長麟和魁倫都是政壇老手了，寒暄了幾個回合，就都知道此案深究下去，暗礁重重，危機四伏。兩人都「意存袒護」，接下去的辦案原則就是「大事化小」。

可事情已經到了這一步，聖旨明確，人犯雲集，如何化大為小呢？長麟等人的對策是，集中精力辦理乾隆關注的虧空問題，辦得認認真真、轟轟烈烈，而擱置其他方面不問，把福建的問題簡化為府庫虧空一件事。布政使掌管一省錢糧賦稅，負責收存奏銷，首當其衝要為虧空問題負責。福建布政使伊轍布，出身正藍旗蒙古人，也是福建官場的老人了。乾隆五十二年，臺灣林爽文起義，伊轍布就奉派赴閩協助辦理軍需糧餉等事，五十三年擔任福建汀漳龍道道臺，鎮壓了漳浦縣民聚眾鬧事事件。在這兩次辦案過程中，伊轍布辦事得力，得到乾隆帝的賞識，於當年四月補授福建按察使，七月升為布政使銜，乾隆五十六年實授福建布政使。伊轍布和伍拉納、浦霖共事多年，關係親近。

對於府庫虧空，伊轍布承認福建全省倉儲都有短虧，自己到任後就稟明督撫，多方催追，希望能夠彌補完整。伊轍布承認沒有及時參劾虧空官員，這是自己的糊塗，但自己絕對沒有染指貪汙挪用。

伍拉納則把責任推得一乾二淨：「福建各州縣倉庫虧空，是離任官員造成的。我曾經咨文他們的原籍地查抵，因為時間太久，咨追無著。十有六七的虧空都是這種情況。」浦霖也推脫說：「州縣倉儲虧缺，歷任相

沿。相關官員大多已經離閩。我曾經命令布政使一面咨追，一面令現任各員設法彌補。至於新產生的虧空，則是管理不善導致的。」

分析三人的供詞，大同小異，將責任推給前任，將續虧歸於管理不善，而將自己撇得乾乾淨淨。如果說伊轍布等人有責任，就是失察的領導責任和沒有及時參奏虧空官員的監管責任。至於貪汙、挪用等嫌疑，三人絕對是不會認的。

虧空調查的焦點，是漳州賑災專款六萬兩挪移到泉州的問題。魁倫參奏此款可能沒有發放。伊轍布供認，漳州賑災款本來想動用藩庫存銀，但他考慮到之前賑災發放的是銅錢，如果現在改發銀子，「恐先錢後銀，數目多寡不同致滋事端」，就把庫銀一律換成銅錢發放。

清朝的貨幣是銀兩和銅錢（制錢）並用，兩者之間存在兌換比例。官方的兌換標準長期維持在一兩白銀兌換一千文銅錢，但在社會生活中白銀要值錢得多，一兩白銀可以兌換兩千文銅錢甚至更多。官價和實價的差額，就給官吏提供了巨大的操作空間。

伊轍布按照一千四百文銅錢兌換一兩銀子的標準提取官銀，卻以一千文銅錢折合一兩銀子的標準發放賑災款。即便是按照後者的標準，伊轍布也沒有全部發放，只撥發了價值兩萬兩白銀的賑災款給聞賑而來的貧民，把剩餘的四萬兩銀子掛在帳外作為「小金庫」。這筆錢哪裡去了呢？在長麟等人的審問之下，伊轍布供認將四萬兩銀子借給了一個叫作周經的銀店店主。什麼？堂堂一省的布政使，把四萬兩巨款借給了一個小小的銀匠！這是怎麼回事？周經又是何方神聖呢？

周經在福州城裡開了幾家銀鋪，生意越做越大，算是省城的一個人物。但在開銀鋪之前，周經是福建藩庫的書吏，具體來說他是伍拉納擔任福建布政使期間的庫吏，專門負責庫銀的收儲核銷。伊轍布上任後，周經已經「報滿」，離開了藩庫。

　　書吏在清朝政治實踐中的能量極大。清人有「本朝與胥吏共天下」一說。書吏是在官府中抄抄寫寫，處理具體事務的小吏。他們的身分不是官員，而是老百姓，在法律上算是在官府義務服役之人。書吏一般粗識文墨，有些還是屢次落第的讀書人，在本地衙門當差，從事專門領域的事務工作，事先或者當差後系統學習了該領域的規章制度，了解了當地的歷史問題、慣例做法等。不少書吏還是家族內部世代相傳，經驗和教訓口耳傳授，老到幹練。而官員幾乎都是讀書人出身，所學非所用，且嚴格執行迴避制度，不能在原籍地當官，加上三年一調五年一升，根本不可能熟悉業務，不可能理清楚本衙門的實情，不得不仰仗書吏。所以，清朝的行政局面是，「不斷更迭且缺乏業務知識的地方官領導著一群久居其位久操其事並且老於世故的本地書吏」。

　　書吏的工作很重要，卻沒有薪水，還要自備辦公用品。一些衙門對書吏有「飯食銀」的補貼，但也僅僅能解決工作餐。誰讓你在法律上是義務服役的老百姓呢？然而，這種「只有服務沒有薪水」的苦差使，老百姓們卻趨之若鶩，因為書吏有大把的額外收入。那麼，書吏們的收入從何而來呢？

　　書吏們分享著官府的公權力，就千方百計地把權力「變現」。他們的收入來自兩部分。第一部分是陋規。所謂「陋」就是法無明文的東西，「規」就是規禮、金錢的意思。比如，衙役們出去傳人需要傳票，向刑房書吏索票就要交一筆「出票銀」；原被告在衙門裡打官司，中途撤訴或者官司了結了，需要支付刑房書吏一筆「和解銀」，否則書吏不給你最終的法律文書。書吏們各司其責，拿不到陋規，就在辦事效率、瑣碎細節上刁難事主。

　　書吏的第二部分收入則是貪贓，即書吏們直接索賄或者貪汙。比如，負責錢糧賦稅的書吏可以故意拖延驗收錢糧，讓辦事者苦不堪言，

不得不就範。下級官府押解錢糧到省城交納，藩庫的書吏挑剔說糧食受潮或者銀子成色不足，拒絕接收，或者挑出下級官府行文中的細節問題，駁回文書，負責解送的下級辦事人員耽擱在省城，白白耗費時間和盤纏且不說，萬一耽誤了交納的期限，問題就嚴重了。辦事人員不得不向藩庫書吏行賄送禮，求得方便。

可見，書吏絕對是肥差。重要崗位的書吏，年收入數以千計都是有可能的。清朝也多次曝出書吏舞弊案件，金額動輒數萬甚至數十萬。朝廷有鑑於此，頒布了一系列管理規定。其中重要的一條是，書吏的服務期限為五年，到期後必須「報滿」退役。但實際上許多書吏在服務期限屆滿後，常常改名換姓保留職位。即便真有退出的，繼任書吏要向退職的書吏繳納一筆錢作為酬謝，稱為「缺底」。缺底從幾十兩到幾百兩不等。負責錢糧賦稅出納的「櫃書」和負責漕糧徵收的「漕書」，缺底最貴。為了爭取這些「肥缺」，競爭者不僅要給退職書吏缺底，還要反過來給地方官員賄賂。為此，朝廷還專門規定，禁止買賣書吏名額。

周經就曾經是許多人羨慕的福建藩庫的庫吏。可是，他卻在期滿後主動退役了。為什麼呢？因為他找到了比書吏收入更高、來錢更快的項目。

透過不同管道匯聚到藩庫的銀子，很多是散碎銀兩，需要熔鑄成標準的官銀。福建省的做法是由布政司找市面上的銀鋪熔鑄。周經退職後，開設銀鋪攬下了這工作。這項工作的利潤有多大呢？反正周經或者一月一次，或者一月數次，頻繁從藩庫領走銀子，每次數千兩至數萬兩不等，前後共領走官銀超過五十萬兩。按說，布政司要做好流出和交回的紀錄，做好對周經的督促管理，但是藩庫明顯管理不嚴，缺乏嚴格精確的紀錄。伊轍布身為布政使，也沒有認真審查藩庫收支帳目。總督、巡撫定期審計藩庫時，只核查已經入庫歸款的銀兩，周經領出銀兩並不

在審計的帳冊之內。所以，周經長期占用巨額官銀，如果藩庫催促，他就交回一部分，以新還舊，把大量銀子挪作他用。這種罪行在四五年時間裡，竟然一直未被查處。

伊轍布遭革職後，知道新任布政使上任後必然核查藩庫，便抓緊自查。結果發現周經尚有未交官銀八點五二萬兩，當即勒令周經歸還。周經拿不出那麼多現銀，只歸還了四點五二萬兩，剩餘部分用田契、房契抵押。伊轍布把周經的田契房契交給福州知府收存變賣，可短期內不能變現，怎麼辦呢？他就想到自己挪用的泉州賑災銀剛好剩餘四萬兩銀子，就用這筆錢替周經填補上了窟窿。此外，長麟等人查明，福建許多州縣向藩庫交納稅銀時，不能足額上交。伊轍布以這些州縣為「濱海重地」，若因糧錢未完而使州縣官受到撤職處分，「恐離任州縣官太多」不利於安定為由，歷年來代為州縣官員虛報已完銀十三萬兩。這又造成了新的虧空。

六月末，長麟、魁倫復奏了福建虧空問題，把伊轍布當作核心罪犯推了出去。乾隆皇帝對此極為不滿意，一針見血地指出：伊轍布造成了巨額虧空，替人還債，替人虛報金額，「豈有捨命為人之理？」那麼多的虧空到底哪裡去了，難道福建官員就不存在貪汙腐敗行為嗎？長麟、魁倫二人糾結於核查虧空，而不調查在此過程中的貪汙受賄問題，「意存消弭，將查出婪索賄賂各情節，壓下不辦，化大為小。」為此，乾隆申斥長麟、魁倫，務必嚴訊周經，四萬兩庫銀到底用到何處去了。如果再「意存袒護，代為消弭，伊二人自思，當得何罪。」

長麟、魁倫的小心思，被乾隆皇帝看穿了。

三、上下級關係的變異

長麟奏報的是現象，乾隆追求的是原因；魁倫糾結的是虧空，乾隆關注的是貪腐。而原因和貪腐，恰恰是長麟和魁倫不願意深究的。可是乾隆已下嚴旨申斥，長麟、魁倫不得不有所回覆。

八月末，長麟、魁倫合奏，說遵旨嚴訊伊轍布，逼問有無貪腐罪行，伊轍布拒絕承認。嚴刑拷打周經，周經一口咬定挪用的四萬兩官銀，自己經營不善虧掉了。長麟和魁倫判斷：「周經屢受嚴刑夾煉，仍堅執原供。似知身患重罪，有寧死於刑夾，而不肯死於刑戮之意。」案件審理沒有進展。

乾隆皇帝也不是好對付的。既然福建方面審訊不積極，乾隆決定親自審訊。他下令將伊轍布押解來京審問，長麟等遵旨行事。蹊蹺的是，福建方面很快奏報，九月十六日伊轍布行至浦城石岐地方，突患急病死了！

伊轍布一死，虧空問題最重要的當事人沒有了，他替下屬官員隱瞞虛報的事情也沒法查問了。聽到伊轍布的死訊，很多人會鬆一口氣。但是，伊轍布真的是病死的嗎？負責押解官員的報告是：「伊轍布染受風寒，由瘧變痢，並無畏罪自盡情弊。」但這並不能排除伊轍布做賊心虛畏罪自盡的可能，也不能排除有幕後黑手暗殺的可能。伊轍布死在押解進京的途中，不得不讓人疑竇叢生。

乾隆的過人之處是，他沒有糾纏於伊轍布的死因，而是迅速尋找其他突破口。伊轍布死了，他的財富不會死，況且伍拉納、浦霖等人還活著。乾隆嚴旨催促審訊其他人犯，同時申飭福建周邊各省地方官，截留人犯及其家屬的船隻、行李，還派官員查抄人犯原籍地的家產。乾隆準備從調查人犯的財富入手，深挖下去。

　　長麟、魁倫不得不動起來，追究伍拉納、浦霖等人的贓款。很快查出福建鹽務衙門長期向閩浙總督饋送陋規。自乾隆四十四年起，歷任總督每年都收受白銀兩萬兩至五萬兩不等，伍拉納任內共收過十五萬兩銀子，浦霖則在乾隆五十七年向鹽商索取賄賂兩萬兩白銀。此外，伍拉納、浦霖分兩次各接受廈門同知黃奠邦白銀九千兩百兩。兩人對福建鹽務、廈門同知的兩筆贓款供認不諱，但不承認有其他貪腐行為。

　　伍拉納、浦霖那邊還在「擠牙膏」，朝廷對他們的財產查抄行動卻收穫頗豐。伍拉納等人在案發之時就開始有意識地轉運財產，並安排隱藏在原籍地的部分財產。但是，乾隆抄家的事情安排多了去了，對這些轉移財產的伎倆非常熟悉，還是在七八月間查獲了人犯的大量家產。督撫的年俸不到兩百兩銀子，養廉銀不到兩萬兩，那麼伍拉納等人積攢了多少家產呢？

　　伍拉納財產如下：九月十九日，蘇州知府截獲伍拉納家人船隻兩艘，從中抄出元絲銀五百五十兩，嵌玉如意一百一十二柄，洋灰裡羊皮四百九十四張，綢緞紗羅衣等五百六十七件，銅錫等項器具四百一十七件，其他小件不計。《清史稿》記載，在他家抄出存銀四十萬兩有餘，如意百餘柄。

　　浦霖財產如下：住房九所，田三千兩百二十六畝，金錠、金葉共重五百二十六兩六錢，金如意首飾重兩百五十八兩，銀二十八點四三一四萬兩，元寶五點一二萬兩，紋銀十九點三萬兩，鹽匹銀二點七四萬兩，元絲銀兩千七百二十九兩，洋錢一點三八萬元，銀首飾重六百三十兩，珠兩千零七十四粒，三鑲玉如意一百五十七柄。浦霖似乎酷愛皮草，在家中抄出狐皮等三千一百一十四張。此外，朝珠、玉器、珊瑚、寶石、綢緞等不計其數。他的財產也明顯超過了正常收入。

　　伊轍布財產如下：北京東單附近胡同的住房一所，共八十六間，取

福建貪腐窩案：乾隆盛世謝幕大案

租房二十一間，關東地一百六十畝，古北口外沈家屯處地六頃七十一畝，涿州、香河等處圈地三頃三十四畝。除房地現銀以外，伊轍布並沒有多少金銀財寶。負責清查的大臣伊齡阿認為「實非情理，必有隱匿寄頓之處」，奏請繼續查抄，隨時具奏。

　　錢受椿財產如下：在江西境內截獲轉移的財產，計有金葉、金錠共兩千七百七十八兩，紋銀六千七百兩，洋錢八點二萬元，小洋錢一千元，金如意九柄重一百四十九兩，大小珠七百七十粒，嵌梅花珠兩百七十二粒，珊瑚朝珠五十一盤等。在江蘇常熟查抄的家產，計有住所一所，共四十五間，田一百一十四畝，市平銀三點八萬兩，洋錢三點三四萬元等，此外還有沉香山一座，上有金人一百二十個，共重三百五十八兩。錢受椿似乎也酷愛皮草，在江西截獲海鼠皮等兩千一百二十三張，在常熟抄出洋灰鼠皮等一千四百三十四張。

　　伍拉納四人的巨額財產，明顯超過了正常收入。那麼，這些財富是哪來的呢？伍拉納等人沒說，但根據同時期的禮親王昭槤所著的《嘯亭雜錄》記載，伍拉納在福建搜括民財，勒索州縣官員，「有不納者，鎖鋼逼勒」，以致上行下效。福建州縣官員挪用公款，賄賂公行，貪腐成風，聲名狼藉。昭槤的記載，也得到了民謠的佐證。福州有民謠說：「五老冠不正，雙獅死要錢。兩臺烏暗暗，唯有燭光明。」「五老」指的是伍拉納，「雙獅」指布政使、按察使；「兩臺」指的是督撫二人，清朝尊稱總督為「制臺」，尊稱巡撫為「撫臺」。民謠的前三句說的是伍拉納、浦霖等人自身不正，貪婪汙濁，敗壞了福建社會風氣，只剩下蠟燭的微弱光亮了。可恨伍拉納等人長期盤踞福建，任職多年，最終形成了「大官大貪，小官小貪，幾乎無官不貪」的官場黑暗局面，清白官員反而難以立足。

　　為什麼會形成督撫藩臬沆瀣一氣的黑暗局面呢？

　　在制度上，所有官員，無論是一品總督，還是不入流的典史，都是

朝廷命官。各人只是職位不同，品級有高下之分，卻沒有人格高低之別，更沒有命令與依從關係。事實上，皇帝也不允許地方大員挾權自重，如果下級都對上司言聽計從，督撫就會掌握地方實權，尾大不掉，甚至出現割據一方的威脅。因此，朝廷設置了一系列分權制衡和監察制度。且不說監察官員可以隨時彈劾不法官員，也不說地方八旗軍隊直轄於中央，單說人事權方面，所有人事任免都集中在朝廷的吏部，吏部掌握天下官員的檔案、調動、遴選和獎懲，皇帝可以否決任何一項人事命令。同時，朝廷定期考核所有官員，發布進退命令。從紙面上看，天下官員的命運掌握在皇帝手中，而不在地方督撫或者部門長官的手中。

現實情況卻是，下級官員逢迎攀附長官的現象比比皆是，一切政務唯長官馬首是瞻。朝廷禮制，官員相見行作揖禮，現實卻是知縣見督撫要行跪拜之禮，手舉名帖過頭稟報。更嚴重的，部分地區或者部門甚至形成了上下級依附關係，官員們共進退同榮辱。清朝把地方和部門主官稱為「正印官」。正印官的清廉與否和能力高低，似乎決定了所在衙門的風氣與政績。這種不正常的局面是怎麼形成的呢？

這是因為正印官在實踐中掌握著下屬的福禍榮辱。首先，正印官在實踐中掌握了人事任免、調動的實權。他們往往藉口「人地相宜」或者工作需要等，舉薦官員，掌握了重要職位的推薦權。朝廷通常會批准高官大員的舉薦。這部分的職位總數大概占地方官缺的三分之一左右。即便是其他職位，督撫、尚書也可以藉口辦差、查案等事由，調離在崗官員，甚至乾脆成立臨時機構安插官員，這就造成官員和實際職位脫離，任由長官支配。朝廷任命的官員，上司有種種辦法不讓其實際到任。清朝中後期，有的是官員由吏部分發地方知縣，而輾轉多年、沒有一年實任。

其次，官員的考核權也落入了督撫等高官手中。每到京察、大計年份，皇帝只有能力親自考核大學士、督撫、尚侍等高官，絕大多數官員

的考核工作就由所在衙門的正印官負責。乾隆說：「夫用人之柄操之於朕，而察吏之責則不得不委之督撫。」具體到地方，就是督撫考核藩臬，藩臬再考核道府州縣官員。一個知縣三年做得是好是壞，是升遷還是斥革，事實上由總督、巡撫說了算。至於錢糧賦稅、司法刑獄、科舉文教等日常工作是否稱職，更是由長官來評定。這兩項實權相互疊加，督撫高官已經牢牢掌握了下屬的進退禍福。

　　如果有官員不服，在理論上可以和上司相互參奏彈劾。但是上下級互參，朝廷偏袒高官。比如，漕運總督與下屬同知互參，朝廷通常會支持總督而斥革同知，否則總督日後的工作就很難開展了。除非涉及造反謀逆等重大敏感內容，朝廷一般不會插手上下級互參的是非曲直。簡單地說，下屬如果沒有掌握大逆不道的證據，就不可能透過正常管道打倒上司。久而久之，下屬的現實選擇就是察言觀色，唯上是從，推行上司的決策、落實上司的部署。

　　如果上司的指令是錯誤的，或者有違法違規的風險呢？下級官員肯定知道什麼事合法、什麼事非法，但還是會冒著風險甚至昧著良心去做。因為抗命的後果立竿見影，而執行上司指令產生的風險，卻是不確定的，到時候先由上司頂著、再有普遍性的現象作為擋箭牌。最終，所在衙門成了正印官的「一言堂」，正印官為所欲為，暢通無阻。長官意志決定了衙門的行為。比如，刑部尚書要刑部大牢中的某個犯人的命，易如反掌；又比如，浙江巡撫要挪用浙江海塘建設的某項專款，相關官員也會把帳做好，把錢移出來。

　　具體到福建，伍拉納、浦霖久居其位，有足夠的時間把全省官員塑造成同黨。乾隆五十六年（西元一七九一年），伊轍布上任布政使之初，清查府庫，查出全省糧食缺口六十四萬石，庫銀缺口一百零五萬兩。伊轍布向伍拉納報告，伍拉納不去核查數目，反而提筆把應存庫銀減去了

七十萬兩。如此一來，官銀虧空變成了三十五萬兩。伊轍布肯定知道這是明目張膽的舞弊，但是他還是默認了。有了第一次，自然有第二次、第三次。隨著上下勾結串聯，徇私枉法的事情越來越多，最後正常的上下級關係異化成了全省官員沆瀣一氣、官官相護的黑暗局面。

官員貪腐案件之所以一查就是窩案，原因就在於此。

刷新政治的關鍵在於「以上率下」，理由也就在於此。

話說，伍拉納、浦霖等人抄家抄出來源不明的巨額財產，如果不是歷年貪腐所得，又是哪來的呢？他二人都推說是多年俸祿、養廉剩餘所得，部分財寶是下屬所送年節禮品，具體情況則因年久記不清了。

乾隆認為這是避重就輕，下令把伍拉納、浦霖押解進京，交軍機處嚴審。當時的軍機大臣是滿族人阿桂、和珅和漢族人王杰、董誥四個人。阿桂常年外出辦差，而王杰、董誥兩個老臣不管事，實權操於和珅的手中。和珅是伍拉納的姻親，有心救他一命。乾隆命令提伍拉納、浦霖進京，和珅先是故意拖延時日。他知道乾隆皇帝決心禪位，打算拖到明年新皇帝登基大赦，可以恩赦伍拉納死罪。想不到，乾隆時刻惦記著人犯，眼看拖延不至，直接派遣一名乾清門侍衛前往半路逮捕，押解到豐澤園要親訊。至此，和珅也無能為力了。伍拉納的命運，只能聽天由命了。

四、使乾隆盛世閉幕

當長麟、魁倫奉旨嚴審伍拉納、浦霖時，發現了兩人的其他劣跡，其中最重要的是長泰縣械鬥命案。此案積壓已久，省裡拖延不辦。案件原本就死亡十數人，又硬生生在監獄裡關死了十個人。如果不是此次大案爆發，長泰縣械鬥命案極可能就成為一個有頭無尾的懸案。

案情根據長麟、魁倫八月間的奏摺，大致如此：

乾隆五十九年（西元一七九四年）四月間，漳州府長泰縣薛、林二姓百姓，互相械鬥，傷斃林苗等十七命一案，府、縣衙門逮捕人犯五十七名，於五月間押解到省會福州。按察使錢受椿把案子交給福州知府審訊，知府回覆：「獲解各犯，並非正凶。」錢受椿並沒有親自審訊，反而和總督伍拉納、巡撫浦霖商量撤出原卷，並將人犯發回。此案於未抽卷前監斃人犯二名，既經抽卷後，又復監斃八名，實出理法人情之外。

話說薛、林兩家，各有山區族田上下相連，林田居上，薛田在下，共用一條灌溉水渠。乾隆五十九年四月間，福建發生大旱，林家將水源堵截，導致薛家田地無水灌溉。四月初三日，薛家的薛鄒糾集三十六人，分別拿著刀槍棍棒，來到山上喝令林家放水，林家的林湊等人不依。情急之下，林湊操起一把刀向薛家的薛明礬砍來，薛明礬還手砍死林湊。一場混亂的廝殺隨即展開。

因為薛家是有備而來，人多勢眾，而林家事先沒有防備。整場械鬥事實上變成了薛家對林家的「屠殺」：薛家殺死林邊、林濫、林苗、林顯等十七人，打傷林協邦、林冒兩人。林家死傷慘重，混亂中僅有林樵用竹銃打傷薛爽，薛爽傷重而亡。清朝中期以後，人口爆炸，東南沿海地區人地矛盾激化，宗族之間的械鬥並不罕見，但像長泰縣這樣的惡性事件，也並不多見。

時任長泰知縣顧淡，因為事涉十七條人命，不敢馬虎，迅速逮捕人犯審訊。基本事實是清楚的，薛家是有預謀的一方，薛鄒、薛明礬是挑起械鬥的主犯。但是，沒等顧淡審訊出完整的口供，忽然接到按察司的命令，把相關人犯押解福州審訊。押解到福州後，按察使錢受椿卻不親自審問，轉交給福州知府鄧廷輯覆審。覆審過程中，相關人犯倒是逐一供認了，只是其中兩個人供稱的傷痕不符。另外，有死者親屬堅決指認

有一個名叫薛缺的人是正凶，尚未到案。另外，首犯薛鄒遲遲沒有抓獲。所以，鄧廷輯無法結案。等薛鄒抓到了，鄧廷輯又因為考核「卓異」進京。案子交給後任繆暉光接審。

案子在福州覆審期間，案發地的漳州府知府全士潮、長泰縣知縣顧捄，在程序上一直是反對的。兩位認為此案是本地命案，無論福州府審訊結果如何，都擔心日後自己受參劾，所以要求參與會審。錢受椿痛斥了二人一頓。二人無奈，只好行賄，全士潮花了一千四百餘兩銀子，購買綠晶朝珠一貫，又配上八板呢羽、顧繡鋪墊等物；顧捄則購進金葉三十兩，並呢羽等物，共值一千餘兩，兩人一道送給了錢受椿。錢受椿嫌府縣兩級送的禮物太輕，又故意拖延了一段時間，直到乾隆六十年的正月，才把全案發回漳州府。錢受椿同時與伍拉納、浦霖商量，將省裡的案卷抽出，意圖把案子曾經發到省裡的痕跡一筆勾銷。

錢受椿在此案中的所作所為非常可疑。他有沒有收受薛家的賄賂，又為什麼拖延數月不辦，導致十名人犯在嚴刑拷打之下、在環境惡劣的監獄之中死亡？對此，錢受椿辯解道：長泰縣民械鬥一案，經督撫飭解省……但主犯薛明礬忽認忽翻，且下手致傷情形不確，且屍母林周氏指薛缺為正凶，我因此案凶手既不確，是以稟商督撫，將卷宗抽下。至全士潮、顧捄送我禮物，這是有的。伍總督待我較好，浦巡撫是我親戚。我說：此案不定，參了府縣，恐將來拿不到正凶；留犯在省，又恐有遲延的不是，他們才准我抽卷，並沒有通同需索。

應該說，長泰縣械鬥案處置失當，錢受椿是罪魁禍首。此案案情並不複雜，放入福建省「政以賄成」、拖沓成性的黑暗風氣中，就變得複雜了。伍拉納主導的福建政治風氣，不以高效、公正地處理政務為標準，而是以一團和氣，保持現有局面為準。長泰縣械鬥案不幸置於這樣的政治風氣之中，最終拖延成一樁慘劇。

長麟、魁倫認為，此案的主要責任在錢受椿，上奏認為此案抽調案卷是伍拉納、浦霖受錢受椿慫惠蒙蔽，幕後沒有通同分肥問題。十月中旬，奉旨將薛明礬、薛真等十六名薛家子弟處斬；薛鄒、林樵等三名凶手已經在監禁期間死於大牢，免予追究。

福建審問長泰縣械鬥案的同時，伍拉納、浦霖二人正在北京受審。

伍拉納抵京後，乾隆在豐澤園親自審訊伍拉納。伍拉納一開始百般狡辯，乾隆下令用刑，伍拉納這才認罪，但只承認收受過廈門同知黃奠邦的賄賂，其他的推脫不知。乾隆已經是年近九旬的老人了，哪裡有精力和伍拉納耗下去，便轉交軍機處嚴審。十月初七，軍機處各位大臣會審伍拉納、浦霖。我們來看看當日的審訊紀錄。

軍機大臣問浦霖：「浦霖，現在浙江查出你家產二十八萬多兩白銀，此外還有金器、田產、房屋等。這些財物都是哪來的，是不是貪汙勒索而來？另外，你的兒子浦煌供認，你還於乾隆五十五年八月在他的房子地下埋了十萬兩白銀。當時你尚未到福建巡撫任上，這些銀子又是哪裡來的？你如果沒有做虧心事，為什麼預先在兒子家埋藏銀兩？」浦霖回答：「蒙皇上天恩，我擔任巡撫十年，養廉銀有十多萬兩。在司道任內多年，還有數萬兩銀子。這些收入除了正常開支外，剩餘了十萬兩左右。我當秀才的時候，在揚州替富商教書十年，積攢了上萬兩銀子。後來續娶了胡氏，得到五千兩嫁妝。我岳父岳母只有這一個女兒，所以把所有家產都給了我們，變賣後有五萬多兩銀子。我將這些銀子每年都用來投資，這些多年來收益有二十多萬兩銀子。至於為什麼在家裡埋銀子，那是我老婆做的事，我完全不知情。」

軍機大臣問伍拉納：「伍拉納，黃奠邦供認送給你九千兩百兩銀子，你收下了。你此外必有其他貪婪行為。浦霖供認曾受過知府、知縣一兩千兩花邊銀，你是總督，比巡撫的職分大，那些官員難道沒有送過你銀子？」

　　伍拉納回答：「黃奠邦是廈門同知，情分較好，所以送我銀子。我是收了。我平時略有積蓄，又知道其他屬員都有虧空，怕進京後蒙皇上天恩又有任用，我不能回歸本任，他們虧空敗露都推到我身上，所以我在任和進京都沒有叫他們幫過銀兩。至於我現在的家產，是我歷任官職收到的俸祿和養廉銀積攢的，我又在總督任內得過鹽務陋規共十四五萬兩。」可見，伍拉納和浦霖都把巨額財產說成主要靠正常收入結餘，只承認了一兩筆賄賂。

　　軍機大臣又問兩人：「長泰縣械鬥一案，按察使錢受椿替地方向你們稟請抽卷。你們如果沒有接受錢受椿的饋送，為什麼答應將案卷發還？」

　　兩人回答：「長泰縣械鬥一案，我們是因為案情重大，拖延了很久沒法結案，正凶又遲遲沒有抓獲一名，擔心一經參奏，顯得地方司法廢弛，實在是心裡害怕，導致一時糊塗，就答應錢受椿，把案卷發還了。如果真有串通分贓的事，錢受椿、全士潮等人豈肯替我們隱瞞？」

　　總之，伍拉納、浦霖堅絕不承認平日有串通舞弊的問題，同時把巨額財產說成是省吃儉用所得。如果說，他們兩個人幾十年當官不吃不喝，把所有收入都積攢下來，再加以經營，且年年都盈利，的確能形成那麼巨大的資產規模。但是，這可能嗎？伍拉納、浦霖不用支付衙門的行政開支嗎？不用支付幕僚、長隨們的薪水嗎？不用向乾隆皇帝進貢嗎？不用在官場迎來送往、交際應酬嗎？君臣上下都不會相信伍拉納、浦霖的詭辯。

　　事實上，早在九月初乾隆就下旨：「此案續行查出，於其罪亦無可加，即使未能得實，其罪亦無可減。」這既可以解讀為，現有的犯罪事實就足夠治伍拉納等人重罪，也可以解讀為乾隆皇帝有意結案，放棄徹底追究真相了。畢竟，當時乾隆已經八十六歲高齡了，確定在第二年禪讓。他對伍拉納的行徑深惡痛絕。乾隆希望自己創建的盛世能夠成為一

福建貪腐窩案：乾隆盛世謝幕大案

個傳奇，千古傳頌，誰知道在即將閉幕之時暴露出福建貪腐窩案。這是在抹黑乾隆盛世！既然是抹黑，乾隆就希望在退位前徹底了結它，把壞事做成反腐敗且倡廉的好事。他也不希望伍拉納拖到明年，趕上新皇登基的大赦。所以，從十月初起，乾隆皇帝陸續下旨，親自作出最後宣判。

乾隆對此案的總結性陳詞是：「福建地方近年以來，自督撫司道以及各府州縣通同一氣，分肥飽囊，玩法營私，以致通省倉庫錢糧虧空累累、盜風日熾，甚至人命重案，蔑法徇情，殊出情理之外。」首犯伍拉納、浦霖婪索鹽務陋規，接受屬員饋送，以致全省倉庫虧空、吏治廢弛，立即處斬；子孫發遣伊犁。

布政使伊轍布按「侵盜庫倉錢糧入己，數在一千兩以上者斬監候」、「倉庫吏攢知侵盜而不舉與犯人同罪至死減一等」等律例，從重判斬。伊轍布已經死亡，躲過了處斬，追究子孫責任，全部發遣伊犁。伊轍布的管帳師爺吳義添，幫著雇主胡作非為，判處在福州枷號三個月示眾，再發遣給厄魯特人為奴，其家產抄沒入官。福建藩庫前任庫吏周經以微末員吏，侵虧帑項至八萬餘兩，立即處斬；書吏羅嘉信等人目睹周經的不法行為，不力阻、不揭發，發遣新疆為奴。

按察使錢受椿與督撫串通，貪汙妄為，民怨極大。乾隆原本想把錢受椿提解北京親自審問，大臣們勸阻說錢受椿品級不夠皇上御審。乾隆對他憤恨難平，下令將錢受椿公開斬首，斬首之前由督撫親自監視，先刑夾兩次、重打四十大板，再傳集在福州的所有官員觀斬。錢受椿的子孫也發遣伊犁。

向浦霖行賄的史恆岱、石永福，向錢受椿行賄的全士潮、顧掞，以及其他行賄但沒有貪汙的官員，革職、發遣伊犁。知縣彭良諛、胡啟文虧空過萬，處斬。其餘虧空在一千兩以上的官員，處罰依次遞減。

前任閩浙總督富勒渾，索取鹽商賄賂五點五萬兩，之前因為在兩廣

總督任內犯案革職,且年已老邁,開恩發往熱河效力贖罪;前任閩浙總督雅德,索取鹽商賄賂四點五萬兩,革職、發遣伊犁。

現任閩浙總督長麟查辦此案,意存化大為小,沽名取巧,革職、抄沒家產入官,發遣新疆效力贖罪。現任福州將軍魁倫查辦案件,「思作好人」,本應治罪,念在此案是他揭發的,且最終審出真相,免予處罰。所遺閩浙總督空缺,由魁倫兼署。現任福建巡撫姚棻,被舉報有貪汙挪用問題,查無實證,仍任福建巡撫。

禪讓大典在即,乾隆的意思是除已經暴露的線索外,「不必輾轉根究」,迅速結案。但是,伍拉納、浦霖盤踞多年,關係盤根錯節,案情繁複錯雜,要想結案,福建省後續工作很重。魁倫署理閩浙總督後,因為辦案不力受到申斥,便加重懲處涉案官員。受命善後財政的新任布政使田鳳儀查帳時不論動態支出,只以現存銀兩為斷,追求迅速結案,上奏將虧空一萬兩以上官員全部處斬,李堂、胡啟文、彭良諝等十名官員因此被殺。其餘案犯分別受到革職、流放等處分。福建地方官幾乎為之一空。

十二月十日,案件終於趕在乾隆末年的最後時刻了結,正式成為乾隆時期的最後一樁貪腐案件。二十天後,乾隆盛世正式謝幕。

乾隆為了博取盛名,對福建貪腐窩案處理得草率。事後再認真核計各州縣的庫存銀兩,竟然比清查數額多出了數十萬兩銀子,可見當時為了追求迅速結案,冤枉了部分官員,甚至可能冤殺了個別官員。再來看幾位辦案人員的命運:布政使田鳳儀在嘉慶二年升任福建巡撫,同年病逝。嘉慶五年,魁倫在四川總督任內,因為剿滅白蓮教起義貽誤軍機,嘉慶皇帝賜其「自盡」。長麟則東山再起,再任總督、尚書、翰林院掌院大學士,升內閣大學士,嘉慶十六年(西元一八一一年)病逝,諡號「文敏」。

李毓呂遇害案：查賑官員之死

一、朝廷官員死了

　　嘉慶十三年（西元一八零八年）十一月初六，夜，江蘇省淮安府山陽縣的知縣王伸漢，邀請在當地出差的候補知縣李毓昌等人到縣衙赴宴。在酒席上，王伸漢殷勤勸酒，李毓昌盛情難卻，多喝了幾杯，結果被灌得酩酊大醉。散席後，李毓昌在長隨的攙扶下，回到了投宿的善緣庵。一回到自己的房間，李毓昌衣服也沒脫，倒頭就睡。

　　十一月七日天剛濛濛亮，善緣庵突然一片喧譁。有人大叫：「來人啊！出人命了！」善緣庵在山陽城區，這一叫很快就吵醒了庵裡的僧人和周邊的老百姓。大家聚攏過來一看，李毓昌的三個長隨，李祥、顧祥、馬連升，在主人借宿的房間裡號咷大哭。再一看，李毓昌吊在房梁上，已經氣絕身亡了！三個長隨似乎被眼前的這一幕嚇傻了，痛哭流涕，手足無措，不知道如何是好。圍觀的百姓議論紛紛，有幾個膽子大的，就簇擁著李祥、顧祥、馬連升，去山陽縣衙報官。

　　朝廷命官死在了自己轄區內，可不是小事。接到報案後，山陽知縣王伸漢不敢怠慢。他馬上帶上幕僚、長隨和仵作，趕往善緣庵查勘。

　　死者李毓昌，山東即墨人，三十七歲，是嘉慶十三年，也就是案發當年的新科進士。明清時期新科進士的出路有很多條，最上等的留在翰林院，其次的分配到中央各部院衙門任職，成績不太好的就分配到地方各省任職，一般是任命為知縣。李毓昌因為成績一般，被分配到江蘇候補知縣。

　　清朝後期，官員隊伍龐大，職位有限，大批的官員分配不到實職，只好候補。很多官員候補了十年、二十年，都沒有分配到實職，甚至有的官員終身沒有擔任過一個實職。在這樣的背景下，即便是天子門生、天之驕子的新科進士，也只能候補，等待合適的機會。

　　進士分配到地方，名為「即用知縣」，意思是一旦有知縣的空缺，就優先分配他們去擔任。即用知縣的候補順序，排在其他候補群體的前面。在等待分配的過程中，各個省還往往分配進士們到各地出差，辦一些差使。要知道，清朝官員沒有實職，就沒有俸祿，因此候補官員是沒有薪資的。但是辦理差使，可以拿到一定的補貼。所以，候補官員搶著辦差。各省優先安排新科進士辦事，其實也是一種照顧。

　　李毓昌到江蘇候補沒多久，就輪到了第一份差使。當年，蘇北地區暴雨連綿，導致黃河決口，江蘇淮安一帶洪水泛濫成災，房倒屋塌，老百姓生命和財產損失嚴重。嘉慶皇帝知道後，專門撥銀九點九萬兩賑濟災民。銀子下撥到淮安災區後，江蘇省照例要派遣官員監督、核查銀子的使用情況。江蘇省一共派遣了十一名官員查賑，李毓昌就是其中一名到山陽查賑的官員。到了山陽後，李毓昌多次謝絕應酬，找了清靜的善緣庵去居住，馬不停蹄地到災區鄉村去實地調查，查看受災情況、核對人口、檢查資金的發放等等。他工作很認真，眼看著就要完成核查工作，返回省裡了，想不到在大功即將告成的時候，死在了借宿的房間。

　　此案的報案人，同時也是李毓昌案的目擊者，是他的三個長隨。什麼是長隨呢？明清時期的長隨，表面看是官員家的奴僕，但和賣身為奴的家僕不一樣，長隨是有服務期限、人身自由的。長隨和主人的關係，更類似於現代的雇傭關係。

　　明清時期雇傭長隨的，一般都是官宦人家。當時的讀書人當官後，發現所讀非所用，苦苦讀了幾十年的聖賢書，並不能進行實際工作。比如，李毓昌當上官後，發現自己不知道的事情太多了。大到稅賦錢糧如何徵收核銷，司法刑獄如何審判執行，小到官場如何交際應酬，日常如何穿戴言行，李毓昌都全然不知。那他怎麼辦？他必須要雇傭熟悉這些情況的人來協助自己。長隨這個職業就應運而生了。

李毓昌遇害案：查賑官員之死

　　長隨未必讀過書，受過專門的教育，但是他們知道官員應該如何穿戴、如何言談舉止，知道各個衙門都有哪些老爺，老爺們之間的關係怎麼樣。長隨作為一門職業，也口耳相傳，把官場的許多門道在職業內部代代相傳。所以，新任官員們迫切需要他們協助開展工作。尤其是那些外放地方的官員，來到人生地不熟的轄區，不得不自帶一幫子人監督政令執行、控制轄區官府，也就不得不僱傭幾個長隨。長隨們代表主子，在衙門之間執行公務，在官場上展開應酬。老百姓和衙門的書吏、差役往往尊稱長隨為「大爺」、「二爺」，官員們則往往稱呼長隨為「朋友」。可見，長隨離不開官員，官員也離不開長隨。

　　往往一個讀書人考中進士後，長隨不請自來，主動上門來應徵，或者是當上官後，長官或者同僚們，向他推薦長隨人選。如果找不到合適的長隨，新任官員也往往要利用各種關係，物色合適的人選。而那些以長隨為職業的人，往往都有個吉利的名字，不是「吉祥」就是「升遷」。

　　李毓昌在北京的時候，就僱了自己的山東老鄉，三十一歲的聊城人，馬連升當自己的長隨。到了江蘇後，李毓昌又僱了兩個長隨，都是江蘇長洲縣人，一個叫李祥，三十八歲，一個叫顧祥，三十二歲。他們三個人的名字都很吉利。三人和李毓昌簽訂合約，約定當李毓昌多少年的奴僕，每月薪水多少。

　　這三人，也是李毓昌案的報案人。其中李祥的年紀最大，陳述的案情也最多。根據李祥的說法，他們是九月底跟著李毓昌來山陽查賑，之後一個多月都在鄉下核查案情。期間，李毓昌染上風寒，在善緣庵臥床調養。十一月初，李毓昌總說身體不好，心中煩悶。李祥看到主人神情恍惚，坐立不安，就要去請醫生，李毓昌不同意。到了十一月初六日的晚上，李祥看到李毓昌言語顛倒，話都說不清楚了，就和馬連升一起，勸李毓昌早點休息，自己在旁邊伺候著。李毓昌吩咐幾個長隨都出去，

不必伺候。李祥不放心，仍舊在房間裡待著，結果李毓昌生氣了，把他罵了一頓，趕出了房間。李祥等人沒辦法，各自回房睡覺了。十一月初七早上，李祥等人早早起來，準備伺候主人起床。推開房門一看，主人已經吊在房梁上死了，他們三個人連忙呼救，可惜已經來不及了，最後不得不報官。

根據李祥的說法，李毓昌是有病在身，情緒失常，當天夜裡趕走了長隨，自己懸梁自盡的。顧祥、馬連升兩位長隨，替李祥作證，說主人確實可能因病自尋短見，並無其他原因。三個人都作證說，李毓昌在鄉下辦完事回城後，精神就出了狀況，「總說身體不好，心內慌督，神思恍惚，初六日晚言語更覺顛倒。」

驗屍的山陽縣知縣王伸漢，採信了李祥等人的證詞，認為李毓昌是懸梁自盡的。得出結論後，王伸漢將案情報告了淮安知府王轂。當時，淮安府駐紮在山陽縣，淮安知府和山陽知縣同城。接到王伸漢的通報後，淮安知府王轂也不敢怠慢，很快就帶上幕僚、隨從和仵作、差役等一大幫子人，趕到了善緣庵。經過仵作驗屍，現場勘驗後，王轂也認為李毓昌是懸梁自盡的。

既然案發當地的府、縣兩級官員都認定李毓昌是自殺的，同時又有李毓昌的三個長隨作證，此案很快就被當作「定案」，進入了正常的司法程序。先是由案發的山陽縣擬寫呈文，上報李毓昌案和初步結論；淮安府接到報告後，認可了初審結論，再上報給江蘇省裡。江蘇省按察使接到報告後，很快通報了布政使、江蘇巡撫和兩江總督。省裡面的官員聽說李毓昌自殺了，感到很驚訝，再看淮安府、山陽縣報上來的案卷，也沒什麼問題，就逐級批准。最後由江蘇巡撫汪日章，將此案當作一件「例行公事」，用題本向刑部匯報。嘉慶年間，地方官員上奏的公文有題本、奏摺兩種形式。奏摺匯報軍政大事、機密要事和官員的私事，而題

李毓昌遇害案：查賑官員之死

本則用來處理例行公事。奏摺傳遞速度快、處理迅速；題本就要層層流轉，處理速度很慢。可見，江蘇省認為李毓昌之死是一件尋常的公務，並且沒有什麼疑問，所以就採用了題本的形式上報。

江蘇巡撫汪日章上報李毓昌案的題本，保留了下來。本子裡對李毓昌自縊場景以及事件全過程的描繪，非常詳細，可以算作是此案的第一個版本。題本說：

勘得善緣庵由大門進內，朝南正屋三間，東首朝南客屋三間，已故委員李毓昌在西首房內，面西背東，兩腳站立床上，用藍綢腰帶縊於二梁木上。當驗梁木上有灰塵滾亂形跡，自梁至床量高六尺九寸，板床離地量高一尺八寸。勘畢，飭令將屍解放平明地面，對眾如法相驗。據仵作李標喝報，驗得已死委員李毓昌問年三十七歲，仰面兩眼胞合，口微開，舌出齒二分，咽喉下有縊痕一道，起向兩耳根，斜入髮際，斜長七寸，深三分，闊五分，青紅色，兩手微握，兩手心、十指、十指肚、十指甲縫，俱有墜青色……委系生前自縊身死。

只要刑部認可江蘇省的這個報告，此事基本上就成定局了。李毓昌案就要按照這個版本，寫入歷史了。這個故事的另外一條線索，是李毓昌家人的反應。對於李毓昌的「暴斃」，李家人怎麼看呢？

李毓昌出生在山東農村，父母、兄弟都是農民，似乎一輩子都沒有走出本鄉本土。他們見識非常有限，也沒什麼想法。李毓昌能在這樣的家庭背景中，讀書趕考，考中了進士，相當不容易，也是全家的驕傲。李毓昌暴斃的消息傳回山東即墨老家後，家裡人哭成一片。從另外一個角度來說，李毓昌生前，從家庭幾乎沒有得到政治幫助；他死後，想讓家裡人替他出頭，獲得什麼政治幫助，也是不可能的。

李毓昌有一個族叔，叫作李泰清。李泰清是一名武秀才。古代的科舉考試，既有文舉，也有武舉。我們關注文舉比較多，對武舉了解較

少。武舉雖然一直不受重視，但和文舉相對應，也有武秀才、武舉人、武進士等功名。李泰清就是一名武秀才，算是李家除了李毓昌之外，唯一一個見過一點世面，能夠出來做點事情的人物。

李毓昌案案發的時候，李泰清剛好從山東出發，前往江蘇探望侄兒。現在，李泰清就代表李家，到山陽縣替侄兒料理後事了。

山陽知縣王伸漢，非常客氣地接待了李泰清，把李泰清安頓得很周到，幫著忙前忙後。李泰清對王伸漢的幫忙，很感激。事先，王伸漢已經整理好了李毓昌的遺體，李泰清又收拾了侄子的行李遺物，準備扶柩返鄉。李毓昌死後，三個長隨和李毓昌的僱傭關係，自然終結。馬連升因為是山東人，願意扶著舊主人的棺木一同返回老家。另外兩個長隨，李祥、顧祥，幫忙料理完後事，計劃到蘇南去另尋生路。王伸漢就替李祥、顧祥寫了推薦信，推薦到蘇南的兩位朋友處當差。

離開山陽之前，李泰清代表李毓昌的親屬，親筆寫下具結：「生侄毓昌在淮因病自縊身死，已蒙驗明，並無別故。今生情願率僕馬連升等將侄棺柩，搬回原籍埋葬。」王伸漢前來送行，拿出一百五十兩銀子送給李泰清。這在當時，是相當厚重的一份禮了。李泰清一開始不敢收，因為王伸漢盛情難卻，最後收了下來。臨行前，王伸漢還囑託李泰清：「死者入土為安，應早日安葬，以慰逝魂。」李泰清感動之餘，把侄子的遺體，一路護送回山東老家，入土為安。馬連升也告辭而去，自謀生計去了。

日子又平靜地過了幾天。突然有一天，李泰清在整理李毓昌留下來的書籍的時候，在某本圖書中，飄落下來半張紙的草稿。李泰清撿起來一看，大吃一驚！原來，這半張紙上寫著：「山陽知縣冒賑，以利啖毓昌，毓昌不敢受，恐負天子。」李泰清腦袋嗡的一下就炸開了，他敏感地意識到，侄子的死，大有蹊蹺！

同時，李毓昌的死，最悲傷的就是他的遺孀林氏。林夫人和李毓昌的感情很好，之前默默支持丈夫讀書趕考，並且一直沒有生育。安葬丈夫後，林氏總是做噩夢。在夢裡，李毓昌好幾回來找林夫人，說自己死得冤枉。驚醒之後，林氏開始對丈夫的死半信半疑。一天，她整理丈夫留下來的衣物，在一件長衫的衣襟上發現了一處深色的汙漬，不知道是什麼東西。她就把長衫拿去清洗。那塊汙漬在水裡洗掉了，但是洗衣服的水變成了赤紅色。湊上去聞聞，有一股血腥味。至此，林氏認定丈夫的死，必有問題！

二、開棺驗屍

之前，李泰清去山陽縣為李毓昌料理後事的時候，李毓昌的遺體已經由山陽知縣王伸漢裝殮了。李泰清只是草草看了一下侄子的面孔，發現遺體臉色慘白。李泰清心中悲傷，就沒有再細看。如今，李家人覺得李毓昌的死有問題，大家湊在一起商量怎麼辦。徵得李毓昌遺孀林夫人的同意後，大家決定：開棺驗屍。

李家把李毓昌的棺木打開，發現屍體尚未腐爛，面色鐵青。他們用銀針炙進去，拔出來一看，針變黑了。顯然，李毓昌生前中過劇毒，並不是簡單的懸梁自盡。於是，李家決定要為李毓昌申冤！

李家人一合計，都覺得李毓昌的死，和他正在調查的賑災問題有關係，也就是說這件事情和江蘇的官員有莫大的關係。所以，他們決定不能按照傳統的申冤程序，一級一級地向官府告狀。那樣的話，他們會受到巨大的官場阻力。最後，李家決定，推舉李泰清為代表，直接到北京去告御狀！

清朝的司法申訴程序，是允許當事人越級告狀的，如直接到北京去

告狀。有一個專有名詞，叫作「京控」，說的就是當事人對地方官府的司法公正失去了信任，到北京來告狀的情況。都察院和五城兵馬司，都可以接受京控案件。

嘉慶十四年（西元一八零九年）五月初，在李毓昌案案發半年後，李泰清到達北京。考慮到李毓昌的官員身分，李泰清選擇到都察院投遞了訴狀。都察院負責政府機構內部的監察工作，是清朝官府自我糾錯的負責部門。現任官員，暴斃身亡，而且有證據顯示生前身中劇毒。這件事，都察院的確得管。

都察院接到訴狀後，意識到事情很嚴重。幾位負責人商量後，不敢輕易決定下一步的舉措，直接把案子遞交給嘉慶皇帝。嘉慶十四年五月十二日，都察院將此事如實具奏。

當時在位的嘉慶皇帝，是一個想有一番作為的皇帝。無奈，他繼承的江山，已經走上了下坡路，效率低下、財政窘迫、吏治腐敗，嘉慶皇帝一心要找出原因何在，然後尋找補救的方法。他思考的結論是，朝廷法制健全、制度完善。康雍乾盛世，就是在這套體制上取得的。現在之所以問題頻發，是因為官員們喪失了清正廉潔的作風、缺乏實作進取的鬥志，以權謀私，貪汙腐化，根子出在官員的思想上。所以，嘉慶皇帝要掀起一場「反腐敗運動」他決定「抓典範」，即樹立幾個正面典範，懲治一批腐敗官員。恰好在這個時候，都察院把李毓昌案呈遞了上去。嘉慶皇帝御覽後，氣憤之餘，決定把此案樹立為自己反腐敗運動的一面新旗幟！

這就意味著，李毓昌案不想成為一樁震驚朝野的大案，都難了。

嘉慶十四年（西元一八零九年）五月底，嘉慶皇帝頒發聖旨，指出李毓昌案事關朝廷職官之死，「疑竇甚多，必有冤抑」。他指出了三大疑點。第一是自己至今沒有看到江蘇候補知縣李毓昌自縊身亡的官方報

告。可見江蘇當地官府對一個現任官員的死，漫不經心。人命關天，官府的這種態度，不是喪盡天良，就是有難言之隱。第二個疑點是，如果李毓昌有自殺之心，為什麼當天夜裡還要參加酒宴？這在情理上說不通。第三個疑點是，李毓昌死後，山陽知縣竟然贈送給迎喪的親屬一百五十兩白銀，遠遠超過了正常人際往來的數額，令人生疑。同時，當地官府妥善安排李毓昌的兩個長隨，分別推薦給江蘇省內的實職官員。如此厚待暴斃同僚的奴僕，也令人生疑。

嘉慶皇帝很有生活閱歷，對基層情況有相當的了解。他直接指出李毓昌的死和山陽縣的賑災實情有莫大的關聯。他說：「此案或系李毓昌奉差查賑，認真稽核，查有弊端，該山陽縣畏其揭報，致死滅口，亦未可定。」

對於此案下一步行動，嘉慶皇帝做出了明確指示。第一，命令山東巡撫吉綸速將李毓昌的屍棺運到省城濟南，委派明白幹練的官員詳細檢驗，據實回奏。第二，命令兩江總督鐵保，速將李毓昌的長隨李祥、顧祥、馬連升傳集到案，認真審訊。如果發現有問題，將山陽知縣、淮安知府一併解任嚴參，將人犯押解到濟南，歸案審理。在聖旨末尾，嘉慶皇帝警告相關官員，如果不秉公辦理此案，自己「絕不輕恕」。

有了嘉慶皇帝的高度重視和明確指示，李毓昌案的進展非常迅速，處理起來也相對順利。皇帝發話後，山東、江蘇兩省迅速行動起來。不過，一樁案子，只有得到最高層的高度重視和明確指示，才能迅速推進，快速處理。這本身就是不正常的。難道，李毓昌案沒有得到嘉慶皇帝的過度關注，就不能公正處理了？這不能不說是該案的悲哀。

嘉慶皇帝下令核查李毓昌案後，江蘇省的壓力是最大的。李毓昌案發生在江蘇，而且江蘇各級官府已經進行了審理，得出了自縊身亡的結論上報朝廷了。如果核查發現，李毓昌不是自縊身亡，那麼相關的官員

都會受到嚴厲處分。所以，江蘇省上上下下都很緊張。

當時江蘇省最高長官是兩江總督鐵保。鐵保，出身滿洲正黃旗官宦世家，二十歲就考中了進士，之後順風順水，平步青雲，歷任副都統、侍郎、山東巡撫、漕運總督。年輕的時候，鐵保對工作很認真、很負責。李毓昌案發生的時候，鐵保已經五十七歲了。對於他這樣年紀的老人來說，成績已經不重要了，重要的是安靜地等待退休，頤養天年。所以，他不像原本那樣認真負責了。同時，鐵保是清朝著名的書法家，他把主要時間和精力放到了讀書練字上，在工作方面乾脆當起了甩手掌櫃。最近幾年來，兩江地區頻繁出現了工作失誤，鐵保多次受到嘉慶皇帝的批評，但他檢討了幾次後，依然我行我素，不思進取。

對於李毓昌案，鐵保其實並不陌生。因為李毓昌是他的門生。十三年前，鐵保是山東鄉試的主考官，而李毓昌就是當年他錄取的舉人。李毓昌到江蘇候補知縣，也專門持門生之禮，拜會了鐵保。幾個月後，鐵保就聽說李毓昌上吊自殺了。他感到很奇怪，但也沒有作進一步的調查。但現在接到嘉慶皇帝的聖旨，鐵保也不敢怠慢，立刻親自趕往淮安，提審相關人員：山陽知縣王伸漢、跟差胡太、驗屍仵作李標、善緣庵僧人源福。這四個人都堅持說當天看到李毓昌確實是自縊身亡，並沒有服毒情形。鐵保要的就是這個結果。他覺得自己實地調查了，又親自審訊，也算是完成了皇帝交代的嚴查任務，所以就打道回府了。

其實，對於李毓昌案的關鍵證人，那三個長隨，鐵保只是問了一句「三人現在何處」。旁人回答，三人已經自謀生路去了，難以尋找。於是鐵保就懶得去找了，把三個關鍵證人置之不理。

鐵保沒有仔細、深入地複查李毓昌案的另一個重要原因是，有嫌疑的山陽知縣王伸漢、淮安知府王轂都是自己舉薦的官員。鐵保在主觀上，不希望他們兩個人涉案。

李毓呂遇害案：查賑官員之死

　　清朝的淮安府、山陽縣，是蘇北的重鎮，是京杭大運河和淮河的交匯處，又是漕運總督衙門、河道總督衙門的駐紮地，地位非常重要。淮安知府和山陽知縣屬於「要缺」，任命程序需要兩江總督從江蘇現任官員中舉薦品行兼優、經驗豐富、成績出眾的人擔任。

　　現任淮安知府王轂，安徽黟縣人，貢生出身，宦海沉浮多年，嘉慶十三年（西元一八零八年）剛剛被鐵保舉薦擔任淮安知府。山陽知縣王伸漢，陝西渭南人，當時已經五十三歲了。王伸漢是捐納出身，也就是花錢買的官，一開始只捐了個從九品，後來捐升知縣。嘉慶十三年五月，山陽知縣出缺，兩江總督鐵保奏請以王伸漢署理知縣，十月間正式奏報將他實授。鐵保在奏摺中對王伸漢的評價是：「心地明白，辦事認真，自委署山陽，辦理漕糧一切事務均無貽誤。今以之調補，實屬人地相宜。」你說，鐵保在主觀上，怎麼能夠接受自己半年多前剛剛大大誇獎、舉薦的人才，涉嫌毒殺朝廷命官呢？這不是打了自己的嘴嗎？

　　就在鐵保方面潦潦草草地複查的時候，同時展開調查的山東省，取得了實實在在的進展。

　　李毓昌的棺木很快運到了濟南。山東巡撫吉綸，會同山東布政使、按察使，帶領濟南知府、歷城知縣親臨現場檢驗屍體。但是，此時距離李毓昌死亡已經有八個月之久，屍體已經腐壞，從表面已經無法看出是毒殺還是上吊自殺。於是，吉綸等人決定作「蒸骨」檢驗。

　　不過，據《清稗類鈔》的記載，當時李毓昌的屍體雖然開始腐爛，但仵作用水銀洗刷之後，還是能看到身上大片的青黑痕跡，顯然是中毒的證據。但是，聖旨下達後，江蘇省的相關官員早已經開始四處活動。王伸漢派人攜帶銀子，到濟南來活動，買通相關官員和書吏、仵作，希望他們幫忙掩飾。一部分官吏，因為人情，也因為銀子的緣故，答應為王伸漢掩飾。得到賄賂的官員就藉口屍身腐爛、證據不明顯，要求進一

步蒸骨檢驗。他們想用這個辦法來刁難李毓昌的家人。為什麼說，蒸骨是刁難呢？

古代沒有現代法醫技術，對於疑難命案，常常使用蒸骨法。蒸骨法是這樣做的：先挖一個地窖，堆放柴火，把四壁燒得通紅。再把屍骨洗淨，一般要剔除肌肉，抬進地窖裡，除去裡面的炭火，播灑酒、酸，讓屍骨在熱氣中存放一個時辰以上。這其實是一個化學作用的過程。接著，把屍骨抬到陽光下，驗屍官迎著太陽撐開一把紅油傘，檢驗屍骨。古代人發現，紅油傘能夠過濾部分陽光，讓經過了化學作用的屍骨呈現出深層次傷痕、中毒等特徵。但是，中國人認為「死者為大」，很難接受對親屬的遺體進行這樣的處理。

然而，為了查尋真相，李毓昌的親人含淚同意了蒸骨檢驗。六月十二日，驗屍開始。蒸骨以後，仵作遲遲不來報告結論。在場的按察使朱錫爵，知道其中必有隱情。原來，王伸漢已經「遍賄上下」，蒸骨驗屍的現場就有拿了銀子、裝聾作啞的官吏。儘管現場可以清楚地看到李毓昌的部分遺骨發黑，但仵作就是遲遲不報告。其他的官員也裝聾作啞，不作表態。

朱錫爵還比較有正義感。他看到場面僵持在那裡，裝作生氣的樣子，高聲大叫：「來人哪，取大木杖來！如此聖旨交辦的大案，如果有人不據實呈報，給我立斃杖下！」

仵作被朱錫爵的架勢給嚇壞了，驚慌報告說：「屍體兩鎖骨、肋骨全黑，餘骨未全變色，是中毒後又以人力致死。」也就是說，李毓昌生前中毒，但真正致死的是其他外力。仵作這麼一報告後，其他有心為王伸漢作掩飾的官員，也沒有辦法了。最終，山東省以李毓昌中毒後被外力殺死的結論，上奏嘉慶皇帝。

嘉慶皇帝把山東開棺驗屍的結果轉發給鐵保，同時下令緝捕相關涉

李毓呂遇害案：查賑官員之死

案人員。六月底，聖旨到達江蘇，命令鐵保和江蘇巡撫汪日章將淮安知府、山陽知縣等人解職，連同所有人犯押往北京，由刑部審訊。看來，嘉慶皇帝對江蘇本地官員並不信任，不相信他們能複查清楚李毓昌案，要親自接手了。

鐵保沒有辦法，只好拘拿淮安知府王轂，山陽知縣王伸漢及其長隨包祥、張祥、余升，王家的廚子錢升，同時抓捕李毓昌的三個長隨。李祥、顧祥因為人在蘇南，很快被拘傳到案；馬連升不知去向，沒有抓到。鐵保把他們押往北京之前，對他們逐一親自訊問。在訊問中，李祥等人解釋說，李毓昌衣服上的血跡，是上吊時口中出血造成的；對於李毓昌為什麼要自尋短見，李祥等人提出李毓昌在核查災情的時候，受山陽縣西陳莊一位姓陳的監生邀請，曾到陳家吃酒。在酒席上，陳監生索取賑票數十張。賑票就是受災證明，有了它就能夠領取朝廷的救濟。事後，李毓昌非常懊悔，坐立不安。鐵保馬上下令查辦這個姓陳的監生，很快查明此人名叫陳燆。陳燆承認，經過自己再三邀請，李毓昌曾來家中喝酒。自己虛報了十二戶名目，請求李毓昌幫忙，但是李毓昌並沒有答應。

鐵保把相關人等，全部押解往北京。同時，他向嘉慶皇帝上了一道奏摺，陳述了自己調查的情況，認為李毓昌自殺的可能性非常大。他在奏摺中專門提到了李毓昌去陳家吃酒的事情，似乎想說明李毓昌的死，或許另有隱情。總之，鐵保內心還是希望李毓昌案能夠按照自縊身亡來結案，不要多生枝節。

李毓昌案發展到這一步，還有可能按照鐵保的想法，以自縊身亡結案嗎？

三、如實招供了

巧合的是，馬連升當時正在北京跟隨一位官員做長隨。他得知此案已經通天，不得不到刑部自首。恰恰就是這個馬連升，在刑部辦案人員的訊問之下，第一個如實招供了案發當天的真相。接著，李毓昌生前的長隨李祥、王伸漢的長隨包祥等人，也在嚴刑拷打之下，對當天的真相供認不諱。根據這幾個下人從不同角度陳述的事實，我們可以還原李毓昌案的真相了。

李毓昌生前的第一份工作、也是最後一份工作是：查賑。在很多官員看來，查賑就是例行公事。它原本是想讓官員互相監督，結果卻變成了你好我好大家好，找一些無關痛癢的小問題，寫一份一團和氣的核查報告，這事情就算過去了。負責賑災的官員，銀子有了，功勞也有了；負責查賑的官員，補貼有了，還能拿地方官員的一份賄賂。總之，沒有人把它當作一回事。

但是，李毓昌初出茅廬，根本不知道這回事；他飽讀詩書，充滿理想主義。他對於分配給自己的這份工作，非常認真。他們幾個查賑官員到達淮安府山陽縣後，王伸漢安排他們入住官衙，盛宴相待。李毓昌嫌官衙裡繁文縟節太多，工作起來不太方便，就自己找了善緣庵，搬進去埋頭開始工作。李毓昌幹勁十足，說做就做，他挽起褲腿，親自跑到四鄉八村後，一處處地詢問受災情況，一家家地詢問戶口，核查救災銀的發放情況。他每到一個村莊，都親自製作戶口資料，註明老幼人數，勘驗受災程度，重點檢查有沒有漏賑和冒領的現象。期間，王伸漢多次邀請他赴宴、贈送禮物，李毓昌都卻而不受。很快，李毓昌就查明王伸漢大發災難財，以救災為名，虛報災情、編造戶口、貪汙救災銀。從李毓昌掌握的不完全的數據來看，王伸漢貪汙的銀子就數以萬計。

李毓昌非常氣憤。這簡直就是從災民口中奪食啊！他把相關的數據、情況都如實記錄下來，準備上報省裡。

看著自己的主人沒日沒夜地工作，跟隨李毓昌的長隨李祥、顧祥、馬連升坐不住了。他們倒不是擔心李毓昌工作強度太大、太勞累了，而是擔心李毓昌這麼做會招惹禍害，進而連累他們這些奴僕的收益和前途。為什麼這麼說呢？

長隨們心甘情願當官員們的下人、奴僕，看中的不是合約裡約定的每月那幾兩銀子。他們甘願為奴，看重的是投靠官員，分享官員的權力帶來的額外收益。套用現在的話來說，長隨們是靠灰色收入，即「陋規」生活的。比如，長隨替主人去徵收賦稅，本來徵收一兩銀子的，他徵收二兩，自己貪一兩；長隨替主人處理司法刑獄的，可以吃完原告吃被告，向案件雙方都敲詐勒索。就連替主人看門的長隨，也被人稱為「門子大爺」，誰要見官員本人，都要塞紅包給他。這些額外的收益相當可觀，遠遠高於長隨們在合約裡約定的收入。一些州縣衙門裡的長隨，每年能拿好幾千兩銀子。這些情況，官員們都看在眼裡，也都默許長隨們這麼做。

從根本利益上來看，長隨和官員主子的利益是完全一致的。只有主人步步高升，官越當越大，長隨們能夠依靠的權力就越大，能獲得的實際收益也就越高。所以，長隨們都為主人的前途著想，巴望著主人能夠平步青雲。

李毓昌的長隨李祥、顧祥、馬連升三人，跟隨李毓昌，也是希望主人能夠步步高升，自己跟著主人越來越有出息。所以，當李毓昌候補沒幾個月，就得到了查賑的機會，李祥三人非常高興，以為自己可以跟著主子去淮安府索取好處。想不到，李毓昌公事公辦，天天帶著他們下鄉核查戶口、調查真相，不僅累，而且沒有任何油水。李祥他們雖然沒有

表現出不滿來，但暗地裡早就在抱怨了。

後來，李祥又看到李毓昌把調查的情況，寫成報告，準備上報江蘇省。他心想：「壞了！」李祥知道李毓昌這麼做，會得罪一大批官員，遇到巨大的阻力。李毓昌在江蘇省並沒有根基，揭發救災真相，最後吃虧的還是自己。李祥覺得主人犯不著賭上自己的前途，揭發一件事不關己的問題。所以，他多次暗示李毓昌，此舉不智。但是李毓昌沒有領會李祥的暗示，依然我行我素，一心要揭發山陽冒賑事件。

李祥在李毓昌那裡沒成功，轉而想起了自己的一個朋友。之前，我們說過長隨是一個相對成熟的行業，許多規矩口耳相傳，許多消息互通有無。長隨們免不了認識很多同行朋友，形成了長隨的圈子。李祥就有一個圈中朋友，叫作包祥，當時正在給山陽知縣王伸漢當長隨。李祥就去找包祥商量怎麼辦。

兩個長隨一商量，商量出了事情來。到底是什麼事情呢？

李祥的本意，是希望包祥出個主意，更深一層的意思，是希望包祥能和主人王伸漢打個招呼，讓王伸漢在李毓昌揭發之前，盡量把這件事情壓下來。但是，包祥知道後，意識到事情非常嚴重，如果不及時阻止李毓昌揭發真相，自己的主人王伸漢就可能罷官入獄，自己的利益也會大大受損。於是，包祥匆匆告別李祥，趕緊向王伸漢匯報。主僕二人一致認為，要及時「處理」李毓昌，想盡一切辦法不能讓他揭發。

王伸漢想到的第一個辦法，就是賄賂李毓昌。他透過包祥，先拉攏了李毓昌的三個長隨。他向李祥等三個人，許以重賞，要他們向李毓昌轉達，希望能用銀子交換調查報告。王伸漢放出話來，他願意把貪汙的救災銀子和李毓昌「五五分成」。李祥、顧祥、馬連升三個人非常配合，就替王伸漢去說服主人李毓昌。李毓昌聽了三個長隨轉達的意思，沉默了一會，然後對李祥等人說：「今年，我在參加殿試的時候，皇上給我們

出的考試題目是〈德本錢末〉。我怎麼能辜負皇上，做出貪汙納賄的事情呢？」他斷然拒絕和王伸漢同流合汙。李祥三個人碰了一鼻子灰。

一計不成，王伸漢又想出一個辦法：謀取李毓昌的調查報告。他又透過包祥，買通李祥他們，讓他們去謀竊李毓昌的調查名冊。想不到，李毓昌把辛苦得來的調查報告隨身攜帶，即便是睡覺，也帶在身邊。李祥等人根本沒有機會下手。這第二個方法也行不通。

王伸漢無計可施了，只好去找淮安知府王轂商量，請求王轂代為疏通，向李毓昌求情。這個王轂，其實也不乾淨。救災的銀子雖然是王伸漢貪汙的，但是王伸漢拿出了很大一部分贓銀，上下打點。其中王轂就拿了王伸漢兩千兩銀子。所以，在阻止李毓昌揭發真相這件事情上，王轂和王伸漢是同一個戰壕裡的戰友。他很願意幫王伸漢這個忙，邀請李毓昌到知府衙門來。但是，李毓昌在調查中，隱隱約約發現了王轂和王伸漢貪汙有莫大的關係。他知道王轂在這個時候找自己，肯定是替王伸漢求情。所以，李毓昌婉拒了王轂的邀請。

就這樣，王伸漢能夠想到的辦法，全部行不通了，他更加害怕了。他害怕李毓昌隨時可能把揭發報告上報，自己就要鋃鐺下獄了；他不僅害怕，簡直是恨透了李毓昌。既然李毓昌一心一意要自己的命，王伸漢決定也不給李毓昌好看，殺機湧上了王伸漢的心頭。他和包祥，主僕二人湊在一起商量後，一條毒計形成了。

包祥給了李祥、顧祥、馬連升三個人一大筆銀子，和他們密謀毒殺李毓昌。嘉慶十三年（西元一八零八年）十一月初六，也就是案發的當天夜裡，王伸漢出面宴請前來查賑的所有官員。李毓昌赴宴後，被王伸漢灌醉。

回到住處後，到了深夜，李毓昌感覺嘴裡又苦又渴，非常難受，就醒了過來。他喊了一聲：「來人啊，拿醒酒湯來！」很快，李祥就端著

一碗湯，進了房間，扶著李毓昌，伺候他喝下去。喝完湯，李毓昌又迷迷糊糊睡了起來。沒一會兒，李毓昌的肚子翻江倒海一般，劇烈疼痛起來，痛得他根本睡不著了，痛得他在床上左右翻滾，大聲呼叫。

在劇烈疼痛、意識模糊之間，李毓昌看到李祥等長隨聞聲而來，都跑到床前來圍觀，你看我，我看你，什麼都不做。突然，跟過來看情況的包祥，從李祥的身後跳出來，用雙手從脖子後面掐住了李毓昌的脖子。這時，李毓昌用盡力氣，瞪目斥問他們：「你們要做什麼？」一旁的李祥非但沒有制止，還冷笑著說：「僕等不能事君矣。」李毓昌知道大事不好，可惜很快就失去了意識，昏死過去。李祥唯恐李毓昌不死，和包祥一道，一人抱住李毓昌一條手臂，而馬連升解下自己的腰帶，把李毓昌吊在房梁上。殺死李毓昌後，幾個人又偽造了上吊自殺的現場。

初七一大早，李祥、顧祥和馬連升，跑到山陽縣衙報案，聲稱主人李毓昌在夜間自縊身亡了。接到報案後，王伸漢趕往善緣庵查勘。他到了案發現場，趕緊命令隨從先搜尋李毓昌的文稿，把搜出來的紙稿都一把火銷毀了。然後，王伸漢再草草看了現場，就下結論說：「可憐啊，李大人自縊身亡了。」說完，他又下令一行人把臥室清理乾淨，然後派人將案情報知了淮安知府王轂。

淮安知府王轂很快也帶人趕到了案發現場。淮安府的仵作李標看到李毓昌面色青紫、口鼻出血，很明顯是中毒的症狀。李標就如實報導：「屍口有血。」想不到，王轂聽到後，勃然大怒，下令：「來呀，把李標推出去，杖責二十！」差役們把李標推到外面，噼裡啪啦打了二十大板，再把他架了回來。王轂對他大聲喝道：「你再給我好好查驗！」這一回，李標學乖了，在「屍格」上填寫李毓昌上吊自殺。

綜上所述，李毓昌案可以簡化為，李祥等人本來想用加入砒霜的醒酒湯毒殺李毓昌。想不到毒性發作得太快，李毓昌大聲呼喊。在場的包

李毓呂遇害案：查賑官員之死

祥臨時起意，就和李祥、馬連升一起，把李毓昌掐暈後，吊死在了房梁上，並偽造了上吊自盡的假象。之後，在王伸漢、王轂兩級官員的配合下，李毓昌之死被當作「自縊身亡」逐級上報。

李毓昌案其實有兩層，第一層是王伸漢貪汙救災款，第二層是王伸漢指使他人殺害李毓昌。不論哪一層，王伸漢都是罪魁禍首。他的罪過最大，被押解到刑部大牢後，態度也最蠻橫。王伸漢一開始拒絕認罪。經過刑部連日熬訊，還是拒絕交代。也許，王伸漢還在幻想，只要自己不認罪、不招供，就不能判處他死刑。但是，刑部對付他這樣的人，自有一套辦法。

審訊官員就實行「車輪戰」，輪番審訊王伸漢，不讓他休息，讓他一直跪著接受審訊。王伸漢畢竟五十多歲了，怎麼可能熬得住？有一天，王伸漢跪了好多天，身體實在吃不消了，就向審訊官員討水喝。審訊官員命差役遞給他一杯茶。不知道為什麼，王伸漢接過茶杯後，並不喝。他看著杯子裡的茶水，看了很長時間都不喝。也許，他想到了當日自己授意在水中下砒霜，毒殺李毓昌的情形。從此以後，王伸漢的心理防線崩潰了，如實招供了自己貪汙、行賄和殺人的罪行。

淮安知府王轂倒沒有像王伸漢那樣拒絕招供。他宦海沉浮多年，知道此案已經通天，自己絕不會有什麼好下場。於是，他決心自殺。先前，王轂隨身攜帶了一面玻璃小鏡子進入大牢。在刑部審訊的間隙，他把鏡子砸碎後，用碎片劃傷腹部，腹部流血不止，但沒有生命危險。王轂又劃破了頸部的血脈，一心求死。好在獄卒及時發現，把他救治了過來。此後，王轂整個人都垮了，把自己貪汙、受賄，幫助王伸漢遮蓋殺人真相的罪行交代得清清楚楚。

李毓昌案至此大白於天下。嘉慶皇帝接到刑部報告後，第一感覺是：「江南竟有此奇案，可見吏治敗壞已極。」接著，嘉慶皇帝痛罵江蘇各級

官員：「督撫大員，毫無覺察。朕知人不明，誤用汝輩，誠朕之咎，不知汝等尚有何顏上事天子，下對萬民？地方偶遇偏災……不肖州縣多有捏開侵冒，私肥己橐。其查賑委員貪圖分潤者，即與之通同作弊，是直向垂斃之飢民，奪其口食。已屬毫無人心。不意山陽縣查辦賑務，因委員秉持公正，不肯扶同，畏其稟揭，竟至謀命滅口，實為從來未有之事！」

一場狂風暴雨般反腐敗的問責運動，即將在江蘇省展開。

四、反腐敗運動第一槍

嘉慶皇帝決心把此案當作自己反腐敗運動的範例。他首先頒發聖旨，命令兩江總督鐵保、江蘇巡撫汪日章自行議罪，就是自己為自己定罪。同時，命令摘去汪日章的頂戴。一場規模空前的大追責、大查辦，即將在江蘇省展開。

恰巧在這個時候，兩江總督鐵保自投羅網。鐵保原來和李毓昌案關係不大，卻因為沒有認清局勢，成為了遭到嚴厲懲處的第一人。

當時，涉案人犯已經在北京認罪了。鐵保並不清楚刑部審訊的進度，還糊里糊塗地上奏說：「此事尚毫無端倪，容再加體訪具奏。」他還提出了幾個疑問，表達了自己對李毓昌案的懷疑。首先，鐵保指出李毓昌的遺孀林氏說丈夫託夢給自己，認為這是鋪敘鬼神之詞，把它作為破案的來歷，鐵保覺得很不嚴肅。其次，鐵保在江蘇也展開了所謂的調查，但是他把調查的重點放在李毓昌當天夜裡在王伸漢那裡赴宴，認為王伸漢家的廚師有重大嫌疑。

鐵保是兩朝元老，封疆大吏，資歷很深。他本來與李毓昌案並沒有太大的關係，只是需要對李毓昌的死承擔領導責任。但是他的奏摺，明顯袒護江蘇當地官員，而且對案件的偵破不著邊際、抓不住重點，這暴

李毓呂遇害案：查賑官員之死

露出他平時工作漫不經心，作風懶散。鐵保在不恰當的時候遞上了一份不恰當的奏摺，激怒了嘉慶皇帝。嘉慶已經覺得李毓昌案折射出江南吏治敗壞至極，現在看到鐵保的奏摺，第一感覺是：「有這樣的糊塗總督，難怪江南腐敗成風！」

於是，嘉慶決定拿鐵保開刀，殺一儆百。嘉慶頒布了一道聖旨，毫不客氣地批評鐵保「糊塗至極」：「自補放該職以來，不能詳慎精勤而怠情玩忽，辦河工則河工日見頹壞，講吏治則吏治日見廢弛，且聽任所屬之職員藐視法紀，貪戾殘忍，己卻醉生夢死，實不勝封疆重任，著令革職，發往烏魯木齊效力贖罪。」鐵保就這麼不光彩地退出了政治舞臺。

鐵保的命運，決定了李毓昌案不會草率結案。嘉慶皇帝緊接著就處置了江蘇省的其他官員。嘉慶斥責江蘇巡撫汪日章：「身為巡撫，所屬有此等巨案卻全無察覺，如同聾聵，尚不至如鐵保之固執謬見，但已屬年老無能，著令革職回籍。」

江寧布政使楊護負責救災辦賑，不但查不出王伸漢冒領賑銀，就連查賑官員被害也渾然不覺，罪責比巡撫他們要重得多，「本應革職，但姑念其平日尚屬實心，著令降留河工效力」。楊護受到了革職、降級的處分，被發配到河工系統戴罪立功。

江寧按察使胡克家對現任官員暴斃的重案，沒有詳細覆核查驗就草草結案，實屬瀆職，「著令革職，留河工效力以觀後效」。

此案最終查明王伸漢侵吞了賑銀二點三萬兩。王伸漢拿出其中的一萬兩銀子來上下打點。嘉慶下令查抄王伸漢的家產。他的家產不足貪汙數額部分，均由鐵保、汪日章、楊護、胡克家四人「攤賠」。清朝官員對自己造成的財政虧空，要自己拿錢補上缺口，這叫作賠補。對於沒有辦法確認財政缺口的，由相關官員分攤賠補，這叫作攤賠。

下一個被查辦的官員是淮揚道道臺葉觀潮。葉觀潮對山陽縣虛報戶

口、侵吞賑銀、殺人滅口之事前前後後都一無所知，對轄區內的重大失察事件難辭其咎。也許是因為清朝的道是一個比較虛的行政區劃，嘉慶皇帝對葉觀潮的處分並不太嚴厲，只是給予革職留任的處分。

淮安知府王轂對李毓昌案參與很深。之前，他收受王伸漢的賄賂；王伸漢殺害李毓昌後，他又收受王伸漢賄銀兩千兩，對王伸漢的一系列罪行不管不問，情節嚴重。刑部一開始是依照「盜倉庫錢糧一千兩以上」的律例，擬判王轂「斬監候」，也就是斬首、緩期執行。嘉慶接到判決後，非常不滿。清朝可緩刑的死期判決需要經過秋審環節。在秋審的時候再決定是歸入「情實」立即執行呢，還是繼續歸入其他情況，不是釋放就是繼續羈押。總之，可緩刑的死期判決大多數都死不了。嘉慶皇帝對王轂的判決批覆道：「何必稽延時日，著改為『絞立決』，即派刑部侍郎秦瀛監視行刑。」嘉慶覺得王轂的死刑就不要等到秋審了，他遲早會判王轂死刑的。所以，何必拖延時間呢，嘉慶命令刑部直接派官員把王轂押去執行死刑了。

李毓昌案起源於查賑。此次蘇北水災，江蘇省一共委派了同知林永升、候補知縣李毓昌、府知事余清揚、州同龔國煊、謝為林、教諭章家磷、縣丞張為棟、訓導言廷璜、典史呂時雨及從九品官員溫南峰、黃由賢等十一人查賑。其中，林永升是負責人，名為總查。

在除了李毓昌外的十名調查官員中，總查林永升，受賄一千兩，按「盜倉庫錢糧一千兩」律例，判以革職、杖一百、流放四千里。嘉慶皇帝也覺得太輕了，下令改為革職、杖一百、發往烏魯木齊效力贖罪。典史呂時雨，受賄九百兩；從九品溫南峰，受賄七百五十兩，都按「盜倉庫錢糧六百六十兩」律例，判以革職、杖一百、流放三千五百里。訓導言廷璜、縣丞張為棟，各受賄三百兩，府知事余清揚受賄兩百兩，按「盜倉庫錢糧一百兩以上至三百三十兩」律例，將他們判以革職、杖一百、

流放二千里。以上九人都附加抄沒家產。

　　教諭章家磷和李毓昌一樣，沒有同流合汙，沒有接受賄賂。他個人潔身自好，在查賑過程中認真辦事。在調查過程中沒有發現章家磷的罪行。嘉慶皇帝得到報告後，總算是得到了一點安慰。嘉慶皇帝認為他「吏風堪為可嘉」，命令吏部立刻安排引見，並宣布提拔為即用知縣。

　　王伸漢的長隨包祥，是陷害李毓昌的罪魁禍首之一，而且以下犯上，最終釀成巨案，按照「謀殺加功」律例，判以刑挾一次，再行斬首。李毓昌的長隨李祥、顧祥、馬連升，謀害主子，屬於窮凶殘極，按照「僱工人謀殺家長、照子孫謀殺祖父母者，皆凌遲處死」律例，將顧祥、馬連升各重責四十板再行凌遲處死。而李祥又是謀害主子的元凶，必須從重懲處。嘉慶命令刑部派一名司官，把李祥押赴山東即墨，在李毓昌墓前刑挾一次，再凌遲處死，摘心致祭。

　　原本檢驗李毓昌屍體的仵作李標，在王轂的壓力下，故意檢驗不實，被判以杖一百，流放三千里。李標年已古稀，本可寬恕，還是不准拿錢贖罪。此外，案子查辦過程中還發現林永升的家人薛元，收受了王伸漢的賄銀一百兩，判處杖六十，徒刑一年。

　　王伸漢是此案的主犯。嘉慶皇帝說，王伸漢貪汙兩萬多兩救災款，已經法無可恕，又謀殺李毓昌，「貪瀆殘忍，莫此為甚」，著立即斬首。貪汙款項，除查沒家產外，還勒令王家的親屬賠償。嘉慶皇帝還不解氣，要株連王伸漢的兒子。王伸漢有四個兒子，大兒子才十二歲，最小的兒子剛出生不久。嘉慶皇帝命令將王伸漢的幾個兒子先關押起來，等成年後仍舊發配新疆。王伸漢的兩個兒子，後來便死在流放地。而他的遺孀日後孤苦無依，還要繳納罰金。王家可謂家破人亡，還日日遭到官府的追繳。

　　嘉慶皇帝處置有罪人員，應該說是既嚴厲又到位。他沒有把處罰局

限在一個小範圍內，而是充分追究「連帶責任」，處理了一大批人。「連帶責任」是清朝行政法的一大特徵。簡單地說，官員要為自己的行為負間接的責任。比如，某個官員被查明貪汙腐敗，那麼保舉他、委任他的上司，也要受到處罰。誰讓你用人不當呢？還有一種情況是，官員的親屬也要負連帶責任。比如，某個貪官貪汙了巨款，但是查抄他府邸的時候，發現的財產抵不上他貪汙的數額。那麼，這個貪官的親屬，有責任賠償不足的數額。立法者假定親屬都沾了貪官的光，獲了利。連帶責任的立法本意，是讓官員謹言慎行，約束親屬和身邊的人。

對於案子的受害者，清正廉潔的李毓昌，嘉慶也不吝獎勵。嘉慶皇帝下旨追贈李毓昌為知府銜，按照知府例賜恤；按四品官例給予全葬銀兩百兩，一次致祭銀十二兩，並把李毓昌的事跡宣付史臣，列入《循吏傳》。現在我們能在《清史稿》中看到李毓昌的傳記，就拜此所賜。嘉慶賞為李毓昌申冤的李泰清為武舉人。李毓昌死時沒有子嗣，嘉慶恩准將其侄李希佐入繼為嗣，並加恩賞給舉人功名。山東地方府、道官員捐資一千兩，作為李毓昌遺孀林氏和嗣子李希佐日後的生活所需。

如果說以上這些尚在預料之中，那麼嘉慶皇帝接下來的舉動，充分說明了他是怎麼把李毓昌樹立為典範的。嘉慶親自為李毓昌創作了《憫忠詩》五排三十韻，並捐資一千餘兩，命令地方官員在李毓昌墓前修建憫忠詩碑樓，作為褒獎。嘉慶皇帝讓叔父、成親王抄寫自己的詩句，鐫刻在石碑上。能夠死後得到皇帝親自嘉獎的官員並不多，至於知縣級別的七品官更是少之又少，李毓昌卻因為清正廉潔得到了皇帝的親自嘉獎。李毓昌所受的恩遇，可謂是「曠古未有的恩典」。

《憫忠詩》透露出了嘉慶皇帝的吏治思想。嘉慶寫道：「君以民為本，宅中撫萬方。分勞資守牧，佐治倚賢良。」嘉慶皇帝承認老百姓的重要性，但他對老百姓的姿態還是居高臨下的，認為百姓是要治理撫卹

的。因為皇帝個人精力有限，所以不得不任用官員治理百姓。而治理的成效，依賴於官員是否「賢良」。嘉慶皇帝看到當時「國恩未周遍，吏習益荒唐。見利即昏智，圖財豈顧殃」，他承認當時吏治腐敗，官員們見利忘義，圖財枉法，思想觀念、工作作風都是有問題的。嘉慶的對策是：「癉惡法應飭，旌賢善表彰。除殘警邪慝，示準作臣綱。」一方面是嚴厲懲處腐敗行為和腐敗分子，警醒官吏；另一方面是表彰清廉守法的典範，向天下推廣，作為「臣綱」的示範。李毓昌，就是這麼一個被嘉慶皇帝看中的廉吏，被推出來作為全國官員的表率。

嘉慶皇帝對李毓昌案的處理，體現出了他的吏治思想，也暴露了其中的不足。嘉慶承認當時的吏治腐敗是嚴重的政治問題，關係重大。他反覆強調，無奈始終不能扭轉官場腐敗的惡習。他說：「朕雖再三告誡，舌弊唇焦，奈諸臣未能領會，悠忽為政。」嘉慶把腐敗的原因歸結為官員不能領會自己的意思，是官員群體出現了問題。

在這裡，嘉慶帝無法超越君主專制政治的局限，拿不出任何行之有效的反腐敗辦法。他沒有意識到，當時的官吏腐敗是普遍存在的系統性問題。比如，李毓昌案的背景是清朝官場由來已久的救災冒賑、上下欺瞞的老問題。同一時期，直隸天津一帶受災，朝廷下發救災銀，寶坻知縣單幅昌、東路同知歸恩燕、定興知縣顧淮，侵吞救災銀。其中，寶坻縣的救災銀下發了四萬多兩，單幅昌就侵吞了兩萬多兩，超過了一半，可謂罪大惡極。冒賑是一個頻發的事件。

但是，嘉慶更多的是查辦李毓昌案中殺人的部分案情，對於救災事務的整頓，只是籠統地重申「國家辦賑章程，良法具在」，今後辦理賑務「如前一律辦理」。他的基本思路是，清朝的規章制度是沒有問題的，只要官吏們能夠嚴格遵守，盡心盡力做好就能杜絕腐敗。為此，嘉慶帝「筆隨淚灑」地通諭官員：「諸臣若願為大清國之忠良，則當赤心為國，

竭力盡心……若自甘卑鄙，則當掛冠致仕，了此一身，切勿屍祿保位，益增朕罪。」我不懷疑嘉慶皇帝寫作上述話語時，真誠懇切的心理。但是，他不知道，官員們再有道德、作風再清正廉潔，如果沒有一套好的規章制度來保障、鼓勵和推動清正廉潔的官員們，怎麼能指望他們長期保持高尚的境界和清廉的作風呢？這就好像是一臺電腦，官員就好比是電腦的硬體，而制度就是電腦的軟體。一臺電腦只有好的硬體，卻沒有先進的軟體，這臺電腦終究免不了淘汰落後的命運。清朝的吏治腐敗，並沒有因為嘉慶皇帝的嚴厲和苦口婆心的勸導而有所好轉。相反，清朝政治越來越腐敗，直到把清朝拖入王朝顛覆的深淵。

京控自戕案：重壓下的司法失控

京控自戕案：重壓下的司法失控

一、尋常 凶案不尋常

嘉慶二十五年（西元一八二零年）九月底的北京城，已經是深秋時節。寒風吹起，金黃的樹葉紛紛飄落，氣溫又降低到了考驗人們毅力的程度。九月二十四日清晨，刑部的看門差役，睡眼惺忪，縮著脖子，慢慢推開了刑部大門。開門後，差役們猛然發現門前躺著一個人。難道又有無家可歸的乞丐在門口過夜，或者又是哪個該死的醉鬼，昨天醉臥在刑部門口？有一個差役走上前去，抬腳就要踢人。腿抬到一半，差役整個人都僵在了那裡。地上那分明是一具屍體，面容慘白、身體僵硬，頸旁有一攤赤紅的凝固血跡，血中有一把匕首。最刺眼的是屍體手裡攥著一個訴狀，狀子封面上有一個大大的「冤」字！

差役們知道遇到大事了，趕緊保護現場，同時稟告本部官員。經查，死者是安徽省寧國府涇縣的來京告狀百姓，名叫徐玉麟。徐玉麟透過在國家最高司法機關 —— 刑部的大門口刎頸自殺的極端形式，想達到鳴冤的目的。刑部將此事定性為「徐玉麟京控自戕事件」。

那麼，何為「京控」？京控是一種上訴形式。中國古代司法賦予原、被告充分的上訴權利，官司雙方對審判不滿，可以向更高的審級上訴，直至到北京告狀。到北京控訴申冤，就是「京控」。《清史稿·刑法志》定義老百姓「有冤抑赴都察院、通政司或步軍統領衙門呈訴者，名曰京控。」《清史稿》列明的京控機關有都察院、通政司、步軍統領衙門三處，在實踐中刑部、戶部、兵部、理藩院等衙門都可以接收京控案件。在理論上，老百姓向任何與案件相關的衙門遞交訴狀，該衙門都得接收。而京控的最高形式，就是直接闖紫禁城，或者攔截御駕告御狀，史稱「叩閽」。古代一般稱官門為「閽」，顧名思義，「叩閽」就是直接找上皇帝的家門去。

古代官民認為，一個人如果沒有天大的冤屈，是不會跋山涉水京控的。皇帝也希望借助京控，及時掌握民間疾苦、地方吏治。所以，上上下下都很看重京控。京控不僅是朝廷的法定司法管道，還獲得一些朝代的鼓勵。

很多京控者，為了強調自己的冤屈，常常採取一些非常手段。當街攔駕、書寫擴散檄文、說唱戲文宣揚冤屈、手舉訴狀長跪不起等，不一而足。而自殺鳴冤無疑是最極端的非常手段。訴訟雙方，所爭者無論是名還是利，都需要留著性命去享受。當其中一方用自殺的方式來發起訴訟，無疑是在宣布，自己告狀不為名也不為利，而是為了主張比性命更重要的事情。那可就是天大的冤屈了！所以，官民雙方天然地同情自盡的一方，傾向於認為他受到了委屈或迫害。

徐玉麟在國家最高司法機關衙門口刎頸自盡，刑部立刻承受了巨大的壓力。它顯示刑部的司法工作出現了重大紕漏，釀成了天下奇冤，導致了人間慘劇。刑部堂官不敢絲毫怠慢，隨即奏報當時剛剛即位的道光皇帝。

可以想見，一場自上而下、雷厲風行的重審大幕即將拉開。那麼，到底是什麼樣的冤屈，迫使徐玉麟自殺鳴冤呢？徐玉麟要用性命爭取的，又是什麼呢？

事情的緣由，得從四年以前的皖南山區說起。嘉慶二十一年（西元一八一六年）三月初一，安徽涇縣銅山村百姓徐道生趕到縣衙門報案，稱其父徐飛隴在本村八門口受傷身死。時任涇縣知縣名叫清寧，鑲黃旗人，舉人出身。因為要避道光皇帝曼寧的名諱，公文中有寫作「清善」的，也有寫成「清凝」的。我們採取《清實錄》的寫法，統一記作「清凝」。

傳統中國社會治安良好，很少出現人命案等惡性刑事案件。惡性刑事案件的爆發，顯示當地治安惡劣、民風刁蠻，社會矛盾透過暴戾的形式表現出來，更顯示父母官教化百姓失當，有失職守。一旦發生了人命

京控自戕案：重壓下的司法失控

案件，往往十里八鄉傳為號外新聞，上司衙門也嚴令催辦。朝廷對命案的稽查審理有嚴格的規定，比如正印官必須親自審訊、必須要有詳細的屍檢、判案必須有周全的口供人證物證、判決必須與律條嚴密相吻等。每一步都有明確而緊迫的時間限制，人命案要在六個月內審結，其中案發地的州縣官府要在三個月內查清案情、抓住犯人、審訊完畢並押解上司。如果是情節特別嚴重的人命案，六個月的期限就被縮短為四個月，州縣官府必須在兩個月內完成偵破、審訊工作。

清凝接到報案後，不敢馬虎，一步步遵照朝廷制度進行。他於三月初三日就帶著幕僚、書吏和差役們，趕往案發的銅山村。

銅山村地處偏僻，離縣城較遠，清凝一行人等趕到村子的時候已經是下午時分。清凝環顧四周，只見銅山村群山環繞，繁茂的林木包圍著一塊小盆地，百姓賴以為生的梯田就散落在丘陵溝壑之間，典型的「八山一水一分田」。附近的村民，主要是徐、章兩個大家族。報案出事的就是徐家的徐飛隴。

徐家人早就恭候知縣大人駕到。根據他們的說法，九月初一清晨，徐家人發現徐飛隴陳屍距離村子大約五里的八門口一處河溝之中。八門口連接銅山村和縣城，是村民進出的必經之路，有山泉在此處匯聚成河流，逐漸壯大。河流旁有村民李象建造並經營的一處水碓房，為鄰近村民舂米。徐家人曾在徐飛隴屍體現場的周邊搜尋，發現李象的水碓房門外及河溝邊均有血跡。他們就懷疑李象有殺人嫌疑，徐飛隴的族侄徐長發隨即把李象扭拿並看守起來。李象的水碓房獨處河邊，並無近鄰。但是，徐家人在前期的取證過程中，找到了一個當日凌晨在附近經過的村民，名叫呂斌。徐家人也把呂斌看管了起來，等待知縣大人審理。

清凝不顧趕路勞累，連夜提審了嫌疑人。李象矢口否認殺人，自供對徐飛隴之死一無所知。李象說，水碓房門口的血跡，不能證明自己殺

人。清凝質問他，當晚在做什麼，對於發生在家門口的 凶案，是否聽到什麼動靜。李象不能正面回答，眼神迷離，含糊其辭。清凝接著提審呂斌。呂斌一口咬定，自己凌晨急著趕路，且夜色灰暗，並沒有看到任何可疑之處。清凝難以判斷李象清白與否，決定帶回縣衙再審。最初的夜審就這麼結束了。

初四日一早，清凝開始驗屍。涇縣仵作洪椿，檢驗徐飛隴屍體後，報告說共發現十三處傷口，其中左腳踝處有骨損現象，餘下都是輕傷。害死徐飛隴的致命傷在腰眼穴處，洪椿檢驗認為是由石塊墊傷，導致徐飛隴命門處筋脈斷裂而死。清凝聽完洪椿的匯報，親自驗看了屍體，看到死者傷處均在下部，親筆填寫了「受傷追賊，戳落塅下，跌斷命門細筋而死」的驗屍單。因為難以究得實情，清凝吩咐徐家人將屍體領回，押上李象回城再審。

徐飛隴案至此，清凝手中最大的線索就是嫌疑人李象了。強大的破案壓力，促使清凝迫切地想從李象身上找到突破口。當時沒有監控拍攝、採集指紋、分析血跡等技術手段，更沒有「無罪推定」等觀念，清凝能做的就剩下一件事了：審訊嫌疑人！他假定李象不是殺人 凶手，就是重要證人，必須吐露實情。而他達成目的的方法，既簡單又粗暴，就是一個：用刑！

適度用刑，可以震懾犯罪，也可以逼供，是必要的，也是朝廷律法所允許的。但是，朝廷律法嚴禁濫用刑罰。在實踐中，基層官員除了刑罰之外，往往沒有其他手段。嫌疑人不招供，法官反認為他刁蠻頑抗，加倍施用嚴刑酷法。清凝的初審，主要就是刑訊李象。

李象在拷打之下，繼續矢口否認殺人。不過，他倒不是那種一味死扛，什麼都不說的嫌犯，相反他絮絮叨叨地「招供」了許多。他供出了一條重要線索：銅山村章姓與徐姓不睦，章家人曾揚言要打徐家人。於

是，審訊的矛頭從李象轉向了章家人。而李象十四歲的兒子李筍，更是在堂審時，供認親眼看到當晚有八個人圍毆徐飛隴，其中四個是章姓族人。清凝如獲至寶，認為自己撕開了案情的內幕。

那麼，章徐兩家到底有什麼宿怨，使得章家人背上了凶殺案的嫌疑呢？

家族恩怨為什麼會在當地的凶殺案中扮演重要角色呢？這得從當時皖南地區的社會狀況說起。

涇縣地處皖南山區，是中國東南丘陵中一個典型地區。地貌以山地為主，耕地很少；而自然條件優厚，適合人類繁衍，這就造成了該地人多地少，生存競爭激烈的狀況。清朝中期開始，中國人口開始爆炸性的成長，進一步加劇了皖南地區的人地矛盾。土地的價格日益攀升，人際矛盾逐漸增多。而商品經濟的發展，打破了「雞犬之聲相聞，老死不相往來」的小農田園模式，人和其他資源的流動活躍起來，這無疑增加了人際矛盾和社會衝突的複雜性。

在朝廷和官紳眼中，此時的皖南山區就是「人心不古」、「民風彪悍」，對百姓的「興訴」、「健訟」頭痛不已。乾隆時的《涇縣誌》記載：「涇民剛滿而競，往往鷸蚌結於睚眥，聽斷所及，訟牒麇集，甚至濟北之樹、汝南之水，累年浹歲，剌剌不休，蓋其風使然。」新舊矛盾刺激出來的老百姓衝突，主要集中在土地糾紛上：「每於造屋、造墳之時，或稱稅畝未清，或藉界址相連，或假售主分業，種種嫌隙，鼠牙雀角，在所不免。」各方爭奪的土地山林，因為涉及風水利弊和經濟利益，大家的態度都很堅決、很固執。凡是起爭執的田土，大多又是年代久遠，各種憑證紛紜。官府掌握的、作為徵收賦稅依據的魚鱗冊，基本上名不符實，不是人地脫離，界線模糊，就是業主交易頻繁、官府毫無透過，完全不能作為審判的依據。法定的依據沒用了，爭執各方提供的族譜家譜，交易契約乃至

民間傳說，則往往任意影射、詐偽百出，反而激化矛盾、助推衝突。地方官員遇到田土糾紛，頭疼不已，可又不得不硬著頭皮去判。

皖南社會的第二個特徵，更強化了矛盾，這就是宗族勢力的強大。東南丘陵地區的百姓通常聚族而居，同姓同宗者聚合成村，形成了宗族勢力。一座村子就只有兩三個大姓，或者乾脆就一個姓氏一座村莊。人們依賴宗族，不僅因為相互之間的血脈連繫，更因為宗族能提供現實利益。宗族集合個體的力量做大事，比如修建公益事業、贍養同族的鰥寡孤獨、資助宗族子弟讀書應試等等。每個人都要經歷生老病死，都有個人力量難以承受的事項，不得不借助宗族的力量。舉一個簡單的例子，普通人家根本沒有力量建立家塾，教育子弟，宗族可以出面募錢，修建宗塾、聘請塾師，給每個適齡兒童讀書的機會。除了「造福」，宗族力量還能庇護個體，保護個體「避禍」。比如個人身陷訴訟官司、遭遇欺凌壓迫時，宗族挺身而出，出錢、出人、出力幫助子弟去應訴、去反抗欺壓。宗族子弟不是獨身一人與災禍困難對抗，他的身後有整個宗族，有強大的集體力量。所以，個人非常樂意與宗族捆綁在一起，這又反過來強化了宗族的勢力。

子弟蒙難，正是宗族展現力量的機會。他們不遺餘力地為自家人搖旗吶喊，提供各種資助和便利。宗族講究一致對外，同仇敵愾，守望相助。誰家表現得越團結，氣勢越旺盛，彷彿他家的力量就越強大，在當地的聲望就越高！宗族之間逐漸形成了攀比的風氣，競相為子弟出頭。踴躍表現是首要的，事情的是非曲直反而是次要的。徐飛隴 凶案發生後，銅山村的徐家人就充分發動了起來，把他的事情當作自己的事，出人出力報官打官司。從此案的發展來看，推動興訟的不是徐飛隴的兒子，而是整個徐家。

徐家不斷興訟的一大潛意識，或者說支撐他們堅持的一大理由是，

他們懷疑徐飛隴是宿敵章家人所害，而徐家可以借此案沉重打擊章家。

話說徐家和章家都是銅山村一帶的大姓。銅山村高坪坑至牛背石的山場，章徐兩家人在其中各有置業。隨著兩大宗族人丁茂盛，產業犬牙交錯。而兩姓子侄支派眾多，互相間頻繁買賣，造成彼此產業更加繁雜、界線模糊。按律，百姓買賣田地要到官府登記，但幾乎沒有人費這個麻煩，造成官府並不掌握轄區土地的產權情況。事實上，老百姓也不太看重買賣契約，更看重宗族的態度。宗族往往以族譜、族規，甚至口耳相傳的傳聞為憑。法律與習俗的脫節，官府與宗族的博弈，在徐章兩家的糾紛中，暴露無遺。早在乾隆十年，兩家人就因為爭奪滑石坑、牛背石等山場的產權打官司，後經鄰近宗族的調解才勉強平息爭鬥，但問題沒有根本解決。兩家人在接下來的七十多年的漫長歲月裡，摩擦不斷，明爭暗鬥。徐章子弟見面，冷言冷語乃至拳腳相加。嘉慶十九年（西元一八一四年），涇縣發生災荒，徐姓族人在山裡挖蕨根，傷及樹木，遭到章姓族人喝止。雙方都宣稱所處山地是自己的，兩家人因此爆發互毆事件，再次興訟。告到縣衙，時任知縣把糾紛山地判歸章姓所有。徐姓不肯服輸，兩姓的矛盾迅速加深，鬧得涇縣十里八鄉傳聞不斷。

徐飛隴一死，徐姓宗族自然就懷疑章家有殺人嫌疑。而嫌疑人李象的兒子李筍供稱看到章家人當晚毆打徐飛隴，徐家人自然是深信不疑。

二、漫漫京控路

知縣清凝得到李筍的供述，如獲至寶，馬上提審李象。清凝質問李象，是否在案發當夜看到章姓族人圍毆徐飛隴。李象當然知道徐章兩家的夙怨，聽到這麼問話，明白知縣懷疑徐飛隴之死與家族恩怨有關。他順著清凝的意思，點頭回答看到了。

　　清凝進一步逼問，究竟是何人、在何處、又是如何毆打徐飛隴？這可把李象問住了。他支支吾吾，含糊其詞，一會說看到五六個壯漢，一會又說只有兩三個人，一會說是在水碓房門口圍毆，一會又說是從田地一直扭打到河溝，不僅自身說法前後矛盾，更是和其子李筍的供述不符。

　　清凝判斷李象是在「扶同混供」，不可信，生氣之餘下令嚴刑拷打。一用刑，李象的話匣子更是打開了。他供稱：「當晚，小人確實聽到外面有吵鬧聲，剛探出門去，便撞見了死者的族侄徐長發。徐長發威脅我，讓我『勿管閒事』！小人害怕，就縮了回去，其餘情形確實不知。」李象的供述，又將嫌疑對象從章姓引向了徐姓。

　　清凝難辨真偽，便傳訊了徐長發和章姓族人。章家出面的是一個名叫章立托的人。清凝讓徐長發、章立托和李象三人對質，徐章二人都否認與徐飛隴之死有關，更沒有在案發時見過李象。清凝更加覺得李象的供訴不可確信，既不能證明李象的嫌疑，也沒有證據指向其他嫌疑人。清凝並不是一個惡人，不想為了完成破案任務而冤枉任何人。他推斷發現徐飛隴屍體的地方，極有可能並不是殺人的第一現場。徐飛隴很可能是在其他地方遇害，死後移屍。在移屍過程中，水碓房的門口等處沾染了血跡。至於徐飛隴真正的遇害地點和原因，清凝毫無頭緒。所以，清凝把李象等所有嫌疑人、證人都釋放，並行文寧國府，匯報案情並請另緝真凶。

　　官員的行文是一件大有講究的事情。我們且不說錢糧賦稅、司法刑獄、文教宣化種種繁瑣事務，也不說咨函申詳、揭稟貼黃種種公文規矩，單單說一條：除了最基層的州縣衙門以外，上級的所有衙門都不直接面對百姓、直接處理事務，而是在一張張公文上進行批轉准駁。上級衙門是在「紙上辦公」。他們關注的不是如何公正合理、乾淨徹底地解決問題，而是看重公文是否符合規範，是否與各項規章制度相符。此外，

越往上，彙總的政務就越多，根本不可能事無鉅細地過問，下級要盡可能言簡意賅地把想表達的意思傳遞給上司。因此，下級遞上去的公文如何寫作，就是一門大學問了。

清凝在撰寫徐飛隴案最初的審判文書時，覺得沒有必要把李象東拉西扯的供訴都寫進去。他的行文，力求簡潔，突出主幹，於是省略了李象先供訴章家人圍毆爭毆徐飛隴、又聲稱遭到徐長發威脅恐嚇的情節，代之以李象指證嫌疑人先徐後章的敘述，最後寫道因為屬下能力有限，申請寧國府出面破案緝凶。

案發的涇縣對案件束手無策，上級寧國府同樣無能為力。但是，死者的宗族徐家人不幹了。不知怎麼的，徐家人知道了初審的過程。他們本來就懷疑宿敵章家害死了徐飛隴，如今抓住公文中李象指證章家圍毆徐飛隴的內容不放，更加堅信章家人是殺人凶手。更何況，李象兒子李筍供稱目睹了章家人等對徐飛隴的圍毆。徐家堅持要求官府判決章家殺人，給予嚴懲。在此後的歷次風波中，徐家緊咬住初審過程中的這一點不放，固執地確信章家就是真凶。

此案很快鬧到了安徽省。時任安徽巡撫胡克家下令將相關人等提到省會安慶覆審。期間出了一點問題：重要人證李象在初審釋放後，遠逃浙江。安徽省官府費了一點波折才把李象緝拿歸案。

安徽省組織了一個專案組，參審委員有鳳穎同知陳斌、候補知縣聶紹祖、懷寧知縣董梁等。其中的主導人物是列名第一、品級最高的陳斌。

陳斌當年虛歲六十，正好跨入花甲老人的行列。他出身浙江省湖州府德清縣農村，家境貧寒，世代為農，半耕半讀堅持學業，二十一歲考取秀才後在鄉間開設私塾謀生。陳斌當了二十年的私塾先生，如果不出意外，會成為鄉間的老學究，終老農村。嘉慶四年，陳斌終於考中進士，分發安徽省，先後擔任過青陽知縣、合肥知縣、鳳穎同知。鳳穎同

知全稱「鳳陽、潁州二府分防捕盜同知」，相當於知府的副手，正五品官，品級不高也不低，恰好在九品官的中間。陳斌有漫長的農村生活經歷，又歷任地方官，應該說非常熟悉基層社情人心。陳斌本人對這一點似乎也相當自信。

覆審伊始，徐家人便明確指認章家是真凶，強烈要求嚴懲章家。陳斌等人翻閱案卷，沒有任何證據可以證明章家殺人。徐家憑什麼就肯定章姓是凶手呢？他們不禁懷疑徐家的激烈姿態。專案組接著提審李象。陳斌發現，李象衣衫整潔，氣色紅潤，與一般涉案人犯明顯不同。一般人如果涉案，經年累月羈押在監牢裡，如果沒有殷實的家底，很快就變成衣衫襤褸、面黃肌瘦的憔悴模樣。李象顯然是有人在供應衣食，把他照顧得很好。可是，一個在鄉間舂米為生的村民，能有什麼錢呢？何況他還牽涉命案，案發後長期沒有工作了。所以，陳斌審訊時首先喝問李象：「何人為你供給衣食，從實招來！」

李象坦承是徐家人送錢送物給他，資助他來安慶覆審。陳斌又問：「徐家給了你多少盤費？」李象再次坦白說差不多有一百兩銀子。這筆錢可以在皖南購買數畝良田，或者十畝左右的山林，是一筆不小的金額。陳斌再次警覺起來：徐家為什麼要給李象這麼多錢呢？

結合之前徐家人對章姓凶手的固執，以及強烈要求懲罰章家的舉動，陳斌懷疑徐姓是因為宿怨要陷害章家，進而大膽「假設」徐家人殺害了徐飛隴，賴上章家。而行賄人證李象就是旁證。會有人為了報復宿敵，殺害自家人嗎？或者說，為了宗族整體的利益，犧牲個體的生命，值得嗎？

隨著個體與宗族關係的強化，兩者之間形成了明確的權利與義務關係。個體願意為宗族作出貢獻，為宗族的事業奔波勞累，堅信只有付出才能讓宗族勢力日益強盛，才能給自己提供更多的庇護。宗族發達了，個體

才能揚眉吐氣。而宗族也確實給自家人提供了許多便利，對奉獻大、付出多的成員提供隆重的表彰、額外的照顧。這種強烈的紐帶，結合村民狹隘的視野、偏執的個性，往往造成不問是非、糊塗愚昧的行為。比如，清朝後期東南沿海省份宗族之間械鬥頻發。老百姓持槍拿棍，勇於私鬥，場面血腥慘烈，經常鬧出人命來。宗族無不把死者牌位請人家族祠堂，享用全族的祭祀香火，死者的遺孀子女則受全族的供養。如此一來，宗族成員為家族而死，不僅沒有了後顧之憂，反而產生了榮譽感。不願意拿著刀槍械鬥的人，反倒是被看作是懦夫、自私自利、不顧大局。因此，一個人自願為宗族獻出生命，在嘉慶年間完全是可以理解的事情。

陳斌壯年及第，有漫長的農村生活經歷，當然了解個體與宗族的關係。他認為，不管徐飛隴是自願赴死，還是被族人所害，整個案件看起來很像徐姓用徐飛隴的死，來陷害章姓。想到這一層，陳斌可能還為自己通達人情、洞悉世故，心中暗暗自豪了一下。

專案組於是改變審訊方向，對原告徐姓家族及其證人嚴加追問，施以刑訊。審訊依然遇到了兩大難題：第一，徐姓族人經受住了刑訊拷打，堅絕不承認殺人嫁禍；第二，沒有旁證可以坐實徐姓宗族的罪行。既沒有口供義沒有實證，專案組沒法定案，陳斌等人也不敢貿然結案。徐飛隴案只好懸而未決。

案子拖著，安徽的官員很無奈，徐姓宗族很委屈很憤怒。他們看到在本省上訴難以定案，就想到了京控。上北京告狀，費時費力，需要相當的物質基礎支持。徐飛隴案的京控，從一開始就是徐姓的集體行為。鄉間大的宗族，都有族田族產，甚至經營產業，可以為集體行為提供財力支持。徐姓宗族就出錢資助徐飛隴案不斷上訴和京控。

案發兩年半以後，嘉慶二十三年十月，徐飛隴之子徐榮生開啟了第一次京控之路。

徐榮生把狀子告到了步軍統領衙門。步軍統領衙門，全稱「提督九門步軍巡捕五營統領衙門」，也簡稱「九門提督衙門」。它的本職是衛戍首都，維持京師治安，繼而衍生出緝捕、斷獄的功能，也能接收民人訴狀。按照程序，任何京控案子都要奏報皇帝。此案很快奉旨，發回安徽重審。此舉令人疑竇頓生：京控就是要把案子捅破天，讓皇上來直接審，如今把案子發回原審地重審，豈不是和京控的目的背道而馳？

朝廷深知小民千辛萬苦京控，不是身懷奇冤就是事關吏治，理應皇上御審。在古代早期，因為京控告御狀者少，所以皇帝尚能夠親審。隨著京控事件越來越多，皇帝沒有時間和精力一一親自審理。清朝就根據案件的嚴重程度，分別對待。主要採取三種處理方法：

針對案情特別重大，或者涉及機密敏感內容的京控案件，皇帝下令把所有卷宗、相關人犯全部押解到北京，指定朝廷重臣或者刑部、大理寺等最高司法機關重新審理。這種方法叫作「提審」，就在皇帝的眼皮子底下進行，便於皇帝隨時過問、指示。我們熟悉的清朝末年楊乃武小白菜案，就是典範的京控提審案件。對於案情重大，但不涉及大局的京控案件，皇帝挑選朝廷大員，一般是最高司法機關的高官前往案發地重審。這就等於是指派欽差大臣專門重審京控案，稱為「派審」。「提審」和「派審」這兩種形式，都要占用朝廷額外的人力、物力，耗費皇帝的精力。清朝中期以後，人口爆炸、社會發展，衝突與訴訟紛至沓來，京控案件隨之上升。朝廷根本沒有時間和精力逐一提審。即便是派審，朝廷也沒有那麼多大員可以差遣。加之歷任皇帝翻閱京控案件，認為絕大多數不是財產糾紛，就是家長裡短，甚至少數是為了雞毛蒜皮的小事而引發的意氣用事，根本就不值得朝廷專門過問。可是，為了體現朝廷對小民的關懷，更為了把司法權牢固集中在最高層，朝廷又不能不對所有京控案件作出指示。怎麼辦呢？

處理京控案件的第三種方法應運而生。那就是「發審」，把一般的京控案發回案發地重新審理。發審有相應的要求，比如地方督撫必須親自審理發審案件，也就是要當作首要之務來高度重視；督撫必須把發審案件的審訊結果具折奏聞，不得拖延敷衍；原審訊官員要迴避發審案件等等。清朝中期以後，絕大多數的京控案件，都發審處理。嘉慶皇帝瀏覽徐飛隴案的京控報告後，覺得這只是一件尋常命案，便採取了發審處理，交由安徽巡撫審辦。

案子很快返回了安慶。當時的安徽巡撫已經換成了康紹鏞。

康紹鏞是嘉慶四年的進士，仕途從兵部起步，但是升遷的主要原因是他長期擔任軍機章京，在軍機處當差得到嘉慶皇帝的賞識，在中央部院快速升遷。嘉慶十九年首次外放地方官，首個職位就是安徽布政使，四年後（也就是徐家京控的同一年）就地升遷為安徽巡撫，時年四十八歲。從康紹鏞的履歷我們可以看出兩點，第一，他缺乏司法刑獄方面的歷練；第二，他還有繼續升遷的空間，安徽巡撫只是他宦海生涯的其中一站而已。徐飛隴案落在了一個並不專業且注意力並不會集中在此事上的封疆大吏手上。

三、官員們都太忙了

安徽巡撫康紹鏞接到案子後，簡單詢問了一番便作出了指示：此案交由藩臬兩司負責，先提人證、卷宗到省城，再勒令兩司查辦審訊，審訊清楚後報告巡撫衙門，最後由自己定奪。從流程上來說，巡撫大人的指示沒有問題；從心理上來說，康紹鏞對此案一點都不重視。他只是把案子看作一件稀鬆平常的政務來處理，發一個不痛不癢的指示。這個指示將逐漸消磨在行政機構批轉准駁、推拿挪移的汪洋大海之中。

　　上行下效，布政司、按察司兩司接到巡撫的指示後，繼續用指示落實指示、用文件執行文件。朝廷交由省裡辦理的案件，巡撫推給藩臬，藩臬不能再推給道府了。藩臬兩司通融的方法，往往是抽調府縣官員以按察司的名義辦理，審理定案後稟告按察使；按察使認可後再上報督撫；督撫對案卷與口供審閱後，覺得沒有不妥就回奏朝廷。從公文上看起來，京控發審案件確實是由督撫親自審理定罪的，實際上督撫只是紙面上的審案人。比如徐飛隴案發審後，安徽巡撫康紹鏞只在人犯提到安慶後，簡單提審過一次，露了一下面，就以公務繁忙為名離開了。如此一來，具體審案官員的態度與能力就非常重要了。

　　徐飛隴一案，安徽按察司指定由安慶知府申瑤、鳳潁同知陳斌負責，督同懷寧知縣任壽世、候補知縣聶紹祖審辦。四人當中，陳斌和聶紹祖兩人是本案在京控之前的承審官員。而列名第一的負責人申瑤，完全是因為案件卷宗和人犯都提到了安慶府，身為安慶知府不得不列名其上。誰讓他是「首府」呢？

　　這裡要插敘一個小知識。安慶府「附郭」安徽省。附郭，簡單說就是上級衙門在本級轄區內，自己和上司同處一城。附郭的行政區通常冠以「首」字。比如，杭州府附郭浙江省，是浙江的首府；錢塘縣又附郭杭州府，是杭州府乃至浙江省的首縣。安慶府是安徽省的首府。清朝有句俗語，叫作：「前生不善，今生知縣；前生作惡，知縣附郭；惡貫滿盈，附郭省城。」這三句話說的是清朝地方官員事務繁重，怨聲載道，可謂是前生作惡，遭到報應，今生才當地方官的，其中附郭省城的官員上輩子惡貫滿盈，今生才被懲罰到省會來替各級上司做牛做馬。各種招待、供應、差使，讓省會的知府、知縣疲於奔命，苦不堪言。

　　在此案中，安慶知府申瑤參與會審純屬職務行為。省裡大大小小的事務，無不需要依託他這個首府辦理。申瑤自己都記不清楚被列名在多

少事情的經辦官員名單上了，哪裡還有時間和精力去專門處理一個京控發審案？況且，他知道陳斌是此案的原審負責人，更不便衝鋒在前、深查細究，以免傷了同僚感情。所以，申瑤只在會審時露了幾面，並不上心，一切以陳斌的意見為主。

另兩位官員，懷寧知縣任壽世品級不如陳斌，加之自身政務繁忙，又是安慶府轄下的知縣，頂頭上司申瑤都不上心，他更是樂得抽身辦其他事情去了；候補知縣聶紹祖雖然沒有實際職務，但他是原審官員，又排名最後，自然唯原審負責人陳斌馬首是瞻。

徐姓宗族費了千辛萬苦，繞了一圈，案子又回到了京控之前的負責官員手裡！

沒有證據表示陳斌是一個惡人，他只是一個比較固執的年老官員。之前他的腦袋裡就種下了徐姓家族給予人證李象賄銀的印象，推斷出徐家要借命案報復章家，如今陳斌繼續在這條道路上一路狂飆。在他的引導下，其他官員都朝著「徐家如何殺人嫁禍」的方向去辦案。

辦案人和辦案思路還是老樣子，可如今案子畢竟是皇上交辦、巡撫回奏的大案，陳斌等人必須在原來的基礎上添加「新內容」。此案之所以懸而未決，是因為找不到徐姓殺人嫁禍的證據。找到證據，就能定案。而所謂的「證據」，在陳斌等人看來就是「口供」的同義詞。只要取得徐家殺害徐飛隴的有罪供述，就大功告成了。於是，承審官員把主要精力放在了逼供上。那麼，為什麼陳斌等人會形成這樣的觀念呢？

陳斌等人繼承了古代司法重口供、「據供定案」的傳統。此傳統可以從主客觀兩個方面去分析原因。在主觀上，古代人單純地認為口供是最可靠的，一個人不會自己向自己潑髒水。更何況有罪供述是會帶來真實刑罰的，一個人趨利避害，也不會胡亂認罪。所以，他們認為：有罪供述的可信度幾乎是百分之百。我們再深入道德層面分析，古代政治講求「以德治

國」，重視道德教化。人犯如實供述案情，表示他真心認識到了自己的罪過，願意接受法律的懲罰。如果在沒有認罪口供的情況下就懲罰人犯，則有「不教而誅」的嫌疑。認罪口供是人犯在道德上的懺悔與自我救贖，也是官員教化百姓、不放棄任何一個人，哪怕是十惡不赦的凶犯的題中之義。因此，在主觀上，古代人普遍認為口供是定案的關鍵因素。

在客觀上，古代司法缺乏技術手段，無法像現在這樣進行鑑定、勘驗、實驗室分析，也無法調取監控網路、金融稅務等數據來獲得物證、書證、人證等。官員們獲取物證的難度很大，而且不能保證拿到完全真實可靠的物證。而口供相對容易得到，也是司法官員的現實選擇。綜上所述，口供成了最重要的證據形式，人證、書證和物證等成了輔助性證據，並且必須在有口供的情況下才能發揮作用，如果沒有口供，僅憑物證和人證是不能定案的。反之，如果有口供，而無其他證據卻可以定案。

古代司法對口供的重視，有一定的道理。但是過於依賴口供是不對的，而且在司法實踐中產生了諸多的弊端。其中最大的弊端就是「嚴刑逼供」。官府抓到一個嫌犯，不是調集證據查驗他是否有罪，而是思索如何讓他認罪。官員手中最強的手段，也幾乎是唯一的手段，就是用刑。在本案中，陳斌既對徐家做了「有罪推定」，就毫不客氣地對徐姓親屬大刑伺候。

死者徐飛隴的子姪全成了嫌疑犯，遭到了跪鏈、上枷、加繃、提耳等刑罰。就連徐飛隴的妻子也被鎖押在班房裡，遭到刑訊。清朝男女大防，女眷輕易不拋頭露面，牽涉訴訟也一般申請免到。如今，徐飛隴的遺孀不僅遭傳訊到案，還慘遭刑訊。徐家將此視作是官府的羞辱。根據日後的案卷披露，陳、聶兩名官員，對徐長發等徐家親屬熬審刑拷五十餘日。有多人受到重創，事後變成了殘廢，可見當時刑訊的慘烈。

把一個人連續拷打五十多天，什麼樣的口供得不到呢？終於，徐飛隴的一個姪子徐廣，在酷刑之下承認，徐氏家族策劃毆傷徐飛隴、藉機

京控自戕案：重壓下的司法失控

報復章氏家族。折騰兩個月，陳斌等人總算得到了夢寐以求的口供。這叫什麼？這就是屈打成招。

原先，安徽按察司嚴飭涇縣衙門在案發地尋找人證。涇縣差役恰好在徐廣供述前夕找到了一個徐姓族人，叫作徐兆。徐兆作證，目睹了族人合謀殺害徐飛隴誣陷報復章家的情形。如此一來，口供和人證都有了，陳斌等人覺得可以結案了，便報告按察使此案已經審明，擬以徐家殺人、誣陷定罪。安徽按察使得報後，按程序提審相關人犯。如果不出意外，案子逐層上報，就會以陳斌等人的意見結案了。

意外就發生在按察使提審的時候，徐姓眾人在公堂之上，全部翻供，大呼沒有殺害徐飛隴！按察使沒有時間細聽人犯的申訴，更沒有時間親自讓徐家人「熬刑」五十多天，他把案卷擲還申瑤、陳斌等人，說了兩個字：「再審！」

案子再次回到了陳斌手中。陳斌深感頭痛。一來，他之前已經拷打了五十多天人犯，再打下去怕鬧出人命來。就算再次讓人犯認罪，保不齊他們到上司那裡又翻供。二來，陳斌是現任實官，本職工作不輕，不可能長期抽調在省城審案。他勢必要分大部分時間和精力去處理鳳穎同知衙門的事務。於是，徐飛隴案就被晾在了一邊，再次成了「懸案」。

徐家人不同意了！真凶沒有找到，族人遭到羈押不能獲釋，更嚴重的是整個家族還背負上了殺人誣陷的嫌疑。他們要真相，要清白，既然省裡不管，他們就再次上北京告狀去。

徐家的第二次京控之路，是由徐飛隴三子徐芝生出面。嘉慶二十四年（西元一八一九年）八月，徐芝生再次把狀子遞到了步軍統領衙門。步軍統領衙門查看後，發現此案是已經發審尚未回覆的舊案，於是給安徽巡撫衙門發了一道咨文，詢問審辦進度。

安徽巡撫康紹鏞在嘉慶二十四年年底調任廣東巡撫，刑部右侍郎吳

邦慶於嘉慶二十五年接任安徽巡撫。其到任後，徐飛隴案的重審就落在了他頭上。那麼，吳邦慶能將此案查個水落石出嗎？

吳邦慶是嘉慶元年的進士，仕途從翰林院開始，之後長期擔任御史，任職時間在十三四年左右。來安徽之前，吳邦慶擔任過河南、湖南等省的巡撫，資歷比康紹鏞深，辦事還算認真負責。吳邦慶是從刑部調任安徽，似乎諳熟司法，實際上他在刑部任職只有幾個月而已，遠非專業司法官員。何況，吳邦慶到任安徽後，不幸遭遇黃河奪淮釀成大水災，皖北鳳陽、潁州等地被淹，災情嚴重；而皖南則遭遇旱災，南北災情，牽制了吳巡撫的主要精力。吳邦慶親赴災區賑災，安撫百姓，工作重點並不在司法刑獄上。

封疆大吏公務繁重，客觀上也造成不能全力以赴地親審京控發審案件。如果遇到重大事件，地方督撫更是無暇顧及派審案件。這是客觀事實。吳邦慶因為轄區受災，並沒有餘力關注徐飛隴案。之前的巡撫康紹鏞，當時的工作重點則在清查虧空上。徐家第一次京控前夕，康紹鏞剛剛因為安徽省州縣倉庫虧缺沒有補完，被嘉慶皇帝傳旨申飭。嘉慶嚴令康紹鏞將安徽省虧空一萬兩以上之知縣列名上奏，將多人革職並監控、追索欠款。徐家的案件和皇帝嚴旨申斥的清查虧空事件比起來，孰輕孰重，顯而易見。假定康紹鏞、吳邦慶二人放下手頭的大事，親自重審徐飛隴案，是不現實的。可以說，徐家的歷次京控，都在不恰當的時機被發審回了安徽。

吳邦慶即便有心深究徐飛隴案，也實在是無力而為。他和前任康紹鏞一樣，督促藩臬兩司重申此案。而藩臬兩司又一次抽調官員具體負責。之前按察司只抽調了一名知府，這一次為了彰顯對此案的重視，按察司一口氣抽調了三名知府，分別是安慶知府申瑤、署理寧國知府陳斌、署理安慶知府錢興。且慢，為什麼又是申瑤和陳斌？申瑤這一次還

是無奈的職務行為，而陳斌入選，則是因為他的職務已經從鳳穎同知提升為了寧國知府。

而徐飛隴案恰是發生在寧國府下轄的涇縣。陳斌這一次是以案發地的知府身分來參與審案的。表面上看起來，安徽按察司這一次高度重視，抽調了更高規格、更完整的審案力量。實際上，整個重審再一次由陳斌主導。

安徽省的做法粗看起來似乎說得過去，卻是違背了京控發審案件的「原問官迴避」要求。而要真正落實迴避，必須要調用其他府縣官員。可地方官員們都太忙了，抽調從事其他差使就是額外負擔，難免造成本職工作的積壓、延誤。而且多一樁差遣就多一份責任、多一道風險。所以，地方官從上到下都沒什麼動力真正落實京控發審案件的迴避原則。委任原審官員重審的現象很多，而被委任重申的原審官員，如果審問出和原審不同的案情後，就是證明自己原先失職，所以維持之前的結論就成為他們的現實選擇。他們所要做的，就是將發審案件如何做成鐵案。

陳斌第三次面對徐飛隴案，他想不出案子還有其他可能性，也沒有更好的審訊方法。朝廷又在催辦，陳斌感覺很棘手。巡撫吳邦慶也許是感覺到了底下的難處，或許是發現案子進展緩慢，便抽空調閱案卷，親自分析、直接指導重審工作。那麼，有巡撫直接參與重審，徐飛隴案能柳暗花明，查個水落石出嗎？

四、真相其實很簡單

吳邦慶閱讀前後案卷後，發現陳斌等人報告的案情有兩個重大疑點。

第一，原告徐氏家族族人徐長發等人描述的屍體傷情和最初審案的涇縣知縣清凝提供的驗屍報告不符。徐家人一度供述承認殺死徐飛隴的情形，也與最初的驗屍報告不符。第二，相關人犯徐長發、李象等，前

後供述狡詐，說法不一，多次翻案。雖然有疑點，但是吳邦慶對陳斌的破案思路是贊同的，他也認為是徐氏宗族利用命案在誣陷章家。此案拖延太久，吳邦慶要求從快了結。

第三次審辦過程中，陳斌再次動用大刑。徐姓族人再次在刑訊下作出了有罪供述，承認殺人誣陷情形。最大的問題依然是族人供述的作案情形，與徐飛隴屍體原驗傷痕不同，尤其是致命傷不同。這就需要重新屍檢。

徐飛隴的屍體，多年來沒有下葬。徐家族人還保存在銅山村，就等著查出真相的那一天。於是，吳邦慶下令從涇縣提調徐飛隴屍體重新屍檢。但是，屍檢流程在吳邦慶看來只是例行程序，他已經斷定此案是徐姓宗族殺人誣陷無疑，重新屍檢無非是要驗證這一點而已。此案拖延四年，經省裡三次重審，徐姓兩次京控，擾得安徽省一場虛驚。吳邦慶覺得官府如此被動，始作俑者是涇縣知縣清凝。四年前案發伊始，清凝沒有及時、準確地處理案件，使得矛盾上移，拖延成大麻煩，不等此案結束，吳邦慶就藉口清凝在最初審訊時沒有根據人證李象供訴徐長發在水碓房門前站立，查出徐姓族人殺人的實情，彈劾清凝「初審草率，更恐有故縱情弊」，奏請將其革職提訊。

古代司法講究「獄貴初情」，基層州縣官是案子的初審，接觸到的案情最直接、及時、全面，也最有可能偵破案情。而上級衙門都不具備這樣的優勢，只能憑藉州縣呈報的公文進行判斷。絕大多數上司連案發地都不可能親自勘察。州縣官的司法能力對案情的審判成敗至關重要。客觀地說，涇縣知縣清凝確實能力不高。在徐飛隴案中，他沒有查驗到更多有效消息，而是將矛盾簡單上移。這不是他第一次出現類似情況。同樣是在嘉慶二十一年，涇縣徐吳兩個宗族爭奪墳山，到縣衙互控。初審，清凝不加詳察，因吳姓供稱「爭墳而不爭山，一塚之外地皆徐有，

京控自戕案：重壓下的司法失控

不敢侵占寸土」，就武斷地把墳山判給吳家標祭。後經時任寧國府知府派人勘查，認為全山為徐姓承糧之地，又將此墳判給了徐姓。吳家在府判後不服，以清凝初審失誤為由，繼續上控至巡撫處，最終也引發了京控。也就是說，清凝在徐飛隴案的同時，還給安徽省惹上了徐吳兩家爭控墳山的麻煩。想必巡撫吳邦慶早就對清凝這樣的「麻煩製造者」不滿了，如今就借徐飛隴案基本審定，把他彈劾革職了。

吳邦慶參奏清凝，明明白白地宣布了巡撫衙門對徐飛隴案的意見：徐姓是凶手！所謂的重新屍檢也好，接下去的流程也好，都不過是走形式而已。

消息傳到銅山村，徐姓宗族炸開了鍋。原本，他們就對安徽省的刑訊逼供不滿，堅信全家人是清白的。眼看著多名族人遭到羈押，有人因拷打致殘，還牽連女眷受辱，徐姓子弟義憤填膺。如今得知巡撫已經判定徐姓有罪，更讓徐姓感到有天大之冤。徐飛隴屍體是他們手中的有力證據。如果交出屍體，說不定吳邦慶、陳斌等人會根據有罪供訴偽造傷情。到那時，整個案子就板上釘釘，極難翻轉了。全家人不能坐以待斃，可是前往提屍的官差馬上就要到了，怎麼辦呢？

徐姓宗族一合計，決定派出徐飛隴的族侄徐玉麟、徐德榮第三次到北京京控。這一次為了增加京控的消息，徐玉麟、徐德榮兩人分赴刑部和都察院控告，除了鳴冤，還要明確反對再把案子發審回安徽。同時，徐姓家族召集青壯子弟，預備器械傢伙，又在進出村子的各處隘口疊放石塊，決心憑險抗拒官兵。他們要武裝自衛，把事情搞大。

安徽省委派前來提取徐飛隴屍棺的官兵很快就到了。徐姓聚眾對抗。如前所述，銅山村是一個群山環抱的小山村，易守難攻，加上村民熟悉地形，準備充分，竟然打敗了官兵，保全了屍體。相反，官兵方面有七人受傷，兩人被俘。吳邦慶倒也沒有報復。拿不到屍體就算了，不

重新驗屍了，反正那只是例行程序。吳邦慶捨棄了驗屍環節，直接上奏此案為徐姓自行做傷致死。這一道奏摺發出後，就和奔赴在京控路上的徐玉麟等人開始了賽跑！

徐玉麟受整個宗族的委託，趕赴刑部控告，感到彷彿有千斤重擔壓在身上。他時時刻刻想起臨行前全族親人殷切的期待，想起羈押在安慶大牢慘遭拷打的親人，想起遇害四年不能下葬的族叔徐飛隴。他更清楚自己是在和官府賽跑。徐玉麟離家的時候，還不知道族人已經打跑了提屍的官差，他只知道如果不及時把狀紙遞到紫禁城，全族可能面臨滅頂之災，可是，徐家已經京控兩次了。步軍統領衙門接了兩回狀紙，非但沒有作用，反而京控一次族人就多一回拷打。這一回換作向刑部遞交狀紙，不知道效果如何？

徐玉麟站在北京城的秋風裡，思索著如何才能引起紫禁城的注意，如何才能推動命案公正客觀地重審。責任感和緊迫感，促使他作出了在刑部門前自刎的決定。決心下定後，徐玉麟滿心蒼涼，同時夾雜著為宗族獻身的榮譽感。在混亂的情緒支配下，他在九月份一個冰冷的深夜，見刑部門口空無一人，懷抱訴狀，慢慢地躺在衙門前的臺階上，掏出小刀自刎身亡。

徐玉麟用生命，換得了道光皇帝的親自過問。吳邦慶同期到達的奏摺被擱置，徐家的訴求得到了滿足：此案不僅由皇帝發回重審，還嚴令安徽巡撫吳邦慶及原審各官員俱照例迴避，交由兩江總督重審回奏。

時任兩江總督的孫玉庭是一位年已八十的老臣了。他是乾隆四十年的進士，閱歷豐富，歷任大江南北各省，接手徐飛隴案時已經在任兩江總督五年。孫玉庭接案發令，將所有案卷、人犯提調江寧重審，同時派官差赴銅山村提取徐飛隴屍體重驗。徐家得知案件交由兩江總督重審後，交出了徐飛隴的屍棺。孫玉庭從江蘇省官員中遴選出熟諳驗傷的寶

京控自戕案：重壓下的司法失控

山縣知縣周以勛，再督同他調集江蘇省經驗豐富的老仵作，重新驗屍。
一驗問題就出現了：初審的驗屍報告漏洞百出！

孫玉庭、周以勛重驗時，江蘇省的仵作們發現徐飛隴屍身僅喉骨與
腳踝兩處有傷，其中咽喉骨呈淡紅色，結喉骨呈紅紫色，左腳外踝骨呈
紅色但並未骨損。這兩處傷口都不是輕傷，其中咽喉處受傷最為致命。
而涇縣初檢認定徐飛隴的致命傷在腰眼穴處，如此則屍體尾椎骨倒數第
七節處應該有傷痕，但重驗仵作再三確認該處並無傷痕，徐飛隴僅在脊
背骨第二、三節有青色瘀傷。那麼，初驗仵作判斷的徐飛隴是跌斷命門
而死，就不能成立了！重驗的結論是，徐飛隴死於咽喉遭到重創。

屍體初驗怎麼會出現如此重大的差錯？孫玉庭下令將初驗仵作洪椿
拘傳問話。洪椿承認案發第一時間因從縣城長途步行到銅山村，身體倦
乏，未能悉心查驗傷處，導致了咽喉處關鍵傷痕被漏檢，且多處傷口檢
驗不准確。知縣清凝則因為缺乏必要的醫學知識，不能糾正仵作錯誤，
還親手照抄了錯誤結論。推翻驗屍結論後，孫玉庭又下令將在重審時供
稱曾經目睹家族眾人合謀殺害徐飛隴的徐姓族人徐兆帶上來問話。徐兆
到庭後，孫玉庭一見，勃然大怒。原來，徐兆言談舉止，一看就是個智
能障礙人士，在案的徐氏家人也證實「徐兆打小就是一個弱智」。孫玉庭
氣得大拍驚堂木，喝問：「這個弱智是誰找來當證人的？」書吏翻閱卷宗
後，回稟是安徽涇縣差役舒元找來徐兆作證的。

孫玉庭隨即拘傳舒元問話。舒元一上堂就跪地叩頭，招供是自己教
唆痴呆的徐兆作偽證。舒元解釋說：「小人也是沒有辦法。衙門裡天天催
著小的拘傳關鍵證人，小的實在抓不到人。老爺們就把小的妻子、孩子
都收禁大牢。小的只好抓了這痴呆的徐兆，一句一句地教他說話，好把妻
兒家小贖出來。小人知錯了，求大人開恩饒命！」

舒元為了求得寬大處理，供出了一條重要線索：案發後，同縣差役

董慶知道徐章兩家是世仇，曾拉上自己敲詐章家。章家不願意就範。董慶就教唆李象十四歲的兒子李筍作證說徐飛隴遭到章姓族人圍毆。官府迅速緝拿董慶到案，他對教唆偽證一事供認不諱。

如此一來，一再聲稱看到章家毆打徐飛隴的當事人李象就非常可疑了。孫玉庭將審訊的重點轉向李象，展開刑訊。李象供訴了凶案的真相：

當晚，李象被水碓房外沉重的腳步聲驚醒。考慮到當地治安不好，水碓房又離村子五里地，李象的第一反應就是「有賊」。他順手操起釘有鐵齒的磨棅，悄悄打開房門，衝著黑影就打過去。那黑影撲通摔倒在地，慌忙起身後跟跟蹌蹌向前跑去。李象又衝著黑影後背撲過去，把他撲倒在水溝旁。黑影的身子一半在水溝裡，一半在溝旁土地上。李象一隻腳踏住黑影的背脊，一隻腳踢他。這黑影就是徐飛隴。徐飛隴上身倒在水溝裡，面部朝下，難以喊叫和呼吸，最終窒息死亡。李象的供述，符合屍檢結果。徐飛隴屍體下身傷口集中且不規則分布，符合鐵齒磨撲毆打所致，腳踝及背脊處瘀傷符合踢傷特徵。發現徐飛隴停止掙扎後，李象抓住其後衣領，把人翻轉提起來，因此在咽喉處留下勒痕，屍檢時表現為咽喉部紫紅色。藉著夜光，李象驚訝地發現死者是同村的徐飛隴，嚇壞了，慌忙丟下屍體，逃回水碓房哆嗦了一夜。

天亮後命案被人發現，李象在人前矢口否認殺人，一口咬定自己什麼都不知道。他幻想只要自己不承認，別人又沒有證據，或許能夠躲過懲罰。在各級官府審訊時，李象除了堅決否認殺人外，就是胡亂招供，把水攪渾。沒想到，安徽省把懷疑重點對準徐姓宗族，李象始終安然無事。李象在涇縣初審後因為害怕逃往浙江，就連這樣做賊心虛的行為，也沒有引起安徽官員的注意。

天網恢恢，疏而不漏！徐姓宗族的不懈堅持，徐玉麟的自我犧牲，

最終推動案子轉到兩江總督處重審。李象的罪惡最終被暴露在了陽光下。李象對罪行供認不諱。如釋重負之餘，連連磕頭，辯解自己並非預謀殺人，本意只是出於自衛，沒想到竟把徐飛隴毆打致死，又引出了以後的諸多事端了。最後，他哀求孫玉庭饒他一命。

孫玉庭等官員也如釋重負。想不到這個大費周折四五年的命案，真相如此簡單，既不是宿敵圍毆殺人，也不是自家人殺人報復，而是簡單的過失殺人。那麼，這真的是此案的真相嗎？如果是，又該如何追究之前相關官員的責任呢？

五、追責與反思

案發時還有一個路過案發地的村民，叫作呂斌。呂斌在初審時，推說什麼都沒看見，什麼都不知道。孫玉庭直覺認為此人可疑，傳訊問話。呂斌到堂後，供訴了李象殺人的情形。孫玉庭喝問：「你明知實情，為何不早說？」呂斌吞吞吐吐地講出了一個隱情：

孫玉庭的奏摺說呂斌是「晏奸」對象。「晏」字將「男」字的下半部分替換為「女」字，意思是「以男為女」，即為男男同性戀行為。李象是一個雙性戀，他在有妻兒的同時還與他人保持同性戀關係。呂斌就是他的晏奸對象。當晚的真相，極可能是李象與呂斌在水碓房發生同性戀行為，恰好聽到徐飛隴路過。李象怕晏情泄露，本能地拿傢伙放倒了徐飛隴，不料失手造成了命案。事後他囑咐呂斌隱瞞此事。呂斌同樣擔心自己晏情泄露，答應隱瞞。

李象、呂斌對晏情的敏感，是本案爆發的一大誘因，也是真相遲遲難以揭露的重要原因。他倆的敏感，要從清朝社會對晏情的態度談起。朝廷律例中並沒有懲罰晏情的專門條款，而是把晏情當作加重懲罰的條

件，比如強盜、搶劫罪犯作案過程中對事主雞奸，加重一等處罰。朝廷沒有專門的處罰雞情的律例，不是不反對此事，而是壓根覺得它是骯髒、墮落，不能拿上臺面的醜事穢聞。民間在道德和民俗上則判處了雞情死刑。人們把同性戀男子，看作比娼妓還要低劣。一個男子如果被人識破雞情，整個家族都在鄉里抬不起頭來。所以，李象、呂斌本能地要掩飾雞情。

李象對殺人情形供認不諱，又有呂斌作為人證。至此，口供和人證俱全，又有屍體傷痕加以佐證，全案可以定讞了。道光元年正月初四，孫玉庭上奏擬定罪名：

本案緣起過失殺人，真凶李象依「鬥毆殺人」律判處絞刑。定案的時間點恰好在道光皇帝改元之際，朝廷大赦天下。鬥毆殺人並非不赦之條，李象案發在恩詔之前，原本可以赦免死罪，但因為「匿罪誣告」，對釀成冤獄負有不可推卸的責任。孫玉庭認為李象不能援引恩詔赦免死罪，依然要執行死刑。

初審的涇縣知縣清凝，遵循律例要求，嚴格照章行事，不存在受賄及貪贓枉法的行為，卻是懸案和慘劇的始作俑者。他的問題在於辦案能力低下。清凝驗屍草率，不能審出真凶，並且任意塑造呈文，如果僅按律革職，不足以慰藉死者，著革職並發往軍臺效力贖罪。

涇縣差役舒元、董慶等因教唆偽證導致官員誤審，照「誣良為盜」例治罪，流配邊遠充軍。因為舒元等人對最終的京控自戕慘劇也負有不可推卸的責任，同樣不能援引恩詔赦免，仍然發配。仵作洪椿驗屍嚴重失誤，任意增減傷痕；涇縣刑房書吏鄭光旭，不如實書寫審訊呈文，刪減供招。兩人對初審失誤負有重要責任，如果僅按律處於杖責並革去差事，未免輕縱。洪椿、鄭光旭著發配新疆烏魯木齊，以示懲儆。

在清凝、鄭光旭等人的罪行中，都有「任意刪減供訴」的字樣。清

朝的下級司法文書，普遍存在修飾言辭、潤色行文的情形。如果把板子只打在涇縣的官吏身上，有點冤枉。清朝並沒有詳細確切的法律條文，而案情千奇百怪，不可能事事條條可依，不得不比附援引。而上司又太忙了，主要根據呈文來判斷下級是否依法辦案，是否判罰得當。因此呈文就異常重要。要做到完全合法合規，人證物證口供各方面完全吻合，少不了修飾潤色。清凝等人就刪繁就簡，把真凶的李象供訴簡化先誣徐姓後供章姓，為後來的風波埋下伏筆。清朝後期，司法文書普遍存在修飾刪改現象。

安徽巡撫吳邦慶，對於發審要案不能督率下屬悉心研判，作風草率，著交部嚴加議處。安徽省兩任按察使嵩孚、鄒翰均未能審出實情，著交部議處。安慶知府申瑤兩次領銜會審，卻放任同僚刑訊逼供，不能糾正，著交部嚴加議處。具體覆審官員陳斌、聶紹祖等激化矛盾，升級冤案，孫玉庭擬判「革職並發往軍臺效力贖罪」。

這裡再插敘一下，清朝刑罰經常出現「流配邊遠」、「發配烏魯木齊」發往軍臺效力」或者「給披甲人為奴」等字樣，令人眼花繚亂。它們說的其實都是同一樣刑罰：流放。「流刑」是「笞杖徒流死」五刑之一，是僅次於死刑的重刑。官府一般把重罪該死又情有可原的，或者秋審多次歸入緩決的死監候罪犯，判為流放，可見這種刑罰的嚴重程度。古代人安土重遷，流放意味著要背井離鄉，通常不是前往烏煙瘴氣之地就是邊遠極寒之所，至死不能葉落歸根，因此被看作是重刑。清朝前期，流放一般是發配東北。清官劇中常見的「發往寧古塔，給披甲人為奴」，前者是流放東北寧古塔，後者是流放之餘附加的懲罰。乾隆平定西域後，流放罪犯主要改發新疆，昌吉、烏魯木齊、喀什等地是主要流放地。罪犯主要有三種下場，一是在官府看管下種地；二是在工礦、交通單位中當差，也有少數在衙門中當差的；三是「為奴」，即給駐軍官兵或者臣服

清朝的少數民族部落為奴,跟隨主人勞作。雖然朝廷規定了流放者遇到赦免、承擔極苦差使滿一定年限,或者立下戰功,可以免罪甚至回籍,但真正從新疆返回故鄉的流放犯很少。本案的清凝、陳斌等就擬處這種重刑。

此時已是道光元年正月,距離案發已經過去五年了。

道光皇帝完全批准了孫玉庭的處理意見,相關人犯被執行死刑,官員遭到議處。其中,安徽巡撫吳邦慶革職,道光皇帝「開恩」賞給七品頂戴,授予翰林院編修一職。編修一般是新科進士散館後擔任的官職,吳邦慶的仕途等於一下子回到了起點,回到了二十六年前。

安慶府知府申瑤部議革職,道光皇帝加恩改為降三級調用。申瑤的遭遇令人惋惜,他是一個比較能幹也想做事的官員 —— 不然,安徽省也不會選調他為省城的知府。就在定罪的前一年,申瑤還主持重修了安慶的科舉考棚,被安徽讀書人傳為美談。徐飛隴一案,申瑤確實失察,但他是照慣例列名重審,且實在事務繁重,情有可原。降級調用後,申瑤原本要入京候選,安徽省申請將其留省委用,暫緩赴京。此後就查不到申瑤的消息了。

安徽兩任按察使嵩孚、鄒翰,本應革職,道光皇帝都開恩改為降五級留任。陳斌發往軍臺效力,在流配途中奉旨開恩獲釋回家。陳斌年逾花甲,第二年(道光二年)在湖州老家病逝。

徐飛隴案因為徐氏家族的堅持和生命的代價,終於透過京控管道沉冤得雪。雖然代價過於沉重,但總算達到了訴求,並引發了其他京控百姓的效仿。此案進展同時,涇縣還爆發了徐吳兩家爭控墳山事件。徐家的徐行在徐玉麟之後來到北京,因為案子拖延數年,宗族支撐訴訟漸漸力不能支,便效仿徐玉麟,在都察院門前自刎身死。結果,徐吳爭控墳山案得到了重審,審明是吳姓宗族中幾位士紳仗勢糾纏,墳山判為徐姓

京控自戕案：重壓下的司法失控

所有。朝廷對接連發生的京控自戕案件惱怒不已，對接踵而來的告狀者更是無暇應對，道光皇帝決心收緊京控管道，一方面嚴禁自殘自殺，要求追究教唆京控、指使上告之人，另一方面將幾乎全部的京控案都發回重審，甚至很多案件由接收衙門直接咨文案發地巡撫辦理。

地方督撫公務繁雜，面對隔三差五轉來的京控案件，即便有心親自審理，如何辦得到？此外，各省尚有許多疑難雜案，積壓在省裡難以審清，有可能惡化為新的京控案件。比如山東省是司法刑獄繁重的省份，嘉慶中期山東巡撫吉綸在任四年有餘，提審京控等積案七百餘件，幾乎是兩三天要處理完畢一件積案，苦不堪言。長此下去，督撫無力顧及，又有違反朝廷律例的危險，於是「發審局」應運而生。

各省發審局，又稱「讞局」，是專門處理京控案件與鬧到省裡的疑難雜案的辦事機構。一般由督撫委派空閒或候補官員，臨時召集幕僚、差役辦理；機構設在首府衙署之內，由首府管理日常，包括差役、獎懲和各項開支等。發審局可算是清朝後期「編制之外，體制之內」的半固定司法機關。

發審局建起來了，但技術手段匱乏、有罪推定、刑訊逼供、司法權高度集中而責任層層下移等頑疾難除，辦事官員也並非專業司法人員，還是面臨之前相同的困境。加上朝廷法制並沒有賦予發審局專門的權力，或者額外的制度便利。這個機構的運轉，注定擺脫不了原有官府機構的窠臼。事實上，設立發審局的本意是分流司法壓力、緩解社會矛盾，考核標準也是案件的處理數量與效率，負責官員往往追求迅速了解積案，防止矛盾破裂，而不是細究案發緣由、盡量維護事主利益。因此，敷衍塞責、顢頇拖沓等現象依然存在。曾國藩對直隸省發審局的評價就相當負面：

近來直隸京控省控之案，一經發交讞局，平日則多方彌縫，臨結則

174

一味含糊。告官得實者,承審官回護同僚,但議以不應重不應輕之咎。告吏得實者,承審官刪改情節,但科以笞杖及除名之罪。其控告全系虛誣者,則又曲庇奸民,唯恐反噬,但以懷疑妄控及愚民無知等語了結之。奏交之案,十審九虛。刁訟之民,十虛九赦。問官皆自命為和事之人。

發審局並不能解決老百姓有冤難申的問題,更不能防止冤案的發生,甚至可能塑造新的冤案。它和現有司法衙門並無本質區別,只是在之前的體制上疊床架屋,徒增一個機構而已。面臨日益變化和矛盾突發的社會現實,清王朝堅持司法集權,卻把矛盾和任務全部壓向地方政府。萬事起源於州縣,一旦案發,獄貴初情,破案、審訊、定罪都是基層官員的事;一旦上告,上級官府將重審責任層層往下推,往往又是基層官員受責受累。「天下之政在州縣」,可州縣並無天下之權,結果承擔了不能承受之重,苦不堪言,冤案、懸案層出不窮。高級官員也怨聲載道,自己根本無暇過問具體案件,卻要承擔名義上的責任,還要為下級的失誤承擔連帶責任,輕則降級,重則革職問罪。

在徐飛隴案中,沒有一個官員貪汙受賄,沒有一個官員徇私舞弊,但案子就是懸而不決,冤情瀰漫成災。不僅原告方付出生命的代價,承審官員也罷官治罪。問題到底出在哪裡呢?地方官府不具備高效、公正執法的能力,卻在清朝後期承擔了越來越重的司法壓力。京控也好,發審局也好,本意都是為高度緊繃、疲於奔命的地方司法提供一個救濟、一個緩衝,最終卻淪為了舊制度的附庸。司法體制的疲軟,使得原被告和官員都可能成為受害者,誰都不能例外。這種現實情況,是比貪汙公款、行賄受賄更嚴重的腐敗。它更隱蔽,殺傷力更大,籠罩著所有官民。司法黑暗是晚清政治黑暗的一個部分,而黑暗才是最大的腐敗。

合州命案：冤案的生成及平反

一、書吏破急案

咸豐初年，四川合州的七澗橋住著一戶姓鞠的人家，父母雙親和年輕的兒子、兒媳四口人住在一起。一天夜裡，母親向氏醒來，發現丈夫沒有躺在身邊。她從床上爬起來，一看，房門和大門都打開了。向氏趕緊招呼兒子，讓他出去看看。兒子很快起來，衝出了房門。向氏在屋裡等了好久，都沒見兒子回來。這時候，兒媳婦也醒了。她們婆媳兩個人很害怕，不敢呼救，也不敢出去查探，就躲在屋裡戰戰兢兢地熬過一夜，等到天亮了才敢出去看看情況。這一看，向氏和兒媳婦兩人大驚失色。她們發現鞠家父子倒在了門外數十步的路旁，身上有刀傷，地上都是鮮血，明顯是被人殺死的。一樁殘忍的謀殺案，合州命案，就這麼發生了！

案子很快就報到了合州衙門。知州榮雨田按照辦案程序，帶著書吏、差役、仵作趕到現場，驗屍察看。了解情況後，他心裡不斷地叫苦。這分明就是一樁「無頭案」，無目擊證人、無現場證物、無破案線索，三無。榮雨田找不到頭緒，過了好多天都沒有發現線索，更不用說抓到凶手了。他的壓力越來越大。

我們現代人很難理解榮雨田的壓力。但是，當我們了解了中國古代政治對人命案子的重視程度，就能理解榮雨田是多麼「壓力山大」了。

古代中國是一個農業社會，社會流動性差，人們的生活比較簡單，很少發生人命大案。一下子就鬧出兩條人命的案子，更是聳人聽聞。而且，中國古代社會是一個講究道德和教化的社會，大家都認為社會應該是一團和氣的，人際交往應該以德服人。官府和官員的一項主要工作，或者說是他們的一個主要責任，就是教化百姓，引導他們過上理想的忠君孝親、和睦團結的生活。在理想狀態下，人們是不會相互殘殺的，社

會是不會出現惡性刑事案件的。如果出現了殺人、放火、強盜等惡性案件，就表示這個社會出現了問題，大家背棄了聖賢的教誨，更是表示官府的工作沒有做好，官員嚴重失職。因此，合州殺人案爆發後，無異於在平靜的川東社會中投入了一塊巨石。大家炸開了鍋，重慶府隔三差五就嚴令合州快速破案。

事實上，清朝對惡性刑事案件的破案要求非常嚴格。根據《大清律例》的規定，命案和盜案發生後，案發地官府都要「立限速結」，也就是要在一定的時間內審理完畢。之前說過，人命案要在六個月內審結。如果是情節特別嚴重的人命案，六個月的期限就被縮短為四個月內。其中，案發地的州縣官府必須在兩個月內完成破案、審訊和犯人認罪等手續，然後逐級上報。同樣，各個上級的辦事期限也縮短為二十天。

應該說，這樣的時間要求非常苛刻。對不能按時破案的官員，清朝要治他的罪，處分極嚴。不能在限期內破案的官員，就要受到參奏彈劾。此後每隔一段時間，如果還不能破案，就要接受一次參奏彈劾。前三次，官員要受到扣發俸祿、降級留任等處分。如果第四次被參奏彈劾，官員就要降一級調用。而且，如果轄區內有殺人案久懸不破，官員不能退休，不能升職，不能調職。只有殺人案了結了，官員才能繼續在仕途上升遷調轉。所以，府縣的官員，最不願意看到的就是轄區內出現惡性刑事案件。

如果每個基層官員都是狄仁傑或者福爾摩斯，那麼他們還有可能在短時間內偵破大多數惡性刑事案件。遺憾的是，中國古代的知縣、知州、知府等官員大多數是讀書人出身，他們不是神探，不可能對每個案子都明察秋毫、辦案如神。他們所能做的，就是省不斷催促府，府不斷催促州縣，一級一級把壓力往下推。最基層的知縣、知州的壓力就可想而知了，非常可憐。

合州命案：冤案的生成及平反

　　合州知州榮雨田就是眾多可憐的基層官員中的一個。自己的轄區發生了惡性殺人案，上級衙門和重慶知府反覆催逼，態度越來越嚴厲、話說得越來越難聽。而另一邊，苦主向氏隔三差五到知州衙門哭訴，催促破案。榮雨田眼看著自己的烏紗帽就要不保了，而且兩頭受氣，精神高度緊張。

　　面對鞠家命案這樣的三無案件，榮雨田毫無頭緒，他能做的，就是每天召集幕僚，商量對策。幕僚們對這椿無頭案也束手無策。榮雨田很生氣，你們都是我自掏腰包聘請，都拿了我的錢財，我的烏紗帽投了，你們的飯碗也砸了。所以，你們給我想辦法，把這個案子給破了。

　　但是，幕僚們又能有什麼辦法呢？大家沉默了好一會後，刑名師爺，也就是幫助榮雨田專門處理司法事務的師爺說：「衙門裡的刑吏陳老倫，人頭廣，手腕高，在合州很有辦法，大人不妨托他試試？」榮雨田聽了，大喜，趕緊派人叫來了陳老倫。

　　陳老倫是何許人也？陳老倫是合州本地人，在合州衙門裡協助辦理司法事務。為什麼知州大人和飽讀詩書、經驗豐富的幕僚們都束手無策，他們卻覺得陳老倫會有辦法，把破案的希望寄託到一個小小的書吏身上？

　　在乾隆末年的福建貪腐窩案中，我們簡單介紹了書吏。在這裡，我們再詳細了解一下書吏這個群體的精幹與黑暗。

　　書吏是從本地居民中挑選的辦事人員，維持衙門的運轉。他們熟悉當地的語言，對民俗民風、人情世故都很清楚。同時，他們也熟悉官府的遊戲規則，清楚衙門裡的彎彎繞繞，對各種規章制度、案例條文和政務的來龍去脈，都弄得明明白白的。相反地，官員們在政策把持、條文運用和日常公文方面，都比不上書吏精通。書吏和衙役中的很多人從小就吃衙門飯，幾十年下來辦事老道、穩重，經驗豐富。官員要在當地開

展工作，還真離不開他們。

在實踐中，很多家庭壟斷了書吏和差役職位，父子相傳，以當差為生了。書吏和衙役成了一種職業，不用再從老百姓中挑選。官員任職有迴避制度，不能在本鄉本土為官，當書吏和衙役則不需要迴避，家裡幾代人都在同一個崗位上辦差，就成了衙門裡的地頭蛇，可謂「鐵打的差人，流水的長官」。

因為老百姓服役當差是義務，所以基本上沒有報酬。書吏每年還可以領取低得可以忽略不計的補貼，衙役則是純粹的義務，沒有絲毫補貼。但是，書吏和衙役又把持著基層實權，有大量營私舞弊、中飽私囊的機會。久而久之，他們都把經辦的政務當作生意。比如，老百姓去衙門打官司，衙役可以向當事人索要「鞋襪錢」、「酒飯錢」、「車船錢」、「招結費」、「解鎖費」、「帶堂費」等等。這些費用是怎麼回事呢？原告被告打官司的時候，衙役們要跑前跑後，有時還要出去調查取證，所以要當事人承擔鞋襪、酒水和吃飯的補貼，這就是「鞋襪費」、「酒飯錢」；「車船費」是衙役們乘車坐船等交通費用。而「招結費」中的「結」是印結的意思，是古代人表示承諾、確認和說明情況的字據。衙役調查取證後，如果當事人不給「招結費」，就休想取得對自己有利的字據。「解鎖費」就是為了解除枷鎖，給衙役們的賄賂。「帶堂費」顧名思義就是衙役帶你上堂，你要給他錢，不然他不帶你上堂，讓你根本見不到官吏。到時候，當事人是進也不是、退也不是，衙役就讓他們在露天裡風吹日晒。

衙役直接接觸當事人，書吏們坐在房子裡處理公文，協助辦理政務，權力就更多了。書吏向當事人索要的費用有：「紙筆費」，當事人要承擔書吏筆墨紙張的費用；「掛號費」，為了讓自己的訴狀或者要辦理的事情在衙門裡掛上號，留下紀錄，當事人要給經辦的書吏送錢；「傳呈費」，當事人向官員遞交呈文，書吏傳遞呈文，當事人要支付傳呈費；

合州命案：冤案的生成及平反

「買批費」，就是當事人購買官員批示批文的費用；「出票費」，這裡的票是傳票。衙門通知有關人員到庭問話，需要書吏發出傳票。這個環節，當事人也要付費；「到案費」，相關人員來到了衙門，需要書吏登記。書吏要向雙方當事人收費：「鋪堂費」、「踏勘費」，都是書吏跟隨官員辦理相關事務，向當事人勒索的費用。案件偵破了或者政務辦完了，書吏還要向當事人收「結案費」。這些大大小小的費用加在一起，差不多能讓一個普通人破產。如果你到了衙門後，發現費用太高了，打退堂鼓自己撤訴了，或者原來想辦的事情不辦了，總可以吧？對不起，既然你來了，即使主動想走，也要向書吏交一筆「和息費」，不然不讓你走。

應該說，上面說的這些名目繁多的費用，老百姓都不應該支付。因為，這些事情都是衙役和書吏們的分內事，是他們應該做的，當事人根本就不需要付費。但是，書吏和衙役們利用每個細微的環節，索要賄賂，敲詐勒索。不給，他們就在技術層面給當事人小鞋穿，給你臉色看，用各種似是而非的藉口壞你的事。總之，書吏和衙役逐漸演化成了一個特有的階層，既是老百姓又有官府背景，既熟悉白紙黑字的規章制度，又熟悉紙面背後的遊戲規則，能量不可小覷。

如果問題能夠透過正常途徑解決，官員是不會屈尊依靠書吏和衙役的。但是真遇到了難題，透過正常的管道解絕不了，官員們就只能把希望寄託到這些衙門裡的當地人身上。合州知州榮雨田就在巨大的壓力面前，把陳老倫當作了救命稻草。

榮雨田向陳老倫許諾，如果能破了鞠家命案，賞給他五百兩銀子，還會提拔他。陳老倫一口應承下來，但提了一個要求，說鞠家命案複雜，請知州大人寬限一些時間偵破。榮雨田答應了，並預支了一筆賞金給他。

陳老倫接受了任務後。是怎麼做的呢？他先派了一個媒婆到鞠家，和向氏套近乎。媒婆關切地詢問了鞠家命案的基本情況，對向氏說：「你

家遭此慘禍，真可憐。我看你家裡挺貧困的，今後你怎麼生活啊？我看衙門短時間也破不了案。找衙門辦事，到處都要花錢，案子拖得越久，要花的錢就越多，你拿什麼錢到衙門辦案？何況你們倆還要吃飯過日子呀。」媒婆的幾句話，一下子把向氏內心深處的擔心給暴露了出來。向氏皺起了眉頭，她說：「是啊，我們娘倆的日子可怎麼過下去啊？」媒婆這時候馬上關心起向氏來，說：「不如你把你的兒媳改嫁了，既可以省一份生活費，又可得聘金。」明清時代的女子，改嫁非常不容易。但是，如果寡婦的夫家主動同意寡居的兒媳婦改嫁，寡婦就能順利改嫁。

向氏聽信了媒婆的話，托她物色人選，想把剛剛守寡的兒媳婦改嫁了，媒婆就推薦了陳老倫。向氏聽了媒婆的介紹後，對陳老倫很滿意，一是陳老倫在合州衙門裡辦事，有身分，有地位。向氏覺得能夠攀上衙門裡的人，很榮幸。二是聽說陳老倫很有手腕，很會辦事，收入也很高。把兒媳婦嫁過去後，不僅兒媳婦的日子會過得不錯，而且陳老倫還能接濟幫助自己，那多好啊。所以，向氏欣然答應了這門婚事，將兒媳嫁入了陳家。

陳老倫娶到新夫人後，對她很好。家裡的事情，無論大小，包括理財都託付給她。陳夫人在鞠家哪有在陳家過得這麼安逸富足，很快就喜歡了如今的生活，忘記了前夫。她很慶幸自己過上了好日子。

美中不足的是，陳老倫工作很忙。結婚後，陳老倫回家越來越晚，而且常常下班回來面帶憂色。陳夫人就問丈夫怎麼了。陳老倫一開始不想說，陳夫人問了幾次後，陳老倫就說：「夫人不要問了，衙門裡的難題我來解決。」陳夫人怎麼可能不管。她說：「我們已經是夫妻了，你遇到了難題，我怎麼能不聞不問呢？」陳老倫這才說，知州大人把偵破鞠家命案任務交給了自己，自己沒有頭緒，向氏又天天到衙門裡催問。陳老倫用商量的口氣對夫人說：「夫人，你能不能去勸勸你原來的婆婆向氏，要她別再上衙門催問了。」陳夫人面露難色，說向氏的丈夫、兒子都慘

死，她怎麼會善罷甘休。陳老倫也就不再說了，沉默了起來。

又過了一天，陳老倫臉色慘白，腳步沉重地回到家。一進家門，他話也不說，癱倒在椅子上。陳夫人害怕了，連忙問他怎麼回事。一連問了好幾遍，陳老倫才緩過神來，說：「鞠家的命案要了我的命。」陳夫人一下子就懵了：「怎麼了？」陳老倫說：「知州大人限我一月內破案，不然要就殺我頂罪。我命在旦夕了。」陳夫人已經完成適應了陳家安逸的生活，滿心希望平平安安、錦衣玉食過完一輩子，突然聽說丈夫要死了，好日子沒過幾天就完了，陳夫人焦急萬分，忙問有什麼辦法。陳老倫吞吞吐吐地說：「我知道應該怎麼辦，但我不能說。夫人，我更不能對你說。」

陳夫人的胃口一下子被吊起來了，一定要他說。陳老倫這才說：「鞠家的案子，我已經查清楚了。你公公是被你婆婆和姦夫謀殺的，你不知道嗎？」陳夫人連忙搖頭：「婆婆她不是這樣的人。」陳老倫繼續說：「你婆婆和人通姦，怎麼會告訴你呢？何況，我連和她通姦、一道密謀殺人的姦夫都抓到了。」陳夫人想想，丈夫說的也有道理，於是沉默不語。

陳老倫接著說：「夫人啊，只要你上堂指證向氏的姦情，我就能活下來，和你白頭偕老，恩愛一生。其他事情與你無關，我會處理好的。」陳夫人貪圖長享安樂，一口答應了下來。陳老倫馬上向榮雨田報告，說向氏通姦謀殺親夫。

二、申訴的制度與現實

榮雨田接到報告後，大喜過望。說起來也巧，第二天，苦主向氏又到合州衙門催促官府緝拿凶手。這一回，榮雨田主動接見了向氏，不等她說話就拍案大叫：「大膽惡婦，案子我們都已經查清楚了！是你和姦夫聯手殺死了丈夫、兒子，你竟敢來告官，自投羅網！」

　　向氏聽了，感到簡直是五雷轟頂，高喊「冤枉」。榮雨田高聲喝斷她：「姦夫都抓住了，你還敢狡賴！把姦夫帶上來。」果然，差役拉出一個壯年男子來和向氏對質。那男子把自己怎麼認識向氏、怎麼和她通姦，如何密謀、怎麼謀殺鞠家父子，交代得清清楚楚。向氏驚訝得目瞪口呆，稍微回過神來，連忙堅決否認。榮雨田高聲說：「傳證人！」

　　這一回，向氏完全驚呆了。因為榮雨田傳上來的證人竟然是自己昔日的兒媳婦、如今的陳夫人。陳夫人上堂後，榮雨田問她，向氏平日有無與人通姦。陳夫人按照陳老倫的教唆，指證向氏和堂上的壯漢有姦情。兒媳婦的指證，把向氏驚得一句話都說不出來，呆在了那裡。榮雨田興沖沖地問：「大膽刁婦，你還不認罪嗎！」向氏這才清醒過來，堅決否認：「民婦沒有與他人通姦，更沒有謀殺親夫，沒有謀殺兒子！冤枉啊！」榮雨田大喝：「你還嘴硬！來人，用刑！」差役們凶神惡煞般地撲了上來，擺出各種刑具！面對兩個證人和刑具的威脅，向氏哭著「認罪」，承認自己與壯漢通姦，製造了鞠家血案。

　　榮雨田更加高興了。一樁人命大案終於可以結案了，自己身上山一樣大的壓力終於可以卸下來了！

　　我們仔細分析一下這個案子，卻可以發現其中疑點重重。向氏通姦殺人，在動機上、情理上，都說得過去。人證也齊全了，向氏自己也認罪了。表面上看起來，這個案子是可以結案了。但是，向氏殺人，使用的是什麼凶器？殺人證物在什麼地方？向氏及其姦夫是怎麼殺的鞠家父子？殺人現場能夠還原嗎？也就是說，這樁案子只有兩個所謂的證人和口供，沒有證物。單憑兩份口供，怎麼就能判定向氏殺害丈夫和親生兒子呢？

　　可是，榮雨田和幕僚們一致認為，案子審到這一步，完全可以結案了。這裡面，就有古今司法審判的內在差異。現在我們抓到一個嫌疑

人，要找到各式各樣的證據，證明這個嫌疑人真的有罪。這個過程的潛
在邏輯是任何人都是無罪的。但是，我們古代奉行的偵破邏輯是「有罪
推定」。我們抓住了一個嫌疑人，就認為他是有罪的。官府所要做的，
就是讓他（她）承認自己有罪。在這個過程中，嫌疑人的口供是最重要
的證據，人證、物證等其他形式的證據雖然也有一定作用，但和嫌疑人
的口供相比，作用要小得多，只是參考因素而已。因此，古代官吏們在
破案過程中，最重要的就是想方設法讓嫌疑人認罪。在這樣的邏輯背景
中，誘供、逼供，甚至是嚴刑拷打，就完全可以理解了。

　　榮雨田及其幕僚們是否相信向氏通姦殺人，這是一回事。在整個政
治制度巨大的破案壓力下，在有罪推定的邏輯背景下，榮雨田能不能找
到最重要的嫌疑人口供，是另外一回事。顯然，榮雨田更在意後者。現
在，向氏主動認罪了。榮雨田如釋重負，終於可以結案了。至於真相是
什麼，那並不重要。

　　榮雨田把鞠家命案的結案卷宗上報了重慶府，開始走程序。如果各級
上司都認可了榮雨田的初審結果，向氏就要被開刀問斬了。就在案卷還在
中華帝國漫長的官僚體制中走程序的時候，案情早已經在合州民間傳得沸
沸揚揚，並流傳到重慶周邊等地。百姓們普遍認為向氏是冤枉的。那麼，
向氏到底是不是真凶？她有沒有可能翻案，又該怎麼翻案呢？

　　談到冤案的平反，我們必須先來了解一下清朝司法審判的大致程
序。清朝的刑事案件發生後，首先由發生地的州縣衙門接納審理，州縣的
審判就是初審。州縣的審判權限很小，只有笞刑和杖刑的行刑權，徒刑以
上都要申報上司；州縣的責任卻很大，必須完成案子的偵破和審理等所有
工作，並作出量刑。初審後的案子，由州縣上報府、道。府、道覆核後再
上報省級衙門，這就是覆審程序。覆審後的案子到了省裡後，首先由按察
使進行審核，沒有問題後再上報總督、巡撫。一般的案子經過總督、巡撫

核查無誤後，就可以定案了，算是完成了終審。但是流刑、死刑及其以上的量刑權在中央政府，類似的案子必須上報中央終審。其中死刑及其以上的案子必須由刑部或者三法司全面審核、確定無誤後，報告內閣，最後由皇帝聖裁獨斷，惡性案子這才算終審完成。整個司法程序複雜，審判層級繁多，在形式上體現了中國古代司法「慎刑」的原則。慎刑，也就是說司法審判要謹慎、要小心，人的生死可不是兒戲。

因此，古代司法制度在形式上也給當事人提供了很大的申訴空間，每一個審級都允許當事人上訴，只要終審沒有完成都允許翻案。當事人如果覺得下級衙門不公正，法律允許他們到上級官府申訴。如果覺得地方上不能申冤，當事人可以到北京「京控」。如果這些管道都行不通，當事人還有一張王牌，那就是告御狀。清朝的通政司，專門負責政令上傳，其中有一「登聞鼓廳」，廳中有一面大鼓，允許任何人敲鼓鳴冤。一旦敲鼓成功，也就意味著得到了一次向皇帝陳訴的機會。告御狀的極端形式，是直接攔聖駕。在皇帝出巡的時候，當事人可以攔住皇帝的車駕隊伍，直接陳訴意見。

要特別說明的是，上述申訴、上訪和翻案的程序，都是理論設計，提供一種理想中的可能性，並不是真實的存在。要想在現實中真正實現翻案，非常困難。為什麼這麼說呢？

首先，上級部門沒有能力，也沒有時間和精力對下級的案捲進行全面核查，更不可能重新審核。上級部門往往以下級衙門的審判為基礎，進行追認。越往上，這種「下行上效」的情況就越普遍。府認可縣的審判、省認可府的審判、刑部認可省的審判，最多就改正一下下級部門案卷裡的錯別字和格式錯誤，或者加一兩句可有可無的官話、套話。在這種情況下，縣裡的審判就成了所有環節的基礎。所有的壓力都被加在了基層官員身上。而基層官員卻在官員體系和規章制度中最沒有發言權，

他們壓力最大，責任最大。為了完成任務，州縣官員常常不得不遊走在黑白之間的灰色地帶。這也是中國古代冤假錯案發生的一個重要原因。

其次，一個案子在政府體系中走的程序越多，經手的官員越多，被牽涉進來的官府和官吏就越多。所有對案子簽字確認的人，都要承擔相應的責任。一旦這個案子被證明是冤假錯案，案子一旦被翻過來，相關官吏都要受到處分。而官員和官員之間，官府和官府之間，存在各種錯綜複雜的關係，大家都是連在一起的。在翻案問題上，官吏們的利益是一致的，那就是案子一旦經手，就不能翻案。如果翻案，大家都沒有好處。所以，翻案的時候，申訴者不僅要證明案子本身是一個冤案，還要面對整個司法體系的阻撓、反對。所有經手的部門和官吏，還有和他們有各種關係的官員們，會堵上每一條申訴途徑，極力掩蓋案情的真相。

具體到合州鞠家的命案，向氏的弟弟在姐姐被判通姦殺人後，馬上開始上訴，到合州、重慶為姐姐喊冤。應該說，向氏謀殺親夫和兒子的案子疑點很多，但是上訴一次就被駁回一次。合州、重慶府、川東道的官員，都被一張無形的網路籠罩了起來，大家一心要置向氏於死地，盡快了結命案。案子很快上傳到四川省，就等省裡審核後上報中央確認了。這麼看來，向氏是凶多吉少了。

但是，向氏的娘家人並沒有放棄希望。他們商量後，覺得還是要向上申訴。他們也覺得正常的申訴不太管用，得另想辦法。向家人想到的辦法，就是讓向氏的外甥女當「抱告」，替姑姑申訴。那麼，抱告又是什麼制度呢？

抱告是在明清時期比較成熟的訴訟代理制度，簡單地說，就是當事人可以委託家人或者親戚代表自己，發起訴訟。

清代對抱告制度有明確的法律規定，區分了兩類主要情況。第一類是沒有訴訟行為能力的當事人，可以由他人抱告。《大清律例》規定年紀

特別大的人或者得了重病的人，沒有能力到衙門打官司，可以由他人抱告。但是，揭發謀反、叛逆行為以及控告子孫不孝的，必須原告親自到場，不接受他人抱告。

第二類情況是，有些人雖然具有訴訟行為能力，但是不方便出面訴訟，可以由他人抱告。都是哪些人呢？主要有三種人，第一種人是和政府公權力有密切關係的人員，比如在職的和卸任的官員、有功名在身的讀書人、衙門裡當差的書吏差役等等。這些人如果直接發起訴訟，很可能影響司法獨立和司法公正，所以不能直接出面打官司。你想想，如果是在任的浙江布政使，或者退了休的刑部尚書，跑到杭州府仁和縣的縣衙裡打官司，你讓仁和知縣怎麼「秉公處理」？有功名的讀書人，擁有很高的司法豁免權，遇官不拜，不能對他們動刑，所以秀才、舉人也不能直接打官司。這第一種人是法律規定，遇到牽涉自己的案件，必須找人抱告的。

第二種要找抱告的人是聲望特別高的人，比如大文豪、大畫家、一代高僧或者大家族的白髮族長，也不方便跑到衙門裡，跪在地上喊冤。因此，他們也可以找人抱告。比如，靈隱寺的得道高僧，有一天走到杭州的縣衙門裡，控告誰誰誰砍伐靈隱寺的樹木。這合適嗎？所以，得道高僧一般由徒弟出面抱告。在明清社會，女子拋頭露面，被看作是很不光彩的事情。尤其是讀書人家的女性或者大家閨秀，尤其如此。所以，很多時候涉及女性的訴訟行為，都是由他們的父親、丈夫或者兒子出面代理的。官府也認可這麼做。這第二種人，法律沒有規定他們必須找人抱告，更多的是中國社會約定俗成的習慣。

第三種要找抱告的人是被關在監獄裡的嫌疑人，覺得自己冤枉，可是又不能跑到監獄外面去上訴，所以必須讓他人抱告。我們故事的主角向氏就屬於這種情況。這第三種要找抱告的人群，是迫不得已，不得不這麼做。

對於替其他人抱告的人，《大清律例》規定「誣告者，罪坐代告之

人」。也就是說如果最後證明是誣告，替人抱告的人要承受所有懲罰。法律這麼規定，更多的是為了限制不負責任的抱告行為，防止誣告、亂告。在實踐當中，官府把出面抱告的人，往往當作直接原告來對待，該喝斥的喝斥、該用刑的用刑，一點都不區別對待。所以，出面替人抱告，還是需要一定勇氣的，特別是替關押在監獄裡的嫌疑人上訴抱告，更是需要勇氣。但是向氏的外甥女聽了大人們的決定後，沒有害怕，沒有退縮，勇敢地前往省城成都為姑姑喊冤。正常的做法應該是去按察使司喊冤，如果不行，直接去四川總督衙門。但是，向家人覺得正常的做法現在顯然行不通了。如果行得通，一樁明顯的冤案就不會鬧到省會來了。向家人決定直接去攔時任四川總督黃宗漢的轎子，攔轎喊冤。

一天，黃宗漢外出，突然有一個小姑娘從路邊跑出來，「撲通」一聲跪在地上，舉著狀紙，大叫：「冤枉啊，冤枉！」如前所述，攔轎喊冤是老百姓的合法權利。老百姓去攔御駕喊冤都是合法的。但那是理論，現實是官府和官吏們非常討厭老百姓攔轎喊冤。明清律法，表面支持老百姓攔轎喊冤，卻在細節上做了種種限制。比如規定攔轎喊冤必須是迫於無奈，所有的正常程序都走不通了，才能出此下策，否則就算是「越級上訴」，是有罪的。《大明律—刑律・訴訟》規定：「軍民詞訟，皆須自下而上陳告。若越本管官司，輒赴稱訴者，笞五十，止免罪。」《大清律例・刑律・訴訟》也有類似規定：「軍民人等遇有冤抑之事，應先赴州縣衙門具控。若越本管官司，輒赴上司稱訴者，笞五十。」笞五十，就是打五十板子。只有「本管官司不受理，或受理而虧枉者，方赴上司陳告」，即正常的司法程序走不通，應該負責的官員不負責，或者出現冤假錯案，當事人才能上訪。凡是違反正常司法程序的行為，就是犯罪。明清兩代都嚴格限制老百姓攔轎喊冤，把審判責任推給下級官府。有人喊冤，就意味著有麻煩上門了。處理不好，自己都可能掉烏紗帽。即便

喊冤的當事人有天大的冤屈，最後得到了平反，也會因為上訴的行為過激，觸犯「衝突儀仗」的罪名。衝突儀仗，本來的意思是衝進了皇帝的儀仗隊伍，打斷了御駕正常的行進，不管你是真冤枉還是假冤枉，都要「杖一百，發近邊充軍」。實際上，老百姓很少能夠成功攔皇帝的聖駕喊冤。老百姓一靠近皇帝的車駕，就會被御林軍架起來抓走，根本來不及喊叫；極少數來得及喊叫的人，也會被御林軍當作瘋子趕走，不走的就關進監獄治罪。後來，中高級官員也往往比附「衝突儀仗」的罪名，對攔轎喊冤的老百姓也作類似的處理。他們壓根就不歡迎攔轎喊冤。

至於官員身邊的衙役和兵丁們，也不歡迎攔轎喊冤，多一事不如少一事。而且，下級官府為了確保沒有人上訪反映自己的問題，早就賄賂了上司身邊的人。總督、巡撫等地方大人物身邊的差役、衛兵們，早就接受了地方州縣的好處，凡是遇到喊冤的，不等對方喊幾聲就用鞭子趕走。州縣官員透過賄賂，買通總督身邊的人，堵死了老百姓攔輿喊冤的法定權利，高官身邊的人則多了一份額外的收入。雙方實現了「雙贏」，輸的只有老百姓。

向氏的外甥女剛喊了兩聲冤枉，就有總督衛隊的兵丁揮舞皮鞭抽打她，要把她趕走。但是小姑娘堅強地跪在地上，倔強地繼續大喊冤枉。衛隊兵丁衝過來好幾個人，不斷鞭打小姑娘，希望能把她嚇走、打走。

三、微服私訪得真相

可是這一次，也許是兵丁們鞭打的聲響太大了，驚動了後面轎子裡的黃宗漢總督。

黃宗漢，福建泉州人，進士出身，當時年近六旬，歷任京官和地方職務，經驗豐富，宦海沉浮，頗為不順。因為他身上始終保持著與官場

合州命案：冤案的生成及平反

格格不入的特質：剛正不阿，強硬有原則。第二次鴉片戰爭期間，廣州淪陷，兩廣總督葉名琛被俘虜到了印度。黃宗漢臨危受命，擔任兩廣總督兼通商大臣。他在任期間，組織義勇隊、操練士兵，對英法聯軍非常強硬。太平天國起義期間，黃宗漢也以書生之身，在江寧前線奔波。可見，他提得起筆，也扛得起槍！合州鞠家命案審判期間，黃宗漢剛到四川任上不久。

這一天，黃宗漢坐轎子外出，突然轎子停了下來，外面鬧哄哄的。他探頭一看，看到衛隊在鞭打一個跪在地上鳴冤的小姑娘。黃宗漢馬上喝斥士兵，制止繼續鞭打。他收了向氏外甥女的訴狀。

黃宗漢當場就瀏覽了小姑娘的訴狀，發現是一個對殺人案喊冤的狀子。他簡單詢問了幾句，知道案子已經送到了按察司。黃宗漢和藹地對向氏的外甥女說：「小姑娘，你勇敢地為長輩抱告喊冤，很了不起。這裡有兩吊錢，你好生拿著。你的狀子，本官收了。案子還在按察司，你得去找按察使大人秉公處理。」說完，黃宗漢讓隨從賞了小姑娘兩吊錢，同時在狀子上批了幾句話，大致意思是讓四川按察使重新審核向氏殺人一案，如果真有冤情，要及時平反。向氏外甥女千恩萬謝，走了。

過了幾天，黃宗漢外出的時候，又遇到有人喊冤，外面吵吵鬧鬧的。他探頭一看，竟然還是前幾次喊冤的小姑娘。黃宗漢以為小女孩貪圖賞錢，又來喊冤，所以走出來不太高興地說：「小姑娘，本官不是前幾天收了你的狀子了嗎，你怎麼又來攔轎喊冤？」

向氏外甥女哭著說：「小女子實因身懷奇冤，才屢次冒死上訴。大老爺讓小女子拿著狀子去按察司，可是按察司的各位大人說這個案子清清楚楚，沒有問題，還是維持原判，認定是姑姑謀殺了我姑父和表哥。」

黃宗漢聽完，心裡一盤算：不對啊，我幾天前剛批了條子，讓按察司重新審理鞠家命案。這才幾天啊，他們就核查了所有案卷，調集了人

證，認定案子清清楚楚明明白白了？這工作效率也太高了吧？於是，黃宗漢又一次批了張條子，還是讓向氏外甥女去找按察司衙門，讓按察司認真重審向氏一案。

黃宗漢為什麼兩次把攔轎喊冤的小姑娘推給按察司呢？這是清朝官員對攔轎喊冤和越級上訪事件的處理慣例。案子進展到哪一級了，就讓當事人去找哪一級官府，讓案子重新回歸到正常的司法程序中去。官員們這麼做，一方面是因為個人時間和精力有限，不可能誰攔轎喊冤就受理誰的事情。另外一方面是，上級官員如果直接插手具體事務，就會打亂正常的辦事程序，影響下級部門和官員們的工作。所以，高官們通常都會把攔轎反映的問題，重新發給相關部門處理，很少親自處理。朝廷對於京控案件，絕大多數時候發審回地方，極少有留在中央審理的。

黃宗漢的優點就在於，他雖然第二次把向氏小姑娘的狀子推給了按察使，但是心裡一直關注著這件事情，他從心底裡關心合州的命案是不是冤案。所以，又過了幾天，黃宗漢外出經過按察司衙門，心裡惦記著向氏的案子，便命令落轎，徑直往按察司衙門裡走去，想看看案子的進展。

這個時候，令人吃驚的一幕發生了。四川按察司衙門口的看門小吏，竟然擋住黃宗漢的路，阻擋總督大人進部門。他不顧身分地位和權力的巨大差距，公然阻攔總督大人視察，以下犯上，可見讓總督進去的後果比得罪總督的後果更嚴重。

黃宗漢很奇怪：「你這是要做什麼？」

小吏回答：「按察司是司法重地。總督大人不具體負責司法事務，不方便進去。」

黃宗漢駁斥說：「我是堂堂四川總督，掌管全省軍政事務。雖然司法刑獄不是我專責，但也是我的分內事。今天，我就是專門抓司法審訊工作來了。」

合州命案：冤案的生成及平反

小吏又藉口說：「按察使大人正督率衙門官員查案，不方便打擾。」黃宗漢就問：「什麼案子？」回答說：「合州的案子。」黃宗漢說：「好，好，好！我正要過問這件案子呢。」說完，他一把將人推開，大搖大擺地進了按察司衙門。

耐人尋味的是，本案的資料來源、清代筆記彙編《清稗類鈔》在記敘小吏攔阻黃宗漢這個細節的時候，用了「循例擋駕」一詞。四川按察司衙門一直以來都不願意上司和其他部門官員進來查探。難道，按察司衙門是外人不能窺探的禁地、四川的司法系統一直是關起門來辦案的？從這個細節就可以看出，當時四川的司法系統是有問題的。

黃宗漢闖入衙門後，正在審案的按察司官吏們都吃驚地站了起來。黃宗漢拱拱手，讓大家繼續審訊，自己就是來旁聽的。說完，他就坐在四川按察使的邊上旁聽。按察使等官員，硬著頭皮，在總督面前重新審理合州殺人案。

當時，向氏就跪在地上。她推翻了之前的供述，不肯承認通姦，更不承認殺人。按察使下令衙役扇向氏的巴掌。之前每審核一次，向氏就推翻一次供述，也就多受一次皮肉之苦。她臉頰兩邊的肉都差不多脫落了，如今又遭到衙役的痛打，嘴和臉很快就變形了，血肉模糊，露出了牙肉。

黃宗漢看著就不忍心，發話說：「此女伶仃可憐，諸位大人為什麼專審她？」按察使原本一心要向氏重新認罪，了結此案，被總督這麼一問後不便再讓衙役掌嘴，揮手讓衙役退下。可不對向氏用刑，他又不知道怎麼辦，大堂裡出現了尷尬的沉默。

黃宗漢就問：「諸位大人，你們審問案子，就只問嫌犯一人，不召其他人過堂嗎？」按察使這才命令：「帶姦夫上堂！」

過了一會兒，一個臉色紅潤、皮膚飽滿，一點都不像是囚犯的壯漢

被帶了上來。黃宗漢看到後就大怒：「如此凶嫌，何不杖之！」總督發話，衙役們不得不對壯漢棍棒伺候。剛打了一兩下，那壯漢就大喊大叫起來：「不要打了，不要打了！你們之前不是說好，只要我按照你們說的錄口供，就不讓我受刑的嗎？今日為什麼打我？」

話一說出來，堂上的所有官吏都大吃一驚。黃宗漢尤其吃驚，命令：「給我往死裡打，看他招不招實情。」很快，壯漢就熬不住了，供認自己與向氏並沒有姦情，更沒有和向氏密謀殺人，這些都是合州刑吏陳老倫花錢讓自己做的。至此，向氏的冤情被證實，她的確是被冤枉了。

按察使等人很羞愧。黃宗漢卻有些得意，諷刺他們說：「諸位大人，你們看老夫的審案手段如何？」眾人都支支吾吾，只有一個膽子比較大的按察司官員反問：「總督大人審判得當，查出此案確有冤情。但是，凶手究竟何在？」黃宗漢生氣了，說：「這難道不是一個明顯的錯案嗎？」可是，就如那名官員反問的那樣，現在只能證明壯漢並非姦夫、之前的審理有錯誤，但真凶依然是個謎。只要沒找到凶手，就不能徹底排除向氏的嫌疑，她的冤屈就不能徹底昭雪。黃宗漢明顯感到了整個司法系統對向氏翻案的牴觸。他知道在自己按察司衙門久留無益，便打道回府。

堂堂的四川總督竟然不能指揮司法系統推翻一個明顯的錯案，黃宗漢只能尋找其他方法、其他途徑解決了。他想到了一個辦法：派人暗訪，調查實情。他挑選親信李陽谷到總督府，把旁人都打發走，祕密命令他前往合州微服私訪。

祕密調查也好，微服私訪也好，都不是清朝司法制度的明確內容，不是正規的辦案手段。可以說，它們是介於白色和黑色之間的灰色手段。但是，正常的司法系統已經失靈了，白道走不通了。黃宗漢不能透過正常的管道、正常的手段，推翻一個冤案，只能採用祕密派遣親信微服私訪的灰色手段。這不能不說是對當時司法系統的一個諷刺。

合州命案：冤案的生成及平反

黃宗漢選擇的李陽谷，鬍鬚濃密，人稱李鬍子。他以廉明著稱，辛勤做事，當時還是一個候補知縣。接受總督黃宗漢的指示後，他喬裝打扮成商人，帶上兩個僕人就趕往合州。

合州命案已經在四川鬧得沸沸揚揚。案子真相如何已經不重要了，重要的是它關係到越來越多官員的前途和利益。四川官員們朋比為奸、聲氣相通，相關官員對案子的動向特別關注。李陽谷喬裝打扮，坐船到重慶，剛登岸就看到兩個人拿著名帖前來迎接。見到李陽谷，他倆就跪下來說：「李大老爺，您怎麼來得這麼遲？道臺大人命小的在此恭候多時了！」李陽谷很吃驚，說：「我是商人，與官場素不相識，你們認錯人了吧？」其中一個迎接的人就笑了：「李鬍子李大老爺，何人不知何人不曉？這次來，難道不是奉總督黃大人的命令查訪合州命案的嗎？此事不忙，請李大人先到道臺衙門小住。」

李陽谷微服查案一事，原本應該只有黃宗漢和他兩個人知道。誰料李陽谷人還在半途，重慶的地方官員就制定了「邀請」他到衙門做客的全套接待方案了。黃宗漢和李陽谷自以為微服私訪已經是灰色手段了，不料在真正的高手看來，這實在是小兒科。李陽谷在兩個人熱情的邀請下，不得不承認：「我確實是李陽谷。但我這次來重慶，是解決私人債務的，所以不敢使用真名，也不想叨擾官府，就不到繞各位大人了。」說完，李陽谷側身要走。迎接的兩個人哪裡肯放過，說：「既然李大人沒有公事，就更好了，可以到道臺衙門多住幾天。」說完，他們強行把李陽谷帶進道臺衙門「小住」。

一連好幾天，重慶地方官員們恭恭敬敬地接待李陽谷，輪番宴請，好酒好菜好言好語伺候著。對於此行的目的，李陽谷堅持說是解決私人債務，很快就要離開。地方官員輪番挽留，態度特別真誠、招待特別熱情。李陽谷不得已，一住就住了好幾日。最後，李陽谷實在不行了，堅

持要走。臨行前，川東道臺帶著幾位官員對李陽谷說：「李大人此行的目的，我們早就知道了，你沒有必要隱瞞。李兄如果能幫忙潤飾，這裡有三千兩銀子權當孝敬。」李陽谷無話可說，銀子也堅持不要，匆匆告辭回成都。

回去的路上，李陽谷一邊走一邊想，越想越覺得不能無功而返。走了幾十里地，他估摸著脫離了地方官員的監視，就找了個僻靜的地方登岸，剃掉鬍鬚，換上其他服裝，步行向合州走去。果然，一路上沒有人認識他，也沒有人邀請他「小住」了。李陽谷在合州暗訪了半月多時間，對合州官吏的枉法胡作了解得清清楚楚，遺憾的是就是不知道鞠家命案的真凶是誰。

就在他準備返程的前一天夜裡，李陽谷投宿在了一家小旅店，深夜偶然聽旁邊的屋裡有兩個人說話。一個人說：「現在當官的都是糊塗蟲，本地鞠家父子被人殺死了，當官的竟然以謀殺親夫結案，簡直是昏官！」另一個人說：「是啊是啊。要說這個案子也真是無頭案，不知道到底是誰殺的？」那人說：「是我殺的。一天夜裡，我路過合州七里澗，沒有盤纏了，就摸一戶人家偷了一條被子。剛出門，一個男子追出要奪被子。我嚇他說：『快走，不然我殺了你。』誰知他不但不退走，還過來搶被子，我就舉刀砍倒了他。這時又一個小夥子出來追我，我又殺了他。事後，我害怕了，遠逃他鄉避難。這不一年多了嘛，我聽說案子也結了，就回來了。」

踏破鐵鞋無覓處，得來全不費工夫。李陽谷大喜過望，急忙招呼兩個僕人一起逮住隔壁房間的人，直接押送到成都報告給黃宗漢。

合州殺人案很快告破。向氏無罪釋放；四川按察使、川東道臺、重慶知府革職；合州知州榮雨田本當嚴懲，但他上下活動、花了不少銀子，最後也僅僅被革職而已，逃過了更重的刑罰。書吏陳老倫知道真凶

被抓後，畏罪自殺；陳夫人被凌遲處死，承受了最大的懲罰；做偽證的壯漢充軍。為向氏鳴冤的外甥女得到表彰；李陽谷查案有功，出任知縣。

此案到此並未結束。不久，黃宗漢內調朝廷為官，成都將軍暫時代理四川總督。四川官場又開始湧動暗潮，想重新翻過此案來。代理總督竟然以最初的判決上奏朝廷，為被革職的官員謀求復出。巧的是，黃宗漢被任命為刑部侍郎，嚴詞駁回。四川方面這才不敢翻案了。

透過合州殺人案的審訊，我們簡單了解了清朝基層官府的司法審判壓力和他們的「有罪推定」邏輯，這些都助長了基層冤假錯案的發生。清朝制度雖然為冤假錯案的平反設置了各種管道，展現出了包容的姿態，但在實際中存在諸多的限制。整個司法體制並沒有動力、也沒有意願翻案平反。黃宗漢以總督之尊，要糾正轄區內的一樁冤案都非常困難。如果沒有黃宗漢，或者黃宗漢不知道冤情，向氏想必是必死無疑了。但是黃宗漢畢竟只有一個，所以並不是所有蒙冤的人都像向氏那麼幸運。合州命案再次昭示後人：要想真正杜絕冤假錯案的發生，還是要從建立一個公正、專業、有效的司法制度入手。

順天鄉試案：科舉公正與社會流動

一、票友中舉風波

咸豐八年（西元一八五八年）的九月十六日，順天鄉試結果揭曉。順天就是今天的北京，鄉試是省一級的科舉考試，每三年舉辦一次，考中的人可以獲得舉人功名，離官場就近了一大步。所以，每次發榜的時候，都是北京城裡的一件大事。

當天，早早的就有大群的考生和老百姓，聚集在那裡等待榜單揭曉。名單公布的時候，現場可謂無奇不有，可熱鬧了。榜上有名的人是喜形於色，有人高興得手舞足蹈，好像榮華富貴撲面而來了一樣。有的考生卻是臉色大變，呆在那裡像根木頭一樣，被打了都沒有感覺。九月十六日放榜這一天，圍觀的人群對著榜單指指點點，幾乎所有考生都情緒激動，痛罵考試不公。這是為什麼呢？

人們情緒激動的原因是，這一次名列前茅的新科舉人，很多都是平日裡庸庸碌碌甚至不學無術的人。最離譜的是，高中鄉試第七名的是一個名叫平齡的鑲白旗滿族人。這個平齡，平時不好好讀書，整天泡在戲園子裡喝茶聽戲，肚子裡墨水沒有幾滴，戲文倒是裝了不少，是個出了名的「票友」。

平齡在北京四九城，也算是能叫得上號的梨園人物。如今他榜上有名了，圍觀的人群炸開了鍋。很多人就說了：「平齡整天唱戲，怎麼可能考場高中呢？」還有人質疑平齡有沒有參加考試的資格。

原來，科舉考試規定，考生必須「身家清白」。乞丐和妓女的子孫是禁止參加考試的。此外，還有三類人也不能參加考試。一類是家奴，第二類是皂役，也就是獄卒、劊子手、捕快差役等。比如《新白娘子傳奇》中的許仕林，其實是不允許參加科舉考試的。因為他名義上的父親是錢塘縣的衙役、皂役的子孫，只有脫離父輩的行業三代以上，才能參

加考試。第三類禁止參加科舉的人是優伶，也就是演員、歌手等曲藝工作者，在過去被人蔑稱為「戲子」。古代人認為這些職業最低賤，從業者道德惡劣，所以不能參加科舉，不能當官。平齡是京城出了名的「唱戲的」，難怪很多人要說「戲子怎麼能參加考試呢」？

當然了，這些都是古代的偏見。職業沒有高低貴賤之分，曲藝表演也是高尚的職業。但問題是，平齡泡在戲園子裡的時間遠遠多於花在書本上的時間，他是怎麼在科舉考試中名列前茅的呢？有人說，平齡可能是在考試的時候超水準發揮。那麼，更大的問題就出來了：在鄉試的那幾天，很多人看到平齡坐在戲園子裡聽戲，聽得不過癮，還親自上臺唱了幾齣。他根本不可能參加完所有場次的考試。一個根本沒有參加考試的人，再怎麼超水準發揮，也不可能考中！因此，人們有充分理由懷疑：這場考試有黑幕。

這些流言和議論，傳到了御史孟傳金的耳朵裡。孟傳金對科舉考試的現狀不滿，就四處蒐集本年順天鄉試的種種傳聞，準備上奏揭發。另有一種說法是，參與當年順天鄉試的一位考官，在閱卷的時候發現不少程度很差的考卷紛紛高中，覺得其中定有蹊蹺。放榜後，這位考官把這些情況，私下裡告訴了孟傳金。

十月初七，孟傳金上奏咸豐皇帝，指出這次鄉試存在舞弊行為。孟傳金主要提到了四大考場違規的情況：

第一，主考壓令同考官呈薦。

我來解釋一下什麼是「主考」和「同考官」。科舉考試有主考官和副主考官，對考試負主要責任。鄉試主考一般是一正一副。參加考試的讀書人數以千計，主考官和副主考官兩個人不可能一一閱讀、評判所有考卷，所以就有許多官員協助他們閱卷，就是同考官。什麼是「呈薦」呢？考生被分到不同的考舍考試，每個同考官負責一片考舍的閱卷。他們相

順天鄉試案：科舉公正與社會流動

當於第一層的評判，把所負責考舍的優秀試卷推薦給主考官，由主考官決定錄取與否。主考官和同考官的關係是獨立的，主考官不能強迫同考官推薦或淘汰某份考卷。但是，孟傳金指出，在這次順天鄉試中，主考官命令同考官必須推薦特定的考卷。

第二，同考官央求主考取中，就是同考官請求主考官錄取特定的考卷。

第三，同考官彼此互薦。同考官之間也是獨立的，每個人只負責各自考舍，不能插手其他區域。但是在這次順天鄉試中，同考官之間相互打招呼，讓對方錄取自己的人選。

第四，已取中而臨時更改。監考和閱卷應該是很莊嚴、很公正的。但在這次順天鄉試中，考官串通一氣，隨意更改錄取名單，把考試變成了相互交易的大暗箱。

孟傳金在奏摺的最後，把社會上傳得沸沸揚揚的平齡搬出來作為證據，指出新科舉人平齡「朱墨不符」。這是一項非常嚴重的指控。那麼，什麼叫作「朱墨不符」呢？為什麼這項指控非常嚴重呢？

要明白這一點，得從科舉考試防範舞弊的措施說起。

隋唐時，考官們評判原始試卷。這上面不僅是考生的真實筆跡，而且卷首寫有考生的姓名、年齡、籍貫等個人資訊。考官閱讀的時候，不可能不受這些資訊的影響。哪怕他想盡量做到公平公正，多多少少也會受到考生平時的文章、名聲，甚至家庭背景的影響。因為，這份試卷是誰寫的，考官看得清清楚楚。後來，到武則天的時候，為了防止官員徇私舞弊，規定考卷一律「糊名」。也就是把考生的個人資訊糊上，考官評判之後才能撕開糊名，抄錄考生資訊。

糊名制度，希望完全憑考卷的程度高低決定考生勝負，只看你寫的文章能不能打動考官。

但是，糊名也有一個問題。它不能掩蓋考生的筆跡或者考卷上的記號，考官和考生之間還是可以透過筆跡或者記號來內外勾結。針對這個問題，到了宋朝，朝廷又建立了謄錄制度。

謄錄是這樣的：考生用墨筆作答的原始考卷稱為墨卷。考試完畢後，專門人員將墨卷糊名、編號，交給抄寫人員用紅筆重新抄寫一份答卷，新卷子叫作朱卷。

為了保證試卷的真實性，在謄錄過程中，謄抄人員抄寫的朱卷必須與考生的墨卷完全一致，即便墨卷中出現錯字、別字甚至塗抹，也必須完全照抄。朱卷抄寫完畢以後，又有專門的校對人員將墨卷和朱卷進行校對，確認無誤後分別封存。墨卷存入檔案，朱卷交給考官審閱。考官們評判朱卷後，再根據朱捲上的編號調出墨卷，撕開糊名，查看考生資訊。這個過程要當眾開封，當眾填寫姓名，當眾放榜公布。

科舉考試還有事後的檢查制度。名單公布後，禮部還要調取試卷進行複查，稱為磨勘。種種制度設計，為的就是盡可能地杜絕舞弊，保證考試的公平公正。所以，孟傳金說平齡「朱墨不符」，就意味著謄錄、放榜和磨勘制度都沒有發揮應有的作用。難道，平齡的試卷被調換了？或者有人替他作答？或者平齡乾脆就沒有參加考試？

當時在位的是年輕的咸豐皇帝。咸豐皇帝之前就多多少少聽說過科舉考試的黑幕傳聞，對此非常反感。這次接到御史的奏摺後，咸豐的態度很明確，那就是一個字：查！

咸豐皇帝下令由怡親王載垣、鄭親王端華、戶部尚書全慶、兵部尚書陳孚恩組成專案組查辦此事。這個專案組的層次相當高，怡親王和鄭親王是清朝的鐵帽子親王，怡親王載垣是雍正皇帝的十三弟胤祥的子孫。胤祥是雍正皇帝最親密的兄弟，最鐵桿的政治支持者，也就是當今影視劇中非常紅的那位「十三爺」，被封為第一代怡親王。

順天鄉試案：科舉公正與社會流動

鄭親王端華的祖先是清朝開國皇帝努爾哈赤的侄子、皇太極的鐵哥們濟爾哈朗。鄭親王這一支血脈，是清王朝最古老的藩王宗室之一。

可見，咸豐皇帝非常重視這次考場舞弊的舉報。他指示專案組，全面調查孟傳金奏摺中提到的所有問題，不准有一絲一毫的徇私舞弊；專案組可以調查本次科舉考試的所有考官。

有了皇帝的鮮明態度，案子查起來非常快。專案組很快查明，平齡的墨卷不全，不能證明他是否完成了考試。奇怪的是，平齡的朱卷卻是完整、清楚的。孟傳金揭發的「朱墨不符」屬實。更奇怪的是，平齡的朱卷上原本有七個錯別字，竟然被人改正了。

專案組很快就逮捕了平齡。平齡這個人，平時在舞臺上演慣了英雄好漢，現在一進專案組，一點英雄氣都沒有了，嚇得連話都說不清楚。問他什麼，他都支支吾吾。辦案官員們沒有辦法，把平齡關起來再說。不幸的是，清朝的監獄「黑幕」太多，大白天都要打燈籠，裡面什麼樣奇怪的事情都可能發生。平齡進了監獄後，很快就傳來消息：平齡暴斃，死因不明。

最關鍵的線索就這麼被掐斷了。就在大家懊惱的時候，有一個人主動跳了出來。這個人叫作鄒石麟，身分是翰林院編修，另外一個身分是當年順天鄉試的同考官。鄒石麟向專案組自首，承認自己改了平齡的朱卷。他說，他看到平齡的朱卷時，以為上面的錯別字是抄寫時筆誤，就擅自提筆改了過來。

案子發展到這裡，嫌疑犯已經死了，又有人自首認罪，提供了一個講得過去的說法。如果想大事化小、小事化了，這個案子就可以結案了。事實上，有很多案子就是這麼了結的。很多人也希望，順天鄉試的案子最好也到此為止。

案子調查到這一步，專案組拿捏不准咸豐皇帝的真實意圖，就向咸

豐匯報了初步的結論：第一，平齡登臺演戲，純屬個人愛好，不必治罪，更有資格參加科舉考試。但讀書人登臺演戲，有辱斯文，要宣告其他讀書人，引以為誡；第二，平齡的試卷中多處出現錯別字，可以證明他才能平庸，沒有達到舉人的水準。專案組透過這麼委婉的說法，指出了平齡中舉存在舞弊。按大清律，平齡應罰停會試三科。考慮到平齡業已身故，可以免於處罰。第三，考生舞弊，同考官應該連坐，降一級調任。同考官鄒石麟又擅改朱卷，知法犯法，罪上加罪，建議革去官職，永不敘用。

　　本次順天鄉試的主考官是協辦大學士兼軍機大臣柏葰，副主考有兩位，分別是戶部尚書朱鳳標和都察院左副都御史程庭桂。他們三人應該承擔領導責任，罰俸一年。

　　咸豐皇帝接到報告後，面臨兩條選擇。他完全可以照抄專案組的意見，結案了事。他也可以抓住報告中的漏洞，進行徹底調查。咸豐皇帝到底會選擇怎麼做呢？此時，咸豐皇帝的脾氣稟性就造成了決定作用。

　　咸豐皇帝，在很多人眼中是一個昏庸的皇帝，在他統治時期，清王朝加劇衰亡。其實，大家誤解咸豐皇帝了。咸豐皇帝不是千古明君，但也不是一個昏君。他的廟號是「文宗」，咸豐就是清文宗。「文」是對皇帝非常高的評價。《清史稿》說咸豐當皇帝時期，「無一日之寧」，天天都面臨內憂外患，壓力山大。無論是太平天國運動，還是第二次鴉片戰爭和英法聯軍火燒圓明園，哪個問題處理不好都可能葬送祖宗的江山社稷。我們不能說咸豐皇帝把這些問題處理好了，但起碼他都挺過去了，沒有讓清朝葬送在自己手裡。

　　咸豐是經過激烈競爭，才當上皇帝的。他的弟弟恭親王奕訢，是出了名的聰明能幹。很多人都以為奕訢會是新皇帝，結果咸豐戰勝了奕訢，成了一匹黑馬。不管咸豐耍了什麼手段，他都在皇位競爭中，戰勝

了奕訢。每一匹黑馬的出現，都有它自身過硬的地方。咸豐就是如此。

咸豐剛當上皇帝，就雷厲風行，處置了一批老官僚，其中就有閩浙總督劉韻珂。劉韻珂是一個典型的官場老油條，鴉片戰爭時期擔任浙江巡撫。浙江沿海戰鬥最激烈的時候，劉韻珂「恰好」生病了，向道光皇帝請病假一個月，把巡撫大印交給浙江布政使代理。過了一個月，戰鬥還在繼續，劉韻珂的病沒有好轉，又向道光皇帝申請延長一個月病假。第三個月，他依樣畫葫蘆，又要求延長一個月養病。過了十幾天，得知中英雙方開始在南京談判了。劉韻珂的病馬上好了，不等道光皇帝允許，就把巡撫大印從布政使手中搶過來，自行掌印視事。狡猾的劉韻珂是鴉片戰爭期間，沿海封疆大吏中結局最好的，沒有受到任何處分。誰讓他「有病」呢？到西元一八五零年，劉韻珂升官當了閩浙總督，當時爆發了外國人要求到福州居住的棘手問題。劉韻珂卻在這個時候，不幸「舊病復發」了，向咸豐皇帝請病假。咸豐皇帝雖然當時只有十九歲，但處理得很巧妙。你不是有病嗎？為了你的健康著想，也不用請病假了，直接「病退」吧！於是，劉韻珂被免去一切職務，回家養老去了。他就這麼戲劇性地退出了歷史舞臺。

劉韻珂這個級別的官員去留，必須由皇帝親自決定，其他人不能出謀劃策，也不敢發表意見。咸豐皇帝對劉韻珂的處置，是他自己獨立做主的，體現了一個年輕人的聰明才智，又不失血性。他對人情世故有相當深的了解，又懂得政治技巧。

不能忽視的一點是，咸豐皇帝首先是一個年輕人。他當皇帝的時候只有十九歲，駕崩的時候年僅三十一歲。他的整個皇帝生涯就是自己的二十幾歲時期，正處於血氣方剛的青春歲月。順天鄉試爆發出舞弊醜聞時，咸豐皇帝二十八歲，當了八年多的皇帝，正是既有動力又有經驗，做一番事業的時刻。

可是此時的咸豐皇帝已是內憂外患，南方太平天國運動勢如破竹，而大清朝的既得利益集團卻各自固守自己小圈子，不思進取，暮氣沉沉。科舉取士就是要打破既得利益集團的阻礙，挑選一批有真才實學的人才。在咸豐皇帝看來，無論是考官還是考生，所有徇私舞弊的人無疑都是在一點點吞噬著國家的根基，這對年輕的咸豐皇帝來說絕對是無法容忍的。所以，他沒有選擇大事化小，而是抓住暴露出來的舞弊線索不放，下令重新磨勘所有考卷。

二、科舉舞弊指南

十月二十四日，在專案組成員的監視下，朝廷組織官員在圓明園核查了全部試卷，發現有問題的考卷超過五十本。

這五十份試卷可以分成兩類：三十八本試卷中錯字、別字、謬稱等比比皆是，另外十二本試卷，儘管錯得五花八門，但事後都經過了塗改。核查官員還發現了一個和平齡一樣疑點重重的考生。這位考生叫作余汝偕，他第一場試卷和第二場試卷有天壤之別，一個文理不通、錯誤百出，一個卻文采飛揚，前後判若兩人，很可能是請了槍手。最令人震驚的是，其中一份試卷，錯誤高達三百多字。要知道，一篇八股文的總字數才七百字，這份試卷的錯誤率將近百分之五十。更令人震驚的是，這份試卷竟然被選中了。那位白字先生考中了舉人！

調查問題需要勇氣，面對暴露出來的真相，更需要勇氣。暴露出來的問題不僅涉及五十個考生，肯定還涉及更多的官員和相關人等。怎麼辦？咸豐皇帝在核查的當天，就知道了結果。他在震驚之餘，沒有知難而退，而是大罵本次考試的考官「荒謬至極」，嚴厲處分了主考官柏葰。

咸豐皇帝給柏葰的處分是：革職。

順天鄉試案：科舉公正與社會流動

　　所謂革職，套用現代行政法的術語來說，是對官員的行政處分，而不是刑事處罰。清朝文官的行政處分有三級，一級比一級重。第一級是罰俸，就是扣發薪資，罰俸的時間長短不同，從扣發一個月到兩年不等。第二級是降級，就是降低官員的級別，又分為降級留任和降級調任兩種。第三級就是革職，撤掉官員所有的官職，是清代官員處分中最重的。所以革職的處分，對柏葰來說，非常沒有面子，而且很重。柏葰可是軍機大臣兼內閣大學士。在舞弊事件爆發出來之前，咸豐皇帝還認為柏葰主持考試有功，把他從協辦大學士提升為了文淵閣大學士。協辦大學士的品級是從一品，文淵閣大學士是正一品。柏葰以掌握實權的軍機大臣的身分，當上了正一品的文淵閣大學士，真正實現了名實相符、位極人臣。想不到，還沒有幾天，所有官職一下子就被撤掉了。

　　在這裡，我們有必要認識一下本案的主角：柏葰。

　　柏葰，巴魯特氏，蒙古正藍旗人，道光六年進上。清朝科舉，主考官從科舉出身的官員中挑選，是一種慣例。當年，大權在握的和珅想當全國會試的主考官，就因為沒有進士功名，不能如願。和珅很不舒服，但也沒有辦法。柏葰是正兒八經的進士，所以有資格擔任科舉考試的主考官。

　　柏葰的資歷很深，在中央擔任過總管內務府大臣、兵部尚書、內大臣、吏部尚書、翰林院掌院學士等等，在地方上擔任過江南鄉試主考官、蒙古都統等，算得上是履歷完整、經驗豐富。到鄉試舞弊案發的時候，柏葰在政壇上摸爬滾打了三十二年。

　　柏葰其實並不壞。柏葰年輕的時候出使朝鮮，朝鮮國王要巴結清朝，就給柏葰送了厚禮。這是朝鮮的外交慣例，按說柏葰收了也就收了，並不算違規。但是柏葰委婉謝絕了，可見柏葰並不是一個貪財的人。柏葰管理過朝廷的三庫，也就是銀庫、顏料庫和緞匹庫。這可是非

常容易出問題的職位，一旦負責人有一點的貪念，手稍微鬆一點，就能出現重大經濟犯罪。

但是柏葰沒有，可見柏葰貪慾並不強。此外，柏葰在主持江南鄉試的時候，還上奏朝廷，指出南方的漕糧徵收有問題，豪門大戶把壓力轉嫁到普通老百姓身上，同時八旗子弟敲詐勒索普通老百姓。他奏請朝廷嚴禁這些弊端。可見，柏葰體恤百姓，品德並不壞。

隨著柏葰進了軍機處，又當上了內閣大學士，他逐漸不是一個人了，而成了一群人的代表。根據他的資歷和身分地位，柏葰想不成為一個官僚群體的代表，都不可能了。那麼柏葰代表的是哪一類官員呢？他代表的是沿著傳統的升遷途徑，按部就班得到提拔或者即將得到提拔的那一類官員。

他們傾向於維護現有的規章制度，保持既得的利益和遊戲規則，反對進行激烈的變革。

在順天鄉試出現問題後，柏葰身為主考官，是最緊張的人。咸豐皇帝成立專案組調查的第二天，柏葰就請求觀見皇帝。咸豐皇帝拒絕見他，傳遞出了一個鮮明的態度：順天鄉試舞弊案要徹底調查，絕不講情面。

咸豐皇帝要徹查考試舞弊，專案組全力以赴。案件的徹查，就從那份錯了三百多個字的試卷開始。這份試卷的考生，名叫羅鴻繹。

羅鴻繹不是普通書生，而是現任的刑部主事。他的這個官，不是考來的，而是花銀子買來的。清朝的官員選拔，科舉考試是主要管道，是當官的「正途」，此外還有諸多的「雜途」。其中一項就是「捐納」，也就是朝廷在財政緊張的時候，公開賣官，允許有錢人花錢當官。羅鴻繹是廣東肇慶人，家裡有錢，就花銀子捐納了個主事的官職，被分配到刑部。

順天鄉試案：科舉公正與社會流動

當上官以後，羅鴻繹沒高興幾天，就發愁了。他因為沒有科舉功名，在官場上被人看不起。這也就算了，誰讓自己是花錢買官，畢竟來路不正。問題是，羅鴻繹發現自己的職業前景非常有限。說白了，就是在官場上沒有前途。

原來，明朝和清朝的文官制度，優待科舉正途，傾向有功名的人。比如，在職位安排上，翰林院、詹事府、都察院等等清要的官職和地方上的要職，明確規定只能由科舉正途出身的官員擔任。此外，官員在職位升遷、考核上，有科舉功名的人都占盡優勢。比如，官場慣例是非進士不入翰林，非翰林不入內閣，優秀的進士十幾年就能當上封疆大吏。很多雜途出身的官員，比如羅鴻繹這樣花錢當的官，一輩子都在原地踏步。再比如，同樣是工作散漫，上司會認為進士出身的官員是「寬厚愛民」，而雜途出身的官員卻會被認為「荒廢政務」，要受處分。文官考核中有「才」這麼一項。進士出身的官員輕易就能透過，雜途出身的官員卻很容易得到「才學不濟」的評語。所以，羅鴻繹覺得自己在職業生涯中受到了歧視，而且沒有發展前途。

讓羅鴻繹妒忌的還不止上述這些。科舉考試能讓讀書人形成科舉網路。比如，考官和錄取的考生之間會形成師生關係。考生每透過一級考試，就多了一位恩師，多了一圈人際網路。要知道，這些老師，可都是高官，對學生的未來發展是有利的。這種師生關係，可不是名義上的，還是實實在在的，有諸多權利和義務的關係。比如，老師對學生在仕途上有提攜和幫助的義務，學生在政治上要服從老師。如果學生彈劾老師，會被認為是大逆不道，欺師滅祖。考慮到這層關係，清朝文官制度中的「迴避」，特意將「師生」關係也列為必須申報和迴避的要素，和「親屬」關係並列。師生不允許有直接的上下級隸屬關係，防止他們結黨營私。所以，我們就能理解，和珅大權在握，為什麼還吵著鬧著要當會試

的主考官了。因為主持一次考試，就能收一大群的學生。

除了師生關係外，同一個考官錄取的學生之間有「同門」關係；雖然考官不同，但是考取的年份相同的學生之間有「同年」關係。每透過一次考試，就多一圈這樣的各種關係。所以，每一個科舉出身的官員身後，都站著一圈圈的人。一層層人際關係圈子保護著他、烘托著他，讓羅鴻繹這樣的雜途官員羨慕不已。

羅鴻繹感覺自己被正途出身的官員排斥了，在刑部自己就是個「獨行俠」，很孤單、很寂寞、對前途很失望。他也想要一個科舉功名。遺憾的是，銀子可以買到官職，卻買不到功名。科舉功名是「非賣品」。羅鴻繹覺得唯一的出路就是「回爐」考試，自己也去考一個科舉功名去。之前，羅鴻繹已經買了一個國子監監生的資格，有了這個資格他就可以直接參加順天府的鄉試了。

有人就會說了，至於嗎，放著好好的官不做，還去參加競爭激烈的考試？要知道，很多人考中了進士，還當不了刑部主事呢！有人可能會覺得羅鴻繹「回爐」考試的舉動很瘋狂。其實，官員「回爐」參加科舉考試，為自己謀一個更好的前途的情況，在清朝很多。不要說刑部主事，一些人當到了員外郎，甚至是軍機章京，還義無反顧地重新考試，寧願從翰林院重新做起呢！這也可以看出科舉的魅力，看出功名的誘惑。

那麼，羅鴻繹考得怎麼樣呢？那份錯誤率高達百分之五十的試卷，就是羅鴻繹的「傑作」。他錯得實在是太離譜了，專案組的成員不相信，連咸豐皇帝也不相信。再加上羅鴻繹是在職的官員，為了慎重起見，咸豐皇帝讓他當著大臣的面，重考一場。結果這場考試，對考生羅鴻繹和監考的大臣來說，都是一種折磨。羅鴻繹寫得滿頭大汗，才勉勉強強交上一份答卷；監考的大臣看得也是滿頭大汗，因為答卷寫得文理不通，要連蒙帶猜才能看懂。

　　最終，咸豐皇帝斷定羅鴻繹在順天鄉試中作弊。科舉考試防範措施那麼多，考試紀律那麼嚴密，羅鴻繹是如何作弊的呢？

　　最原始、最方便的是夾帶資料。從考試這種形式發明開始，就有人寫小抄作弊。這種方式歷史悠久，源遠流長。字寫得越來越小，只有借助放大鏡才能看得到；抄寫的地方越來越意想不到，從腰帶鞋帶到內褲都有。但是夾帶資料，很危險，也很不實用。因為考生入場要有搜身，連下體都要搜，夾帶很容易被發現。而且，你帶的資料不一定在考試中用得到。就算你帶的資料和本次考試的題目有關係，怎麼把這些資料整理成文章，還是要考驗一個人的真才實學。羅鴻繹很快就否決了這個作弊手段。

　　第二個常用的作弊手段是「冒籍」。因為各個地方的教育發展程度不同，但分配到的科舉功名卻是固定的。一些考生就假冒籍貫去競爭不激烈、名額較多的省份應試，增加自己的錄取機率。一般是東南沿海文化昌盛地區的讀書人，去考生水準比較低的西北省份，或者錄取名額很多的北京。但是，羅鴻繹已經取得了參加北京考試的資格，沒有必要冒籍了。

　　第三個常用的作弊手段是找槍手。這個手段有好有壞。好的一面是當時沒有指紋驗證或者照片對比，冒充成功的機會很高。不好的一面是，槍手本身的水準有高有低，可能發揮失常，不能保證就能考中。而且，槍手的收費很高。不管有沒有考中，都要事先付費。這可是一筆不菲的銀子，羅鴻繹思考再三，覺得找槍手不可靠，這個手段也放棄了。

　　第四個作弊手段是「換卷」，就是準備水準高的卷子，把自己文理不通的卷子替換下來。這個手段成功的機率最高，但要打通的關節也最多。不僅要找一個品質好的槍手，而且要買通保管試卷的官員。有一個環節沒有打通，就可能前功盡棄。羅鴻繹考慮後，覺得不僅花費多，還

容易留下漏洞。不行，這個手段也被否決了。

　　剩下的手段，就是關節「條子」了。所謂關節條子，是「通關節」和「遞條子」的合成。通關節就是事先考生和考官打招呼。條子就是長條形的紙片，考生和考官在條子上約定暗號，說明試卷內某行某處用某字作為標記。考官記在心上，閱卷的時候留心搜尋符合暗號的試卷，找到後錄取。這個手段，天知地知你知我知，沒有第三者知道，成功機率很高。當然了，條子的花費也不低。考生往往要在條子上畫圈，三個圈就是三百兩，五個圈就是五百兩。不過這筆銀子不是事先支付的，而是在錄取後再支付。反正錄取後，考官和考生之間就有了師生關係，本來就應該來酬謝的。到那個時候，考生支付約定的賄賂，雖然金額巨大，別人也不好說什麼。

　　因為「條子」的種種優點，它逐漸成為清朝後期最時髦的作弊手段，超越了夾帶資料、找槍手、換卷等手段，成為最常用的手段。每次考試之前，考生們四處奔波，找各種關係和路子，想方設法與考官搭上關係、遞上條子。很多考生沒有複習功課，一點都不在意，沒有遞出條子，卻急得像熱鍋上的螞蟻一樣。考生著急，考官如果收不到條子，也很著急。很多考官以收到條子為榮，收不到條子為恥，似乎條子越多，自己的地位就越高，別人就越重視自己。他們不僅被動地接受條子，甚至主動索要，或者為了滿足自己的虛榮心，或者是為了擴張自己的勢力範圍。

　　北京城每到科舉考試的時候，不僅從各衙門抽調官員當考官，考生也擠到各個衙門門前遞條子，蔚為壯觀，官員們都見怪不怪了。綜合比較之後，羅鴻繹決定採取這個手段來作弊。那羅鴻繹怎麼才能把條子遞上去呢？

三、還原內幕操作

咸豐八年（西元一八五八年）七月，也就是順天鄉試開始前的一個月，羅鴻繹找到了同在京城做官的老鄉李鶴齡。羅鴻繹說自己想參加這次科考，請李鶴齡幫忙。為什麼找李鶴齡呢？因為李鶴齡是進士出身，有科舉功名在身。清朝的順天鄉試和全國會試，都在北京舉行，參加的人數很多，監考和閱卷的考官的需求量就特別大。每次考試，都要從北京各個衙門有科舉功名的官員中抽調人手。幾乎每個衙門，每年都有人出去當考官，有些部門甚至被抽調得「十室九空」，沒幾個人能正常工作。羅鴻繹就覺得老鄉李鶴齡很可能被抽調為今年的考官。李鶴齡也覺得自己很可能被選為同考官，就滿口答應下來：「羅兄，這事就包在我身上了，一定給你好消息。」

考官名單一出來，李鶴齡傻眼了，他並沒有被抽調為考官。可是，自己已經答應別人了，而且把話給說死了，怎麼辦？不幫忙吧，怎麼和羅鴻繹相見，以後怎麼在同鄉面前抬頭。要知道，古代人，尤其是官員，是非常重視鄉情的。李鶴齡只好去找關係，幫羅鴻繹跑這件事。他找了自己的「同年」、被抽調為本年度同考官的浦安。浦安是翰林院編修，和李鶴齡關係不錯，而且覺得在考場上「關照」一下，也沒有大不了的，就答應盡力幫助。羅鴻繹就透過李鶴齡，向浦安遞了一張條子，雙方約定了暗號。就是這個暗號，幫了羅鴻繹的忙，讓他這個白字先生考中了第兩百三十八名舉人。

本來這一切都沒有問題，羅鴻繹都開始享受科舉高中的美妙感覺了。誰知道這一次的考試，被御史揭發了。先是平齡出問題了，一般人都覺得這是難以想像的；很快，羅鴻繹打破了人們的心理底線。大家發現，在科舉考試方面，沒有最黑暗，只有更黑暗。

　　這個羅鴻繹，專案組一審問，羅鴻繹就把所有事情，一五一十地全招了。李鶴齡、浦安都被他供了出來。

　　浦安馬上被專案組叫過來「喝茶」。他的文章寫得比羅鴻繹好，但抵抗程度和羅鴻繹一樣差，甚至更差。浦安把舞弊的事情一五一十都招了出來，而且把前因後果、所有細節都交代得清清楚楚。給後人留下了一份詳細的「案情」描述：

　　浦安在批改考卷時，看到一張試卷上有和羅鴻繹約定的暗號，就把這份試卷推薦給了主考官柏葰。柏葰讀了文章後，覺得水準太差，讓在考場中幫忙的家丁靳祥轉告浦安，不錄取這個考生。浦安急了，跑過去向柏葰當面求情，說自己推薦的其他試卷都可以淘汰，但是這一份卷子請中堂大人務必錄取。柏葰見浦安說得這麼絕對、這麼懇切，不好拒絕。但是，當時閱卷的結果已經出來了，錄取的名額已經滿了，怎麼辦呢？家丁靳祥就建議，從已經錄取的試卷中，抽一張出來，替換成浦安推薦的這份卷子。柏葰沒有反對。就這樣，另一位有真才實學的讀書人的十年寒窗苦讀瞬間化為烏有，而文理不通的羅鴻繹卻榜上有名。

　　柏葰為什麼答應浦安，違心錄取了羅鴻繹呢？這要談到官場的人情世故了。

　　柏葰雖然是主考官，有最終決定權，但他畢竟不是唯一的考官，他要照顧到同僚們的感受。當考官是一時的，宦海沉浮卻是一輩子的事情。柏葰不能不給同僚面子。這種官場中的人情世故，也浸染到科舉考試的錄取中來了。如果有一位考官，像浦安那樣，堅持一定要錄取某位考生，寧可放棄其他的推薦人選也要保住這一個。其他考官不可能生硬地拒絕他的要求。不然大家關係壞了，考試結束之後還怎麼相處呢？

　　柏葰主要就是從同僚關係的角度出發，賣給浦安一個面子，決定錄取羅鴻繹。另外一個促使他這麼做的人，則是家丁靳祥。清朝官員日常

事務繁雜，有很多事情沒有時間和精力去做，或者以自己的身分地位不方便去做，就需要有家丁來幫忙處理。一些官員的得力家丁和心腹傭人，藉機分享了官員的權力。靳祥就是這樣的人。柏儁因為年紀大了，事情太多，越來越多地把事情推給靳祥處理。本來科舉考場是不允許閒雜人等進來的，考官們必須被封鎖在裡面。但主考官攜帶親信家人入場，在清朝後期成為了慣例，家人就分享了主人的錄取大權。

在順天鄉試中，柏葰過度仰仗靳祥的協助。浦安得知羅鴻繹被淘汰後，就拜託了傳遞消息的靳祥，拜託他幫忙。靳祥在法律上是一個僕人，根據後來的審訊資料來看，很可能是柏家的家奴，身分很低。雖然他狐假虎威，分享了主人的權力，但難免有自卑感。當朝廷命官、翰林編修浦安低下身段，主動求自己幫忙的時候，靳祥的虛榮心得到了極大的滿足。他滿口答應了下來。靳祥不僅帶浦安來向柏葰求情 —— 這是明顯違法亂紀的行為，考官在場內禁止串通消息，而且靳祥還幫浦安說活。最後還是靳祥提出了替換已經錄取的試卷，把羅鴻繹填補上去的方法。在浦安和靳祥兩人的求情之下，柏葰默許了。

考中後，羅鴻繹去感謝浦安。浦安告訴羅鴻繹錄取他的細節，強調：「你被錄取，中堂大人的家丁靳祥出了不少的力。」浦安對整件事情的判斷，還是相當客觀的。

以上就是羅鴻繹鄉試舞弊的具體過程，這幾個人還招供了錄取後的「利益輸送」情況。

按照遞條子的潛規則，放榜後，考生應該向考官送錢了。這個時候，與整件事情關係不大的、羅鴻繹的同鄉李鶴齡主動跑上門來了，從羅鴻繹那裡要五百兩銀子。羅鴻繹給了他五百兩紋銀。李鶴齡財迷心竅，想把銀子全部據為己有，遲遲不分給浦安。浦安等得不耐煩了，就主動跑到李鶴齡那裡，藉口說急需錢用，拿走了三百兩銀子。這筆交

易，羅鴻繹是不知道的。十月初，羅鴻繹去「謝師」。他先去拜訪「房師」浦安，只按照一般的行情，送了十兩銀子作為孝敬。浦安因為已經拿了三百兩，所以也沒說什麼。

接著，羅鴻繹又去拜訪主考官，也就是自己的「座師」柏葰，表示感謝。他孝敬了柏葰十六兩銀子。沒有舞弊、正常錄取的考生，一般也就送這個數目給自己的老師。客觀地說，柏葰沒有收到羅鴻繹的條子，也不知道羅鴻繹和浦安等人的交易。他就當是一個正常錄取的考生，來感謝自己，送了一筆正常的酬謝銀子而已。大家都這麼做，幾十年來都這麼做，柏葰也就心安理得地收下了這十六兩銀子。從內心裡，他可能懷疑羅鴻繹和浦安有關聯，但沒有在言行上表現出來。在政壇上摸爬滾打幾十年，柏葰早已經練得心如止水，遇事不驚了。

但是，社會上通行的慣例，大家見怪不怪的事情不一定是正確的，甚至不一定是合法的。當有人要徹底調查這些見不得光的事情的時候，柏葰發現自己陷入了一種尷尬甚至危險的境地。從邏輯上說，羅鴻繹科舉舞弊，柏葰是最後，也是決定性的一個環節。正是柏葰的默許，羅鴻繹才能中舉。他已經深深陷入了羅鴻繹的舞弊案，難以自拔了。

羅鴻繹被迅速革去舉人功名、革去刑部主事的職務，李鶴齡被革去兵部主事的職務，浦安的翰林院編修也被革職了。三個人被關入刑部大牢。柏葰之前已經被革職，如今就方便多了，直接關人大牢。當朝一品、鄉試的主考官都銀鐺入獄了，這意味著順天鄉試舞弊案必將是一椿大案。

柏葰的家人靳祥，是關鍵證人，他之前已經被柏葰安排去甘肅，跟隨柏葰在甘肅當知府的姪子。朝廷發出了加急通緝令，在陝西潼關將他抓捕歸案，押進刑部大牢。

這個時候，清朝的監獄再一次發揮了神奇的作用，一點都沒有辱沒

自己已經負面得不能再負面的形象。作為科舉舞弊案關鍵環節的關鍵證人，靳祥是如此重要，竟然也很快在監獄裡「暴斃身亡，死因不明」。他的死，為試圖還原鄉試舞弊案的真相和相關人員的定罪帶來了麻煩。案件的審理蒙上了陰影。朝野內外，很多人都在嘀咕：這個驚天大案，該怎麼收場呢？

就在大家犯難的時候，本案的另一個關鍵人物肅順出場了。

肅順，從血緣上講，是出身鄭親王一脈的宗室。專案組成員鄭親王端華是他的哥哥。肅順是小兒子，祖宗傳下來的爵位被哥哥世襲走了，肅順只能自己奮鬥。他作風強硬敢闖，深受咸豐帝的信任和重用，逐漸升遷為戶部尚書。他和哥哥端華、怡親王載垣等人，組成了傾向變革的王公集團。

我們可以從幾個例子，看出肅順的思想傾向。比如，滿族人在清朝有鐵桿子莊稼，國家養著八旗子弟。國家繁榮的時候，沒有問題；在清朝後期，這就給國家財政造成了巨大的壓力。肅順身為貴族大臣，卻是最早提出拔除鐵桿子莊稼的人。他對不學無術、愚昧迷信的滿族同胞非常不滿。

肅順常說「咱們旗人混蛋多」、「滿人糊塗不通，不能為國家出力，就知道伸手要錢！」對於漢族人，肅順沒有民族偏見，主張選賢用能，是曾國藩、胡林翼、左宗棠等人在朝廷中的援手。據說，肅順對滿族人常常惡語相向，對漢族官員卻尊稱字號，不叫名字。就連敲詐勒索，肅順也只對滿族人動手，對漢族人不取一絲一毫。所以，當肅順最後在辛酉政變中失敗，押赴刑場的時候，很多八旗子弟在兩旁圍觀，拍手稱快，還向他扔石頭或雞蛋。可見，當時多數滿族人是反對肅順的變革主張的。

柏葰和肅順，他們兩派人，很自然地產生了矛盾衝突，雙方明裡暗裡地鬥了好幾回。咸豐四年的時候，肅順一幫人抓住柏葰當鑲白旗蒙古

都統的時候，在辦理爵位世襲方面的失誤，迫使柏葰受到了處分，被免去了內務府大臣，降為左副都御史。不過總體來說，柏葰一幫人的勢力還是占據優勢。起碼從官職上，柏葰等人的職位要比肅順等人高。

所以，順天鄉試舞弊事件爆發，怡親王、鄭親王等人又是專案組成員，肅順一幫人自然不會放過這麼好的機會。順天鄉試舞弊案，在正常的案件審理之外，又多了一層權力爭鬥的色彩。專案組之所以迅速推進案子的審理，迅速把柏葰抓進大牢，認定案情清楚，很多人認為這一切是肅順在幕後用力的結果。在整個案子的審理過程中，肅順雖然不是專案組成員，卻是最活躍的「編外」成員。肅順一心要扳倒柏葰。他們這幫人加班加點地審案，一心要把案情往柏葰身上引。很多人認為，出現問題的試卷那麼多，專案組之所以抓住羅鴻繹不放，就是因為肅順分析各條線索後，發現只有這一條線索能夠把柏葰直接拉下水。

現在，關鍵證人靳祥死了，肅順就淡化靳祥的作用，認為只是少了一個直接證人而已。柏葰、浦安、李鶴齡、羅鴻繹等人招供的內容，相互參照，相互補充，完全可以勾勒出整個事情的來龍去脈。專案組認為，整個案子已經明明白白。

四、宰相殞命

難題來了：如何為主考官柏葰定罪呢？

狡猾的專案組耍了一個花招，自己不下定論，而是發了一道公函，咨請刑部協同商議。畢竟柏葰是正一品的高官，他的門生親信遍布天下，且是守舊派官僚集團的代表。更何況，「定罪」這種得罪人的事情，專案組的四個大臣才不會獨立做主，自加壓力，自添煩惱呢！他們決心把刑部拉來當墊背的。

順天鄉試案：科舉公正與社會流動

清朝的司法實權，其實掌握在刑部手中。審訊、定罪原本是刑部的職責，更是他們的專長。但面對柏葰，刑部不敢貿然下結論；而其中一個案犯羅鴻繹又是本部門的官員，刑部覺得這事情相當尷尬。可是這事又推不掉。好在刑部的筆桿子們，天天和公文打交道，很巧妙地把這個皮球給踢回了專案組。

刑部在答覆中說，柏葰「聽受囑託，但查例並無僅聽囑託，不知交通關節，且向來亦未辦過似此成案」。這句話的資訊量太大了，需要仔細分析。

首先，「囑託」是《大清律》中有明文規定的一項罪名。《大清律例》規定：「鄉會試，考試官、同考官及應試舉子，有交通、囑託、賄買關節等弊，問實斬決。」柏葰在閱卷時，的確接受了浦安的求情，算是「聽受囑託」。接著，刑部馬上用了一個轉折詞「但」。刑部搬出了「例」，也就是案例來。清朝的法律往往只規定了大的原則，並沒有定罪和判刑的細則。之前的案例就成了補充，成了定罪時更可操作的準則。刑部說，之前的案例，聽受囑託都是和交通關節連繫在一起的。一個官員接受了他人的囑託，往往之前有過交結、密謀。在柏葰的案子裡，刑部並不認為柏葰和浦安、羅鴻繹等人之前有「交通關節」。

刑部的第三層意思是，柏葰的這個案子是新形勢下的新情況、新問題，我們沒有辦理過這樣的案子。所以，怎麼定罪，還是請專案組的各位大人決定吧！

刑部又把皮球踢給了專案組。專案組其實並不是真的需要刑部的意見。肅順一黨已經有了決定，諮詢刑部，只是表面工作。一方面是表示自己工作細緻周到，尊重了刑部的司法權，一方面是把刑部拉到了這個案子裡來，免得他人說專案組獨斷專行，單獨承擔「嚴刑酷法」的指控。接到刑部的皮球意見後，專案組也不客氣，把柏葰往死裡定罪。

柏葰的罪名還真是不好定。他事先的確不知道羅鴻繹等人的私下交易，更沒有接受條子，更沒有和他們有過往來。刑部說他只是「聽受囑託」，其實是準確的，但又不好定罪處罰。專案組最後是「比照」交通囑託關節例，對柏葰「斬立決」。

什麼是「比照」呢？比照是古代司法的常用詞，就是在法律沒有明確規定的時候，比附其他相應的條文進行處理。專案組給柏葰「比附」的罪名就是「有交通、囑託、賄買關節等弊，問實斬決」。專案組的證據就是，羅鴻繹事後送了柏葰十六兩銀子，而這就是賄賂。為什麼羅鴻繹要行賄呢？就是因為之前他和柏葰通關節、走後門，商量好了徇私舞弊。柏葰辯解說，這是學生向考官的正常孝敬。專案組馬上義正詞嚴地反駁：孝敬？什麼是孝敬？表達敬意的方式有很多，為什麼單單送銀子？你說是禮尚往來，我說就是賄賂！柏葰頓時啞口無言。

那麼，什麼是「斬立決」呢？清朝的死刑分「斬」和「絞」兩種形式，馬上執行的叫作「立決」，緩期執行的叫作「監候」，意思是關在監獄裡等候覆核。所以清朝的死刑判決有斬立決、絞立決、斬監候、絞監候四種形式。其中，斬立決，就是立即斬首，是最重的一級。專案組給柏葰判的就是斬立決。

柏葰身分特殊，判絕不能按一般的程序審核執行，而是先上奏皇帝，由咸豐皇帝決定。這就是中國古代司法的「八議」制度。王公貴族定罪前，要請示皇帝聖裁，以保護權貴們的法律特權。「八議」的對象是八種人，分別是「親、故、賢、能、功、貴、勤、賓」，分別指皇親國戚、皇帝的老朋友、道德高尚感動全國的賢人、才華出眾的人才、立過大功的民族英雄、有很高官職或者爵位的人、無私奉獻特別勤勞的人、前朝皇帝的後裔。一般來說，八議的結果往往是減刑，甚至是免刑。清朝繼承了八議制度，柏葰算得上其中「貴」的標準，專案組需要把鄉試

舞弊案的案卷和建議的刑罰，詳細地報告咸豐皇帝，最終如何處罰還是要由咸豐皇帝決定。

九年二月十三日，咸豐在勤政殿召見各位親王、軍機大臣、內務府大臣和各部尚書，召開御前會議，商量如何處置柏葰。咸豐皇帝問大家有什麼意見，絕大多數大臣馬上把頭壓得低低的，一個字都不敢說。

就在大家沉默的時候，戶部尚書肅順站了出來，最先發言。他的觀點非常鮮明，就是請咸豐皇帝將柏葰斬首。

肅順的理由是科舉考試不僅關係朝廷信義，還關係到天下讀書人的切身利益。套用現在的話說，一個人只要在科舉考試中肯用功、肯努力，就能用知識改變命運，獲取聲響、地位和財富。科舉考試不管一個人的出身、地域、年齡等等因素，只看這個人的學問，讓所有人在一個開放的平臺上自由競爭。所有人，只要能通過統一的考試就能做官；相反，即便是王侯子弟，無法通過考試也只能做一輩子平民百姓。

不論在哪個時代，不論是哪個國家，一個人要想從社會的下層上升到上層，都是非常困難的事情，要付出常人難以接受或者想像的代價。少數人實現了身分地位的飛躍，但付出了一生的代價，甚至出賣了靈魂，最後偏離了最初的夢想。但是，科舉制度不需要你用一生去交換，也不需要你出賣靈魂，在理論上是自由、開放、公平的，相對其他制度來說，不能不說是巨大的進步。不知有多少中國人，得益於科舉考試，從社會底層上升到了社會上層。

舉個例子。安徽黃山地區是著名旅遊景區，在古代是徽州。徽州是科舉重地，出了很多科舉才俊和朝廷大臣。走在深山野地裡，動不動就看到一座「尚書第」或者「翰林門楣」。實際上，古代的徽州是一個物產貧瘠、交通不便的山區。現在黃山地區的很多鄉鎮，交通還不方便，經濟也不發達。如果沒有科舉考試，那麼多徽州前輩是走不出大山，成就

不了一番事業的。如果沒有科舉制度，古代徽州的教育文化不會發展到很高的一個程度。

如今北京長安街建國門段，路北邊是中國社科院，在清朝時期是北京貢院，三年一次的全國會試就在這裡舉行；路南邊有一條胡同，叫作鯉魚胡同。當年有許多貧寒考生，在這條胡同裡投宿。科舉放榜的時候，這條胡同就熱鬧了。不斷地有穿得破破爛爛、操著南腔北調的窮酸書生，接到喜報。昨天還沒人搭理，今天就被人圍著叫老爺了，真的是「鯉魚躍龍門」。這條胡同也就得名「鯉魚胡同」。

科舉制從誕生直到西元一九零五年廢除的一千五百年間，在中國可謂是雷打不動。皇帝可以換，王朝可以變，甚至統治的民族也在變，但開科取士的做法很少有人變過。一個野心家，或者心懷不滿的人，要造反，也會說：「等我大事成功，我也開科取士去。」你看，他反對的是現有的王朝，而不是科舉制度。

千百年來，科舉制度以開放的姿態，高舉公平公正的旗幟，給所有人希望。希望在，夢想就在，就有大批人支持這項制度。

科舉考試的最根本優點是保證了社會流動性，促進了社會的穩定，而它的精髓就在於維護公平公正的競爭環境。一旦有權有勢的人，走關係、通關節、行賄舞弊，就破壞了科舉的精髓，踐踏了其他人的夢想。下層的人才，不能順暢地流動到上層來，這個社會就會失去活力、失去平衡，最終危及到政權的穩定。從這一點上來說，科舉舞弊是在挖清朝的牆角，會動搖清朝的統治根基。因此，肅順認為，對順天鄉試負有領導責任的主考官柏葰「非正法不足以儆在位」。

肅順論證的角度，恰恰是咸豐皇帝當時最擔心的事情。清朝已經內憂外患，咸豐皇帝看到南方的太平天國運動勢如破竹，再看看周圍的王公大臣們，各自守著自己的小圈子和既得利益，暮氣沉沉，不思進取。

皇帝科舉取士的直接目的，就是打破既得利益集團的阻礙，挑選一批有真才實學的人才。想不到，官僚集團只顧維護和擴張自己的利益，後果只會是當官的人家世代為官，普通老百姓世代為民，利益固化，階層固化，社會板結，後果只能是把越來越多的人推到造反的太平天國那一邊，王朝離覆滅也就不遠了。

想到這裡，咸豐皇帝簡直恨透柏葰了：「我給你高官厚祿，你不但不做正事，還給我搞亂！」他大筆一揮，批准了專案組的意見，將柏葰斬立決。咸豐的聖旨是這麼寫的：

科場為掄才大典，交通舞弊，定例綦嚴，自來典試大小諸臣從無敢以身試法、輕犯刑章者，不意柏葰以一品大員乃辜恩藐法至於如是。柏葰身任大學士，在內廷行走有年，且系科甲進身，豈不知科場定例，竟以家人求請，輒即撤換試卷……情雖可原，法難寬宥，言念及此，不禁垂淚！

柏葰這就被推到菜市口，準備開刀問斬了。每次死刑行刑，都有監斬官員，一般由刑部官員擔任。這一次，咸豐派出了豪華的監斬陣容。監斬官是由戶部尚書肅順、刑部尚書趙光擔任，足見這是一樁大案。

清朝從建立以來，極少有一品高官被判斬立決。即便有被判處斬首的，也在臨刑之前頒布赦免詔書，改斬首為流放。我們經常在影視劇上看到類似的情景：一個裝好人的文官，一手提著官袍或者拉著馬韁，一手高舉著聖旨，高喊：「刀下留人！」跑過來結束一段虛驚一場的表演。這是清朝自立國之初就沿襲下來的慣例。柏葰被綁赴菜市口開刀問斬之前，也以為到時候咸豐皇帝一定會刀下留人，赦免自己死罪，改為流放邊疆。於是，他叫家人開始給自己打點流放的行裝，準備聖旨一到就啟程去外地。

監斬的肅順，其實早就拿到了咸豐皇帝下達的死刑判決聖旨。但他就足不拿出來，還在刑場上裝好人，和柏葰寒暄：「中堂大人，委屈你

了，再委屈半個時辰就好了」、「中堂大人，家裡可都安頓好了啊？」肅順這是在享受勝利的喜悅。可在柏葰看來，這只是「刀下留人」一幕的前奏曲而已。他向四周看看，發現一個門生或者親信都沒來。柏葰就想：也對，一會兒我就要流放外地了，他們沒必要到刑場來圍觀，說不定正在我家裡幫我收拾行李呢！

柏葰一直等到午時三刻，期待中的赦免聖旨並沒有來。肅順卻拿出了早就藏好的聖旨，大聲宣布：「將人犯驗明正身，開刀問斬！」柏葰這才明白，肅順剛才是在調戲自己呢，門生親信們並不是沒有必要來刑場，而是不敢來刑場。柏葰這才明白，自己即將創造一個歷史。大刀落下，柏葰成為清朝唯一一個因科舉舞弊被處死的大學士，也是中國歷史上在科舉案中被處死的最高級別的官員。

柏葰堂堂一品宰相，最後死在了十六兩銀子上。當初，柏葰坦然承認自己收了十六兩銀子，說：「向係如此，隨即收下。」清朝後期官場盛行送禮，各種「孝敬」滿天飛，令人目不暇接。

清朝官場送禮首推「三節兩壽」禮。三節，分別是春節、端午和中秋；兩壽，分別是官員和他夫人的生日。遇到這五個日子，平常人家也要相互送禮，官場中人更是逮住機會，大張旗鼓地送起來了，只不過金額大得驚人。比如道光年間，陝西糧道張集馨送給西安將軍的三節兩壽禮，每次是八百兩白銀；給八旗都統的禮物，每節是兩百兩白銀。這些人是有業務往來的。而陝西巡撫是糧道的直接上司，「三節」擴展到了「四季」，糧道每個季度送巡撫一千三百兩白銀。「三節兩壽」禮對地方官來說比較實用，因為他們下屬多，又管事管錢，能收到厚禮。對於京官來說，最在意的是「兩敬」。一個是冰敬：夏天送錢，名義是買冰降溫去暑；一個是炭敬：冬天送錢，名義是買炭保暖禦寒。時節一到，地方衙門紛紛派人往京城各個衙門和相關官員家裡送錢。對於利益相關的京

官，地方官還多送一個「瓜敬」，顧名思義就是送錢讓京官買些瓜果蔬菜吃。京官的另一個重要收禮途徑就是「別敬」。新官拿到委任狀離京赴任之前、地方官在北京辦完公事離京之前，都要給相關衙門官員和熟悉的京官送禮告別。此外，地方官府因為公事找中央部委，也要送禮，稱為「部費」。部費的金額，從幾十兩到幾萬兩不等。

柏葰才收了十六兩銀子，完全是一個小數目。在銀子滿天飛，你收他收我也收的大環境下，柏葰失去了應有的警惕和清醒。他的死，是罪有應得，又是社會腐敗風氣的犧牲品。當一個社會面對違法行為麻木不仁、熟視無睹時，人的道德標準也會被拉低，社會將陷入混亂。大家都既是違法者又是犧牲品，任何人都不能倖免。

五、條子滿天飛的後果

順天鄉試的主考官柏葰被斬首示眾，成為了中國歷史上因為科舉考試舞弊被殺的最高級別的官員，創造了一項歷史紀錄。但是，順天鄉試舞弊案並沒有因為柏葰的被殺而結束。因為，考場裡舞弊的考官並非柏葰一個。要知道，在圓明園覆核所有試卷的時候，有問題的卷子高達五十份。

還記得向柏葰求情錄取羅鴻繹的同考官浦安嗎？浦安入獄後不僅對夥同羅鴻繹考場作弊的事情供認不諱，而且還把自己在考場內外的所見所聞都招供得特別仔細。其中最有價值的線索是，浦安供稱目睹了副主考、都察院左副都御史程庭桂在考場中收到很多條子。而且，程庭桂對收到條子，非常自豪。據說在考試開始之前，他就拿著一大疊條子，公開炫耀說：「哎，今年收到的條子太多了，這可讓我怎麼辦呢？」於是，副主考程庭桂也被專案組請過來喝茶了。

程庭桂承認在考試期間收到很多請託的條子，都是兒子程炳采轉送的。這些條子自己看過之後，當場燒掉了。條子上的人，自己一個都沒有錄取。按照程庭桂的這個說法，他非但沒有錯，而且堅持原則，有功。

程庭桂為官多年，老練得很，看起來是很難突破了。好在他說條子是兒子程炳采送的，於是，程炳采也被專案組拉來做客了。

這個程炳采，年輕得很，完全不像父親程庭桂那樣有心機，嘴巴也不像父親那樣嚴。一進專案組，程炳采就把收到的舞弊條子的情況交代得清清楚楚。他供認，刑部侍郎李清風的兒子李旦華、工部郎中潘曾瑩的兒子潘祖同、湖南布政使潘鐸的兒子潘敦儼等人都向他塞過條子，拜託他父親在鄉試的時候多多關照。而塞條子舞弊的考生包括工部候補郎中謝森墀、國子監學錄王景麟等，他們「回爐」參加科舉的目的，和羅鴻繹是一樣的，為自己爭取更好的前途。此外，塞過條子的一般秀才，就更多了。程炳採供認出來的打招呼的人幾乎都是中央和地方的官員，人數越來越多，事態越來越嚴重。他每多說出了一個人的名字，專案組成員就皺一下眉頭。

最後，程炳采抬頭看看專案組裡的兵部尚書陳孚恩，小聲說：「陳大人的公子陳景彥，也送過條子。」這一下，陳孚恩和他的小夥伴們都驚呆了。專案組成員也牽涉科場舞弊，這案子還怎麼審下去？

條子滿天飛，把考生和考官都牽涉進來，再加上當事人背後的人際關係網路，讓科舉考試完全變味了。這是科舉制度發展到清朝後期的一個特有現象。

科舉那一年的五六月間，是確定正副主考官、同考官的時候。北京城和各省省城中，有權有勢的人紛紛出動，或拜訪、或賄賂已經或可能成為考官的官員。考試還沒開始，考官們計劃錄取的親戚朋友、暗中答應錄取的考生，再加上達官貴人們塞條子打招呼要求錄取的考生，條條

塊塊、方方面面，已經占去了大部分的名額。考官們與其是在閱卷，不如說是在權衡各方關係。關係戶很多，錄取名額有限，考官們必須反覆推敲，比按照真才實學來評定高下更難更辛苦。他們先按照打招呼的人的官爵高低來錄取囑託的關係戶，其次是按照賄賂的多少來錄取關係戶，如果考生給的錢一樣多，那就兼顧一下名聲的高低、答卷的優劣。最後的錄取名單，寫上那些必須錄取的考生之後就沒有幾個名額了，再挑選幾個有真才實學的、沒有背景的普通考生，把名字寫上去，當當花瓶，應付輿論。順天府是首都，考試的問題最多。順天府的主考官和同考官們，一般是京城裡的高官顯貴，不用皇帝公布名單人們也能猜個八九不離十。有能力者早早地就有針對性地做這些人的工作，拿著金銀財寶，一個一個地進行，幾乎沒有失手的。

中國社會廣泛存在著人情關係、權力網路。它們比赤裸裸的賄賂更厲害，考官未必會收賄賂，但他無論如何都擺脫不了人情和權力的羅網 —— 事實上，高官子弟往往不需要向考官行賄，就能在考試中受到照顧。權力因素始終影響著科舉考試，扼住了官場準人的咽喉。科舉制度原本想盡可能地刨除掉家庭背景、權力因素和財富等等的影響，為所有人提供一個公開公平公正的舞臺，讓貧寒子弟和普通人家的孩子們有一個「知識改變命運」的機會。可到清朝後期，貧寒子弟和普通人家的孩子們又一次成了弱勢群體。其中的罪魁禍首，就是條子，就是條子背後的達官顯貴和人情世故網路。

當專案組成員之一的兵部尚書陳孚恩，得知自己兒子涉案後，馬上給咸豐皇帝上了一道奏摺。他在奏摺中說，自己回家後，馬上好好教訓了不肖之子陳景彥，得知陳景彥的確向考場內送過條子，自己感到萬分震驚，請求將兒子陳景彥革職，同時申請迴避此案，並請求皇上處分自己。

這裡需要說明一下，陳孚恩的兒子陳景彥是刑部候補員外郎，而李

清風的兒子李旦華是工部郎中。他們都是有官職的人。中國古代有任子制，或者稱為恩蔭制，就是高官的兒子可以直接當官。清朝繼承了這種做法，規定一品高官的子孫可以授予五品級別的官職、二品高官子孫是六品、三品高官子孫則是七品，而四品官員子孫對應細末小官或者免試進入國子監讀書。清朝官員只要做到四品以上，也就是地方官道臺、京官副卿等以上，就給兒子賺到了一頂烏紗帽。像陳孚恩、李清風這樣級別的官員，兒子當官是很容易的事情。清朝皇帝召見高官，寒暄的時候常常提起的話題就是：「你兒子是否當差？在什麼地方當差？」這樣當官的人，雖然只是雜途官員，比不上正途出身的進士們，但畢竟破壞了公平公正的競爭氛圍。

話說回來，陳景彥等人傳遞的條子，不是請求考官錄取自己，而且輾轉透過其他考生傳遞的。這些考生也不知道拐了幾道彎，才搭上關係讓陳景彥這樣的公子哥把條子遞進去。同樣，陳景彥等人也是拐了幾道彎，才認識這些拜託自己辦事的考生。他們很可能從中沒有獲得什麼好處，但在條子滿天飛的環境下，見怪不怪了。沒有想到，咸豐皇帝下定決心要整頓科舉考試。他們就只能怪自己撞到槍口上了。

咸豐皇帝對陳孚恩積極主動的態度還是滿意的。下聖旨將陳景彥革職，審理徹查。陳孚恩並不知情，應該受什麼處分，按照正規管道辦理即可，但是不用退出專案組。舞弊案有關陳景彥的部分，陳孚恩必須迴避，其他內容相信陳孚恩會秉公辦理，不用迴避。

有咸豐皇帝的鮮明態度，有柏葰的前車之鑑，舞弊案繼續推進。相關遞條子的人，紛紛逃出了北京，很快就被得到通知的當地官府捉拿歸案。程炳采被斬首，成了舞弊案中死的第 7 個人。副主考程庭桂按律也該斬首。咸豐皇帝看到他兒子剛剛被斬首的分上，法外開恩，將程庭桂革職，發配到新疆去效力贖罪。據說發配的當天，陳孚恩還來為程庭桂

送行。陳孚恩哭著拉著程庭桂的手說：沒有保住你兒子的命，很對不起你！程庭桂回答：我的命能保住，就已經很不錯了。

傳遞條子相關的熊元培、李旦華、潘敦儼、潘祖同、陳景彥都被革職，發往新疆效力贖罪。同考官鄒石麟為平齡更改朱卷，被革職、永不敘用。磨勘查出試卷有問題的舉人余汝偕等十二名，並同考官徐桐、鐘琇、塗覺綱、何福鹹，對讀官鮑應名等人，都按照程序先後受到處理。最終，順天科場舞弊案總共懲處九十一人，其中斬首五人、流放十人、革職七人、降級調用十六人、罰俸三十八人。

如此嚴重的處罰，讓滿朝官員都大驚失色。柏葰死後多年，他的門生故舊，沒有一個人敢去祭奠他。很多官員在考試前還因為沒有被委派為考官，覺得可憐，覺得委屈，案發後都暗自慶幸沒有被選為考官。的確，在普遍違規違法的大環境下，人人都可能是受害者。

順天科場舞弊案懲處後，科舉考試立刻紀律嚴明起來。這個案子一直拖到咸豐九年的上半年，才陸陸續續處理完所有案犯。當時正是全國的會試，考官們再也不敢攜帶家人進入考場，凡事親力親為，嚴格按照規定來執行。考場紀律立刻嚴明起來，考生入場時，監考的官員特別認真地為每個人搜身，一個紙片、一個字都不能攜帶進入考場。通關係、走後門的情況不能說絕跡，也變得非常隱祕。考官們都親自閱卷評判，看到條子就像老鼠看到貓一樣，躲得遠遠的。《清史稿》評價這個案子說，「科場清肅，歷三十年」。從咸豐九年到清朝滅亡，再也沒有爆發過大的科舉舞弊案件。柏葰的死，換來了三十年相對公平公正的科舉環境，也算是死得其所。

之前我們說到，科舉制在中國雷打不動。皇帝可以換，王朝可以變，但開科取士的做法很少變過，可見科舉有它存在的理由。

但是現在，科舉制度的名聲並不好。很多人批評科舉考試有許多僵

化規定，非常不好，尤其是科舉制度中的八股文。科舉剛開始的時候，考試文章允許自由發揮，沒有固定要求。但是由於考生的觀點、文章的體例、行文的習慣不同，考官們的標準也不同，考官閱卷的難度很大，改得很累，落榜的考生還很不服氣，總之是大家都不滿意。這種局面到明太祖朱元璋時期，發生了改變。朱元璋是從社會最底層打拚上來的皇帝，講究實用且帶有濃厚的平等思想。據說他主持科舉考試和聽取大臣匯報的時候，總覺得大家寫的文章華而不實、言之無物，詞語太華麗、典故太多，就是重點不突出。朱元璋就想統一天下文章的體例格式。同時，之前的科舉考試有利於有錢有勢的世家子弟出頭，他們熟悉政治話語、家學基礎良好，而樸實無華的貧寒人家子弟就吃大虧了。朱元璋於是規定，大家必須用同樣的參考書，寫同樣規格、同樣內容的文章，盡可能地去除家庭基礎對考生的影響。朱元璋規定的標準文章就是「八股文」。

八股文有很多硬性要求。比如，考試題目只能出自四書五經，必須根據程朱理學的精神作答。文章的格式也被限制得很死：全文分幾個部分，每個部分怎麼寫、用什麼句式，哪一句話亮出觀點，哪一句話是引用都有規定。

朱元璋的出發點是好的，但他高度規範文章的要求遇到現實的中國人就變了樣。八股文很快墮落為刻板、保守的牢籠。讀書人聚精會神地研究八股文的格式、句法，將四書五經和朱熹文章從頭背到尾，什麼唐詩宋詞、什麼民間疾苦都拋之腦後了。八股取士錄取了很多背死書，只會寫八股文的書呆子。

清朝有這麼一個笑話，說有個書生在讀《史記》，本鄉一位前輩進士過來問他：「你在讀什麼書？」書生說：「史記。」進士問：「誰寫的？」書生回答：「司馬遷。」「司馬遷是哪年的進士啊？」「司馬遷是西漢太史

令，沒有功名。」進士馬上不高興了，說：「原來沒有功名啊。那我拿他的書來看看。」他拿過《史記》翻了幾頁，扔在一旁說：「此書於科舉無益，看它做什麼？」

顧炎武曾憤慨地說：「八股之害，甚於焚書。」焚書坑儒活埋的只有數百人，而八股取士禁錮的是五六百年讀書人的智商和精神。發展到最後，連皇帝本人也看不下去了。光緒皇帝有一次親閱進士考卷，發現大多數考卷雷同，毫無用處，不禁感嘆說：「以這種方式錄用人才，也難怪學非所用。」

科舉制度更大的問題是，助長了讀書人的功利心和官本位思想。讀書人只知道有科舉功名，不知有天下和百姓，只知道要當官要升官，不知有人格和善惡，全社會瀰漫著濃郁的官本位思想。功名和官職成為評判人生價值的唯一標準，腐蝕了社會的道德良知。

古代朝廷很早就用高官厚祿來吸引士人。科舉制強化了這種做法，放大了讀書人的功利心。科舉制度給予有功名的讀書人極大的利益和虛名，讓社會錯誤地在「榮華富貴」、「科舉功名」和「讀書考試」三者之間劃上等號。「書中自有千鐘粟。書中自有黃金屋。書中有女顏如玉。書中車馬多於簇。」面對誘惑，讀書人一頭紮進四書五經中去了。

科舉制度的確有許多問題，越到後來問題越多。但是，一項制度都不可能是十全十美的。一項制度發展幾百年後，人們回頭再看，總會發現它和最初的設計並不吻合。科舉制度是經過幾千年的挑選，試驗了多種人事制度後設計出來的成果。它並不完美，但卻是幾千年來能夠找到的最好的人事制度了。

科舉考試，培養出來了范進、孔乙己這樣的怪胎，但也選拔出來了王安石、張居正和曾國藩。可見，許多真正的人才並沒有被科舉的問題打倒，而是走出科舉的羈絆，憑藉科舉的平臺實現了自己的價值。

楊乃武小白菜案：政潮中的洗冤錄

一、「羊」吃白菜

　　同治十二年（西元一八七三年）十月初十，浙江省杭州府餘杭縣的豆腐店夥計葛品連暴病身亡。死時，葛品連的母親、妻子畢秀姑和房東都在場。母親親手為葛品連換了衣服，當時屍身正常，並無異樣。夜間，葛品連的屍體口鼻內有淡血水流出。葛母遂對兒子的死產生了懷疑，便在十一日黎明叫上地保，赴縣衙報案。她在呈詞中亦說兒子死因不明，請官府偵查，並無涉及任何嫌疑人。知縣劉錫彤帶上仵作、衙役一併去查勘屍體。

　　劉錫彤在去驗屍的途中，富有「八卦精神」的幕僚和衙役們聽說死者的妻子是畢秀姑，開始議論起她的傳聞來。

　　畢秀姑，年輕貌美，水靈得很，因為常常穿件綠衣服圍條白裙子，人送綽號「小白菜」。葛品連、畢秀姑夫婦都是最底層的小老百姓，全靠在豆腐坊幫工的微薄收入維持生計，連房子都沒有一間，婚後租住了本縣舉人楊乃武的房子。楊乃武夫婦對畢秀姑很好，常邀請畢秀姑同桌吃飯，楊乃武還曾教畢秀姑識字。坊間就傳聞楊乃武與小白菜有私情，「羊（楊）吃白菜」。葛品連個矮貌醜，本來就因妻子年輕美貌而擔心，聽到傳聞後信以為真，一度和畢秀姑發生口角打鬥，後來乾脆搬離了楊家，另外租屋居住。如今，葛品連夫婦搬入新居沒幾個月，丈夫就暴亡，人們很自然聯想到楊乃武與畢秀姑的「緋聞」來。

　　恰巧，劉錫彤和幕僚、衙役們都很討厭楊乃武，劉錫彤早就恨死楊乃武了，決定抓住楊乃武若有若無的嫌疑，置他於死地。劉錫彤為什麼這麼恨楊乃武，楊乃武又是怎麼得罪官府眾人的呢？

　　楊乃武的女兒在《我父親楊乃武與小白菜的冤獄真相》中回憶：「我父親性情耿直，平日看到地方上不平之事，他總是好管多說，又常把官

紳勾結、欺壓平民等事編成歌謠。官府說他慣作謗詩，毀謗官府。」

餘杭倉前鎮，距縣城十餘里，地臨苕溪，舟運暢達，當年是漕米集中的地方。百姓完糧，陋規極多，交銀子有火耗，交糧米有折耗，量米時還要用腳踢三腳，讓米溢出斛外，溢出的米不許農民掃取。受欺的都是一些中小糧戶，他們叫苦連天。我父親代他們交糧米，又代他們寫狀子，向衙門陳訴糧胥剋扣浮收，請求官府剔除錢糧積弊，減輕糧戶額外負擔。當時餘杭縣官劉錫彤，為官貪暴，見我父親寫狀子告糧吏浮收舞弊，認為是多管閒事。倉前鎮收糧官何春芳更反咬我父一口，說我父鼓動農民抗糧不交，代農民包交漕米，從中牟利，劉錫彤根據何春芳的反訴，傳我父去訊問。

我父據理辯白，劉錫彤說我父吵鬧公堂，目無王法，面加斥逐。錢糧之舞弊如故，我父親憤恨不過，於夜間在縣衙照牆上貼上一副對子：「大清雙王法，浙省兩撫臺。」因為大清曾有明令，量米不許用腳踢，撫臺也有布告，溢米準由糧戶掃取，但餘杭卻仍是不改。由於此事，縣官、胥吏都怨恨我父親。」

後世有人說楊乃武是餘杭縣的「訟師」。此說沒有確信，但是楊乃武即便不是職業訟師，但實際上也替老百姓向官府爭取權益。楊乃武有舉人功名在身，擁有見官不拜、不受刑罰等特權，他就用這些特權來為民辦事、打抱不平。在清朝地方官眼中，部分「不良生監」，包攬詞訟，煽動百姓抵抗政府，是控案紛繁、地方難治的重要原因。清朝對這些地方讀書人的爭權行為，尤其適合生監與百姓聯合、生監與生監聯合的集體行動，極為厭惡。

楊乃武的所作所為，在知縣劉錫彤看來就是挾制官府的「領頭羊」。漕糧一事，涉及多少食利者，涉及多大的利益啊，局外人避猶不及，楊乃武偏偏在這個問題上「奮不顧身」殺進去。他先是批評官府的陋規權

楊乃武小白菜案：政潮中的洗冤錄

力（交銀子有火耗，交糧米有折耗，量米時還要用腳踢三腳），後來「變本加厲」地代百姓交糧。因為楊乃武是舉人，官府很難從他身上榨取陋規收益。他堅持不繳納火耗、折耗，不讓衙役踢米，官府也拿他沒辦法。最後，「大膽」的楊乃武發展到幫助老百姓告官，要求縣衙廢黜陋規，一切按法律規定的來辦。

劉錫彤批評他幾句，他竟然敢在衙門口前寫「大字報」攻擊政府，這不是激化矛盾嗎？

上至一把手劉錫彤，下至指望陋規養家餬口的底層差役，都討厭楊乃武。如今聽說楊乃武涉案，劉錫彤等人心中反而覺得舒坦。一個案子，現場還沒查看，屍體尚未勘驗，父母官內心就已有傾斜了。

正式驗屍時，劉錫彤看到屍身已經開始膨脹，上身作淡青色，肉色紅紫，口鼻裡血水流入兩耳。當時是十月，南方氣溫還比較高，加上葛品連死前胸悶掙扎，屍身的確有些失常。劉錫彤等人將此認作「服毒身亡」，在驗屍報告中寫葛品連七竅流血、肌肉發黑。

劉錫彤馬上把畢秀姑帶回縣衙，坐堂審訊。所謂審訊，先是誘供，然後是逼供。劉錫彤先百般勸誘畢秀姑「毒藥從何而來」、「曾與何人通姦」、「是否與楊某有過姦情」，已經把案子認定為楊乃武與畢秀姑合謀毒殺葛品連了。畢秀姑雖然對丈夫「服毒身亡」感到詫異，但也堅稱楊乃武除教自己識字讀經外，兩人並無姦情，更不知道是誰毒死了丈夫。馬上就有人逼畢秀姑說是她謀殺親夫，這個罪名一成立，就要千刀萬剮凌遲處死；要想活命，只有說是楊乃武叫她下毒，這樣她就不用死了，而楊乃武是新科舉人，也不會被處死。經過一天一夜的引誘催逼後，畢秀姑在第二天「承認」本月初五從楊乃武那裡拿來砒霜毒死了葛品連。

劉錫彤隨即申請上司，革去楊乃武的功名，將楊乃武「逮捕歸案」。

楊乃武和楊家人也同時展開了申訴行動。堂弟楊恭治、妻弟詹善政

到縣衙申訴，說本月楊乃武的丈母娘病逝，楊乃武初五那天在城外南鄉老丈人家守靈，並沒有外出，不可能在城裡把砒霜交給畢秀姑。有數以十計的人可以為楊乃武作證。劉錫彤置之不理，將來人趕出去了事。

劉錫彤將案卷呈報杭州府，請知府陳魯定罪。劉錫彤和陳魯的關係很好，劉錫彤又親自到杭州將楊乃武的種種「不法行徑」一說，陳魯也對楊乃武破壞泛權力體系深惡痛絕。他一開始審問，就嚴刑逼供，給楊乃武跪釘板、跪火磚、上火棍。楊乃武幾次暈厥，熬刑不過，只得承認給畢秀姑砒霜，毒死了葛品連。陳魯按律定罪，判「葛畢氏凌遲處死」，「楊乃武斬立決」，並上報給浙江按察使。

按察使承擔核查重任，但在實踐中流於形式，不問案犯與證人，不看證據，翻翻案卷就認為原審無誤，照原擬罪名上報巡撫。

浙江巡撫楊昌濬按照規定接到死刑案件，必須進行全面審查。楊昌濬的做法是派了一個候補知縣鄭錫滜，到餘杭去密查。說是「密查」，鄭錫滜到了餘杭後住在縣衙裡，劉錫彤盛席招待，又賄賂了一筆錢。鄭錫滜找了當地衙門安排的幾個證人一問，就以「情況屬實」回去交差了。楊昌濬大筆一揮，核准了楊乃武的死刑，呈報刑部。

一場有意陷害的冤案就這麼稀里糊塗地經過了四次審訊、走完了縣府省三級手續，眼看就要成定案了。只要刑部批覆一到，楊乃武就要人頭落地了。

幸運的是，朝廷有一套完整的司法糾錯制度，楊乃武可以不斷上告。

一開始，楊乃武對於上訴洗刷冤情抱有很大的希望。姐姐楊菊貞入獄探監，與楊乃武商量京控。楊乃武自擬呈詞，歷數冤情及嚴刑逼供屈打成招的經過。楊乃武的女兒說：「同監的犯人很多，都鼓勵我父上控。」「寫呈詞沒有紙筆，有個監視我姑媽探監的獄卒，很同情我父，設法弄來紙筆。我父將呈詞擬好，交給我姑媽帶出。」

楊乃武小白菜案：政潮中的洗冤錄

清朝司法不允許女子告狀，如果實在要告也必須找個代理人，稱為抱告。

於是，楊菊貞以楊乃武的舅父姚賢瑞作抱告，楊乃武的妻子詹彩鳳帶著剛剛出生的兒子楊榮緒，身背黃榜（冤單），歷盡千辛萬苦，走了兩個多月到達北京，向都察院衙門投遞訴狀。楊家充滿艱難辛酸的洗冤過程正式啟動。

在之前的「京控自戕案」中，我們簡單介紹了京控制度。隨著京控事件增多，朝廷對此項制度內心是抵制的，可又不能廢除，只好設置了種種的「軟障礙」。

都察院給上訴者設置的一大「軟障礙」就是「挑錯」。先不管案情是否真有冤枉，都察院先給申訴設置程序上的、文字上的、個人稱呼上的乃至紙張尺寸大小上的毛病，將申訴駁回，拒之門外。一般百姓哪裡清楚司法公文的種種門道，很難遞上完全符合都察院滿意的訴狀。那就對不起了，都察院以訴狀「不合格」為由，將你趕走。好在楊乃武畢竟是舉人出身，經常替百姓寫訴狀，程序性文字性的刁難難不倒他。他交給楊菊貞遞上的訴狀，完全合格，讓都察院的老爺們挑不出毛病來。

都察院就執行了第二套方案：發審。清朝晚期，絕大多數的京控案件已經到不了御案，直接發回案發地審理。案發身分幾乎都維持原判，而且會藉機絞盡腦汁為案中漏洞彌縫，使之更為周密詳致，讓人更難從資料中找到破綻。都察院這麼做，既免除了自己的麻煩，又向地方官員示好，客觀上把申訴者「賣」給了地方官。

楊菊貞的上訴，都察院的處理意見就是「押解回浙」，交巡撫楊昌濬審理。楊菊貞等人天真地拿著都察院的處理意見，辛辛苦苦返回杭州，到巡撫衙門要求重審。楊昌濬等人見楊乃武一家竟然不服判決，上京城告御狀，這還了得。這不是刁民是什麼？象徵性的重審，變成了對楊乃武的第二輪迫害，「這些問官，恨我姑媽上控，提審時不待我父開口辯冤，即用重刑威嚇。」楊乃武、畢秀姑兩人再次被打得死去活來，再次

對罪行「供認不諱」。浙江省維持原判，向刑部報告。

至此，楊乃武案走完了帝國司法制度的所有環節，沒有一點程序上的問題。申訴制度非但沒有釐清事實，反而證明了楊乃武「殺夫謀婦」證據確鑿、原審得當。

二、案件上達天聽

楊乃武申訴無望，痛定思痛，得出了一個結論：法定的司法制度是拯救不了自己的，要想洗冤必須借助「法外之力」。楊乃武不是一般的市井小民，他冥思苦想，讓姐姐楊菊貞去找三個人。

第一個人是內閣中書汪樹屏。楊乃武和他是同年關係，知道汪樹屏祖父擔任過內閣大學士，哥哥汪樹棠則在都察院做官。第二個人是吳以同。楊乃武和他的關係最親密，兩人既是同學又是同年。吳以同雖然沒有官職，但在著名官商、東南首富胡雪巖家當家庭老師。依託胡雪巖的人際網路，吳以同的衍生權力不可小視。第三個人是夏縉川，是個武舉，和楊乃武關係也不錯。夏縉川的堂兄夏同善是浙江有名的才子，進士出身，獲得慈禧太后的賞識。夏同善擔任過江蘇學政、兵部右侍郎，楊乃武案發時正丁憂在家。

夏同善丁憂期滿要回京，胡雪巖為他餞行。吳以同作陪，將楊乃武的冤情向夏同善述說了一遍，夏同善表示同情，答應回京代為斡旋。吳以同又介紹楊菊貞見胡雪巖，胡雪巖贊助了楊家一筆錢，作為今後申訴和生活的費用。楊乃武的人際關係網路開始發揮作用了。有了這些基礎，同治十三年九月，楊菊貞和詹彩鳳、抱告姚賢瑞第二次上北京申訴。

到了北京，夏同善介紹楊菊貞訪問了浙江籍的京官三十餘人，爭取了浙江籍京官的普遍同情，做好了輿論和組織上的準備。然後，夏同善

楊乃武小白菜案：政潮中的洗冤錄

又找了翁同龢。翁同龢與夏同善關係親密，曾一起當過光緒皇帝的侍讀。翁同龢友情難卻，加之對楊乃武的遭遇也很同情，便答應替楊乃武說話。身為慈禧眼前的紅人，他順利地將案件面陳了兩宮太后，請求重視此案。楊乃武的案子至此算是「上達天聽」，連皇上、太后都知道了，下面的人就不能對此案馬虎搪塞，胡亂處理了。

翁同龢和浙江籍京官願意插手此事，其中有真心同情楊乃武的因素，更有權力爭鬥的需求。翁同龢是江蘇人，和浙江籍的京官們一起組成了「江浙幫」。江蘇、浙江一帶在太平天國運動期間被太平軍占領，朝廷借湘軍力量鎮壓了太平天國起義，之後二十多年，出身湘軍系統的官員占據了東南各省的要職肥缺，形成錯綜複雜的關係。江浙一帶的官僚士人早就對此不滿了。楊乃武案發時，浙江上下就在湘軍派系勢力範圍內。楊乃武冤案涉及湘系許多官員，翁同龢正好借此案，敲打敲打他們。如果能夠扳倒一批人，還能填補空缺，所以江浙官員們開始起勁地在楊乃武案子上做文章。這大大出乎楊乃武的意料之外，他的案子開始從謀殺案變為了政治事件。話又說回來，一件小案子如果沒有經過層層演化「加內容」，也到不了慈禧的耳邊。

所以，當楊菊貞第二次京控遞狀，要求覆審楊乃武案子的時候，狀子很快到了慈禧的手上。慈禧迫於江浙官員和湘系官員雙方的壓力，答應了重審的要求，不過指定由浙江巡撫楊昌濬負責。她下諭旨叫刑部令飭楊昌濬會同有關衙門親自審訊，務得實情。

楊昌濬接到命令後，必須重審。開始，他委派湖州知府許瑤光審問。

許瑤光左右為難，既不敢得罪之前審案的系列官員，又不能不認真審案。

審問時，許瑤光沒有動刑，楊乃武、畢秀姑都翻供，當堂呼冤，證據和證人也經不起推敲。許瑤光知道楊乃武是冤枉的，採取了拖延戰術，審了兩個多月不敢定案，也沒有回覆。

　　江浙幫官員忍不住了，給事中王書瑞奏請另派大員前往浙江審辦此案。慈禧直接委派新任浙江學政胡瑞瀾重審。胡瑞瀾知道楊乃武是巡撫定的案子，翻不得，連忙藉口自己不熟悉刑獄來推脫委派，奏請另請賢能。

　　慈禧不准，胡瑞瀾只好硬著頭皮上陣了。楊昌濬得知胡瑞瀾重審後，找胡瑞瀾「交流感情」，說楊乃武一案已經浙江各級官員反覆審問多次，無偏無枉，不宜變動。他藉口胡瑞瀾曾說自己不熟悉刑獄，推薦了寧波知府邊葆誠、嘉興知縣羅子森、候補知縣顧德恆、龔世潼「幫同審理」。邊葆誠是楊昌濬的同鄉、劉錫彤的姻親，基本把持了審訊，架空了胡瑞瀾。幾次審訊都是邊葆誠發話訊問，只要見到楊乃武和畢秀姑翻供，他就喝令差役大刑伺候。邊葆誠展開車輪戰術，日夜熬審楊乃武和畢秀姑，各種刑具都使用了。

　　楊乃武兩腿被夾斷，畢秀姑十指拶脫，被銅絲穿入乳頭。二人熬刑不過，再次「供認不諱」。畫供時，楊乃武已奄奄一息，神志模糊，無法自己畫供，由兩旁差役拿起他的手，捺上指印。最後，胡瑞瀾再次以楊乃武「斬立決」、畢秀姑「凌遲處死」的結果上奏。

　　慈禧兩次諭令重審，都沒有翻案成功，湘軍派系大小官員都認為楊乃武案將鐵案如山，不會再有反覆了。江浙官員暫時敗下陣來。

三、掀起政潮波濤

　　江浙官員總結經驗，認為只要楊乃武的案子還在浙江審理，就不會得出公正的結論來。翻案的最好方法是將楊乃武案「提審」，拿到北京來審理。

　　主意已定，一場新的更大的申訴潮迅速掀起。夏同善、汪樹屏等串聯在京的浙江籍官員、翰林、舉人，以楊乃武案涉及浙江讀書人的臉面

相號召，最終徵得汪樹屏、吳以同、吳玉琨等三十多人聯名向都察院及刑部控告，揭露楊乃武案雖經府、縣、按察、督撫、欽憲七審七決，都是嚴刑逼供，屈打成招，上下包庇，草菅人命，欺罔朝廷，請提京徹底審訊，昭示大眾，以釋群疑。官員聯名申訴，在政治體制中是一件大事，都察院等不敢處理，馬上轉呈。刑部侍郎袁保桓、御史邊寶泉也奏請將此案提交刑部直接審訊，在京的楊菊貞則反覆向各衙門遞呈，請求提京審問。

慈禧太后開始猶豫了。她考慮的不是楊乃武是否真的蒙冤，而是將此案提京審訊，本身就是對浙江地方官員的不信任，會打擊地方官員的工作積極性，進而挫傷整個湘軍派系。加上京城的湘系官員也在暗中活動，以案情明了、罪犯已多次認罪為由，反對提京重審。慈禧一度藉口提京重審勞累地方，流露出拒絕奏請的意思。

翁同龢、夏同善和翰林院編修張家驤三人有機會在兩宮太后身邊，他們就利用一切機會為此案遊說，提升到了「此案如不平反，浙江將無一人肯讀書上進矣」的高度。慈禧不是在意湘系人馬的感情和利益嘛，可如果不提京重審也會傷害浙江所有士人的感情。權衡之下，慈禧再下諭旨，命將楊乃武案相關所有人證物證和案卷提京審問，交刑部徹底根究。

楊昌濬接到提解人犯的上諭時，大為不滿，發了幾句牢騷，說：「朝廷這麼不信任地方，我們以後工作還怎麼做！」牢騷歸牢騷，他不敢公然違旨，只能將所有人和物，包括葛品連的棺材都押解進京。

朝廷組織了三法司會審。頭一天大審可熱鬧了，刑部尚書桑春榮、皂保主審；都察院、大理寺派人參加會審；不少侍郎、御史和在京的地方督撫、州縣陪審、觀審，其中以江浙和兩湖籍的在京官員為多。現場還有外國記者前來採訪，楊乃武一案經上海《申報》大肆宣揚，已經成

了當時新聞界追逐的熱點。眾目睽睽之下，所有人員都規規矩矩，不敢有半點差錯。楊乃武的案子本來就很簡單，沒有證據，很快就審問清楚了，確實沒有證據證明楊乃武和畢秀姑毒殺了葛品連。第三天，刑部開棺驗屍，司官驗，堂官驗，仵作驗，驗得屍骨牙齒及喉骨皆呈黃白色，沒有服毒痕跡。刑部官員詢問了多名有經驗的仵作，大家都認為葛品連並非中毒身亡。於是，真相大白。

有個法國記者聽說驗屍結果無毒，跑到關押楊乃武的木籠邊大喊：「無毒，無毒，」案情雖然大白，但離平反還有很大的距離。朝野對楊乃武案爭論的幕後焦點不是案情如何如何，而是對浙江地方官員的信任與處置問題。楊乃武和畢秀姑蒙冤了，那造成冤案的數十名官員如何處理呢？京城出現了意見針鋒相對的兩派勢力：「一派以大學士翁同龢、翰林院編修張家驤、夏同善為首。因為翁同龢是江蘇人，張家驤、夏同善是浙江人，附和的又以江浙人為最多，所以稱為江浙派，又稱朝議派，這些人多系言官文臣。另一派是以四川總督丁寶楨為首，附和的多系湖南、湖北人，稱兩湖派，又稱為實力派。因為這一派都是幾個封疆大吏，掌握實權。」前者要求嚴懲，後者要求不處分。

四川總督丁寶楨正在北京，盛氣凌人地質問刑部官員，認為刑部審驗不足為憑。丁寶楨的依據是葛品連已經死了超過三年，毒氣早就消失，毒消則骨白，怎麼能夠憑著骨為黃白色就斷定葛品連不是被毒死的呢？因此，丁寶楨認為承辦此案的浙江各級官員照章辦事，沒有錯誤，不應給予任何處分，認為楊畢二人仍應按照原擬罪名處決。針對丁寶楨的論據，刑部有人指出骨頭表面的毒氣的確可能消散，但深入骨髓的毒氣不會消散，可敲斷葛品連的骨頭並無發現裡面有暗黑色，可見並無中毒跡象。

聽說刑部要參革楊昌濬及有關官員，丁寶楨竟然跑到刑部咆哮公堂，當面斥責刑部尚書桑春榮老耄糊塗，並威嚇說楊乃武「鐵案」如果

楊乃武小白菜案：政潮中的洗冤錄

要翻，將來沒有人敢做地方官了，也沒有人肯為皇上出力辦事了。桑春榮的確年老顢頇，本無主見，凡事明哲保身，被丁寶楨一嚇就不敢說話了。另一個尚書皂保（清朝六部各有滿漢兩名尚書）早接受了楊昌濬的賄賂，頂著江浙幫的壓力，硬是不表態。結果，刑部在真相大白後的幾個月裡，遲遲拿不出處理意見來。無辜的楊乃武、畢秀姑等人在監牢裡度日如年了好幾個月。後來實在拖不下去了，刑部回覆了一個奏摺。在這個奏摺裡，我們會發現許多有趣的內容。

首先，刑部承認楊乃武和畢秀姑毒殺葛品連的「證據不足」，原審的確「不當」。對於之前歷次審訊的徇私枉法、嚴刑逼供等事都抹去不提。尤其是睜著眼睛說瞎話，刑部回覆說被打斷了腿落下終身殘疾的楊乃武是「皮肉傷」，已經基本痊癒了。

其次，對於核心的糾錯處分內容，刑部認為楊乃武和畢秀姑雖然沒有殺人，但兩人之前同桌吃飯一起讀書寫字，有傷風化，還是要杖責處罰；認為楊昌濬、胡瑞瀾等地方官員在此案上有失誤，「應當處分」。至於怎麼處分，刑部沒有說，把皮球踢給了慈禧太后。這真的是一份「兩面派」公文的範本。

可是別忘了，江浙幫也是朝議幫，清議的本事了得，裡面不少是寫奏摺罵人的高手。在翁同龢的授意下，御史王昕出面上了一個奏摺，彈劾楊昌濬、胡瑞瀾等人。他先簡略地說了一下楊乃武等人差點被誣陷致死，再說這已經嚴重傷害了浙江人民的感情，後果很嚴重。當然，這些理由慈禧太后也知道，不足以打動老佛爺。王昕的高明之處在於接下去就說某些封疆大吏「目無朝廷」，對朝廷發牢騷，說怪話。比如浙江的楊昌濬就說朝廷提京審訊的諭旨是給地方增加麻煩。這些年來，到北京申訴的案子沒有一件翻案成功的。光緒皇帝登基不久，這種傾向很危險，希望太后老佛爺注意。

王昕的這一棒子打得又狠又準。慈禧太后對權力很敏感，對清朝中葉後地方勢力坐大的傾向很提防。比如湘軍收復江南後，慈禧就空降了一個並不能服眾的馬新貽擔任兩江總督，而不是湘系的曾國藩、李鴻章、左宗棠等人，目的就是監督、統帥江南的湘系勢力。不想，馬新貽上任不久就被人莫名其妙地用匕首捅死了，慈禧嚴旨追查了多次，終究還是一樁糊塗案。

不過據說，馬新貽死後，有湘軍將軍聚會慶祝，湘系人馬還對刺馬的刺客讚賞有加。慈禧已開始提防湘系人馬在地方的坐大和跋扈。王昕適時地將楊昌濬等人的草菅人命和拖沓重審，和中央與地方的權力較量連繫起來，慈禧是寧可信其有不願信其無。光緒皇帝剛剛登基，慈禧第二次垂簾聽政，正擔心天下對其擅權專斷不滿呢！楊昌濬敢「目無朝廷」，正好撞到了慈禧那桿尋找懲戒目標的槍口上。

光緒三年（西元一八七七年）二月，楊乃武案諭旨正式下達。冤案的始作俑者餘杭知縣劉錫彤革職，發配黑龍江效力；浙江巡撫楊昌濬、浙江學政胡瑞瀾、杭州知府陳魯、寧波知府邊葆誠、嘉興知縣羅子森、候補知縣顧德恆、龔心潼、錫光等人都革職，相關的官吏、幕僚、仵作和參與偽證的一干人等都通通懲罰。經手的浙江按察使已死，湖州知府許瑤光拖延沒有回覆，都免於追究責任。此案過後，浙江幾十頂頂戴落地，湘系官員為之一空，勢力大損。

而無辜的畢秀姑不避嫌疑，致招物議，杖八十；楊乃武不遵禮教，革去舉人，杖一百。楊乃武拖著殘腿遍謝為自己鼓與呼的浙江籍京官。有人見了，有人不見。有人原本就不是因為楊乃武這個人而加入與湘軍派系的混戰的，見不見楊乃武都無所謂。

楊乃武「出獄後，家產蕩然，生活困難，依靠親友幫助，贖回幾畝桑地，以養蠶種桑為生」。依然有百姓找楊乃武寫狀子。楊乃武劫後餘

生，已經沒有了之前的膽氣和鋒芒，能夠推掉不寫的盡量不寫，實在推不掉的就用水寫在板子上讓當事人趕緊抄錄。目的是不留任何文字，以免再惹禍上身。經過血淋淋的打擊，楊乃武虎口逃生後學乖了。從這個角度來說，劉錫彤等人雖然沒有害死楊乃武，但完全造成了殺滅一個泛權力破壞者的目的。西元一九一四年九月楊乃武因病身亡，年七十四歲。

畢秀姑出獄後，回到餘杭在南門外石門塘準提庵出家為尼，法名慧定。

庵裡香火很不好，畢秀姑以養豬、養雞了其殘生，死於西元一九三零年。

三牌樓案:「一案兩凶」奇聞

三牌樓案:「一案兩凶」奇聞

一、兩案高度重合

光緒七年(西元一八八一年)閏七月,江蘇省江寧(今南京)保甲局破獲了一起盜竊案,抓到一名叫李大風的盜賊。這個李大風為了爭取寬大處理,不僅對自己的罪行供認不諱,還招供了許多同夥的罪行以及官府不掌握的情況。

其中,李大風就供出,四年前,也就是光緒三年的年底,自己的表弟朱彪失蹤了。李大風後來從盜匪圈子裡得到消息,說朱彪被兩個小混混 —— 周五、沈鮑洪,合謀殺死了在了江寧。

官府得到消息後,迅速緝拿了周五、沈鮑洪兩個人。這兩個人稍微一審訊、一用刑,就承認了殺人的事實。他倆分別供述,光緒三年的十二月初九日的夜晚,兩人在江寧府上元縣三牌樓的竹園旁,將朱彪用刀砍死,然後棄屍潛逃。周五、沈鮑洪供詞相互印證,時間、地點和作案手法完全一致,可以認定這是一樁可信的殺人案件。

但是,審訊的官員們一點都沒有意外破獲一樁人命大案的喜悅。按常理來說,輕鬆破獲了這麼大一個案子,大家應該高興才是。可是,沒有人高興,負責記錄供詞的書吏甚至越往後寫,手都開始哆嗦了。這是怎麼回事呢?

因為,周五、沈鮑洪供認的這樁殺人案,和四年前的另一起殺人案,高度重合,極有可能是同一起案子。而那樁案子,當時就已經結案了,已經有兩個人被當作殺人真凶,斬首示眾了!

那一起案子發生在光緒三年十二月初十,一個天寒地凍的日子。當天上午,有人在江寧城內三牌樓的竹園旁發現了一具無名男屍。經地保報告上元縣知縣後,第二天,縣衙門仵作來驗屍。仵作驗明死者身上有多處傷痕,髮辮被砍落,無存,顯然是被人所害。現場勘驗,又發現了屍

體旁遺落有表芯紙、石灰包、篾刀、草鞋等物品,地上並沒有血跡和踐踏留下的痕跡。

這是一起死者身分不明,追查線索極少的殺人命案,偵破難度不小。

堂堂兩江總督駐地、江南煙花繁華處,竟然出了如此惡劣的凶殺案。

當時的兩江總督沈葆楨,接到報告後,很吃驚,也很憤怒!他命令營務處總辦洪汝奎,專門負責此案,緝拿凶犯。

在這裡需要介紹一下營務處是什麼機構。晚清末期,局勢動盪,戰亂頻發,地方上的總督、巡撫就地招募軍隊,彈壓地方,設立營務處負責軍隊行政、維持駐紮地方的治安等。總督、地方都很重視營務處,把它當作是擴張自己權力、繞開正常行政制度提高效率的利器。可以說,營務處是晚清地方勢力膨脹、軍隊干政的一個例子。一般情況下,總督、巡撫都委任親信的道臺、知府一級的官員擔任營務處的總辦。

當時擔任兩江地區營務處總辦的洪汝奎,就是晚清重臣沈葆楨的心腹之將。洪汝奎是道光末期的舉人,早前仕途不順。太平天國運動爆發後,洪汝奎加入了湘軍,成為了曾國藩的幕僚。他在辦理軍糧軍需、籌措資金方面表現出了很強的辦事能力,由曾國藩保舉升遷至道臺。太平天國運動失敗後,兩江總督的職位長期被湘軍勢力霸占。光緒元年,有著湘軍背景的沈葆楨出任兩江總督兼南洋大臣,委任同一派系的洪汝奎為營務處總辦。

《清史稿》記載,沈葆楨和洪汝奎兩個人,都是雷厲風行、重典治民的風格,沈葆楨非常器重洪汝奎。當時,沈葆楨年紀大了,身體不好,請病假的時候,就推薦洪汝奎代替自己處理兩江的政務。洪汝奎如魚得水,發揮得非常好,得到了朝野大臣的稱讚,聲望鵲起。可以這麼說吧,洪汝奎是當時在江南地區徐徐升起的一顆政壇明星!

三牌樓案：「一案兩凶」奇聞

洪汝奎接到偵破三牌樓命案的任務後，立刻安排緝捕委員、候補參將胡金傳捉拿殺人嫌疑犯。現在已經查不到胡金傳的資料了，我們對他的情況了解不多。就一般情況而言，晚期因為軍事行動頻繁，大批軍官立下了戰功，但因為編制所限，只授予他們軍銜，而沒有相對應的實職。比如，參將是清朝綠營的高級軍官，正三品，僅次於總兵和副將。但是因為升遷到這個級別的軍官太多了，一些總兵、副將都沒有辦法安置，參將就只能候補了。胡金傳就是一個候補參將，平時在營務處辦理一些上司交辦的雜事。

候補官員眾多，是晚清政治的一個特徵。為了早日轉正，謀得實際職位，他們接到交辦的差事後，往往認真表現，希望能夠吸引上司的注意。我估計，胡金傳接到破案任務後，也有這樣的心理。他希望盡快偵破三牌樓的案子，在上司、在同僚面前露臉爭光。

接下來，根據當年的案卷記載，不久就有一個叫作左一良的乞丐聲稱，賣瓜子的小販方小庚曾經見過死屍。胡金傳很快抓到了方小庚。方小庚是個十八九歲的小夥子。根據方小庚母親四年後的供述，方小庚這個人耳背，而且「人有呆氣」，也就是反應有點慢，智商似乎有點低。就是這個低智商的小販，提供了關鍵的線索。

十二月初九夜晚，他曾路過三牌樓竹園附近，朦朦朧朧中看到有一個人躺臥在雪地。方小庚一開始以為是發痧，上前摸著那人，臉上冰冷冰冷的，沒有氣息。這分明就是一具屍體啊！方小庚嚇了一大跳，慌忙退後。

這時候，他又看到屍體的旁邊站著三個人，一高一矮，臉上都有麻子，還有一個人，禿頭，像是個和尚。就在方小庚又吃驚、又害怕的時候，那三個人也發現了方小庚，其中一個人還斥責他，讓他不必多管閒事。方小庚慌忙跑開了。

　　胡金傳根據方小庚的供述，帶兵先後逮捕了牌樓附近的一座小山——妙耳山的僧人紹宗、居戶曲學如，以及在營中當火夫的張克友三名嫌疑犯。經方小庚指認，這三名嫌犯正是當天晚上他在屍體旁看到的三個人。

　　到現在為止，破案工作進展很順利，嫌疑犯和證人都找到了。接下來需要解開的疑點就是：死者是什麼人，嫌疑犯為什麼要殺人，怎麼殺的人，凶器又在哪裡？解開了這些答案，此案就可以結案了。

　　胡金傳把所有情況匯報給了洪汝奎。因為洪汝奎布置給胡金傳的任務是捉拿殺人嫌犯，胡金傳的任務基本完成了。而且，胡金傳身為軍官，沒有司法權。他逮捕殺人嫌疑犯，嚴格來說，就已經有越權的嫌疑了。接下來的審訊環節，胡金傳就更加不方便主持了。

　　洪汝奎聽了匯報後，委派了候補知縣嚴塈、丁仁澤，候補同知單之珩，會審此案。胡金傳因。為是偵破此案的負責人，所以也參與了之後的審理。

　　這裡又有一個程序上的瑕疵。清朝正常的司法程序，應該是案發所在的州縣進行初審，經過知府、道臺覆審，然後再報告省裡。洪汝奎藉口三牌樓案案情嚴重、影響惡劣，由營務處接手此案，並憑藉兩江總督的官威，委派了候補官員來審訊。客觀來說，晚清各省有眾多的候補官員，省裡也在千方百計想辦法給他們委派差事，安排使用。但是這樣一來，三牌樓案的審訊就繞開了正常的司法程序。

　　話說被委派審理三牌樓案的官員雖然有三名官員，但是丁仁澤只審過一次，就奉江蘇糧道的命令，去辦理海運了；單之珩因為知道胡金傳難以共事，秀才遇見兵、有理講不清，所以他藉口自己另有公務，並沒有經常來審理。三牌樓案實際上由候補知縣嚴塈、候補參將胡金傳兩個人在實際負責，雖然後來的案卷列上了一系列文官的名字，但根據當事

三牌樓案：「一案兩凶」奇聞

人的供述，真正坐在堂上審訊的，其實就嚴塾、胡金傳兩個人。

紹宗、曲學如、張克友三名嫌犯在審訊開始，都否認殺人。嚴塾的對策非常簡單，就是一個字：打！經過嚴刑拷打，嫌疑犯張克友首先認罪，承認自己殺人。張克友招供說，三牌樓的死者是何春榮家的一個雇工，姓謝，死者和妙耳山的和尚紹宗，都和婦女高馮氏通姦，相互爭風吃醋。紹宗恨死了謝某，就叫上曲學如、張克友兩個人，在夜深入靜的時候，把謝某殺死在竹園旁。接著，紹宗和尚在拷打之下，也承認了此事。可是，當差役們把高馮氏、何春榮兩個人傳到後，高馮氏堅決否認通姦，她說自己根本就不認識謝某。所謂的「雇主」何春榮也信誓旦旦地說，自己家裡並沒有姓謝的雇工。這一點，大家都可以作證。可見，張克友的口供是編造的。

嚴塾、胡金傳再次提審三人，繼續嚴刑拷打。這一次，張克友改口說，死者名叫薛泳洤，後來又改口說是叫作薛春芳。殺人的動機也從通姦改為謀財害命。張克友首先招供，接著紹宗和尚、屠戶曲學如也先後供認，他們三人，看到從外地來江寧販豬的客商薛春芳，貪圖他攜帶的銀兩，就在晚上把他殺死，瓜分了銀兩。殺人之後，三人脫下屍體外面的血衣，帶回妙耳山上燒掉。至於屍體身旁的表芯紙，那是曲學如拿來擦手的。石灰是紹宗用來塞住死者之口的，篾刀是張克友使用的凶器，草鞋是死者薛春芳的遺物。

對於這個案發經過，三名嫌疑犯都供認不諱，供述內容基本相同。隨後，官府在妙耳山廟中找到一把屠刀，紹宗承認這是自己的殺人凶器；同時在山上發現一堆灰燼，被認定是死者衣服的灰燼。官府又在曲學如的雇主家中搜出一把鐮刀，曲學如承認那是自己的殺人凶器。至於死者薛春芳的身分，在核實的時候遇到了麻煩。當時，清朝並沒有準確的戶籍登記制度和人口數據資料，差役們無法查證死者的真實情況。紹宗、

曲學如兩個人說，他們都剛剛認識薛春芳，並不知道他的詳細情況。張克友說，只聽說薛春芳自稱是和州人，不知道他的底細。最後，官府認定死者是來自和州的客商薛春芳，並沒有深入查證。

至此，三牌樓案的 凶手、人證、物證、口供一應俱全，可以結案了。胡金傳、嚴堃便向營務處總辦洪汝奎匯報。

洪汝奎是個精明能幹的人。客觀地說，他接到案情後，認真做了核查工作。紹宗等三個犯人被押到洪汝奎面前，對案情都供認不諱。但是，洪汝奎還是不太放心。他又認真做了以下工作。

首先，洪汝奎提審了此案的關鍵證人方小庚，細問了他案發現場的情形，為什麼在深夜能夠看清楚嫌疑犯是和尚、麻子。方小庚說當時月光照到雪地上，視線還比較好。洪汝奎進一步檢驗方小庚的可信度。他讓曲學如穿上號衣，打扮成官兵的模樣，混在自己的十名親兵之中，讓方小庚指認。方小庚在十一個人當中，一下子就指出了曲學如。最後，洪汝奎認為方小庚基本上是可信的。

其次，乞丐左一良說自己之所以知道方小庚涉案，是因為方小庚曾經與三牌樓的老奶奶說過命案的事。洪汝奎就派人帶著方小庚，到三牌樓把所有的老奶奶都叫出來，查明並沒有人和方小庚說過話。方小庚也沒有到三牌樓賣過瓜子。因此，洪汝奎判定左一良亂講。

最後，洪汝奎親自勘察了案發現場，還讓方小庚將當時的情形演給他看。應該說，洪汝奎的核查工作比較負責任。晚清的時候，案件的覆審、終審，已經流於形式。上司官員往往追認下級的審訊，按照報告上來的案情走走過程而已。但是洪汝奎不是這樣，而是親自做了審查工作。但是，也許是因為他太忙了，也許是因為他太信任胡金傳、嚴堃等人了，洪汝奎並沒有親自查驗屍體，看看傷口是不是和二個嫌犯交代的凶器的尺寸相符，他也沒有追問三人瓜分的贓款的下落，更沒有察覺嚴

塋、胡金傳對犯人嚴刑拷打的事實。

但是，洪汝奎並不是一個昏官。他知道自己簽字對紹宗他們三個人意味著什麼？那可是三條人命啊！洪汝奎決定還是慎重行事。所以，他在把案件呈報給兩江總督沈葆楨的時候，指出三牌樓案「案情重大」，稟請「另派大員覆訊，以成信讞而重民命」。也就是說，洪汝奎雖然透過了案件的審核，上報給了沈葆楨，但還是建議沈葆楨另外派官員重審一次，力求把三牌樓辦成讓人信服的「鐵案」。

同時，洪汝奎在呈報案卷時，除了寫上了嚴塋、丁仁澤、單之珩等會審官員的名字，還寫上了當時江寧知縣吳元漢、江寧知府孫雲錦的名字。這是因為，發生在江寧的案子，按照正常程序，是必須經過江寧府、縣各級審訊。儘管吳元漢、孫雲錦並沒有參與三牌樓案，洪汝奎出於慣例，隨手寫上此案經過江寧府縣各級官員覆審如何如何等等。當時，大家都認為這是官樣文章、例行公事而已，並沒有覺得不妥。

想不到，案子上報到沈葆楨那裡。沈葆楨不但沒有重新審核此案，反而下令將紹宗、曲學如就地正法，立刻推出去斬首了！

二、「就地正法」的權力

按照正常的司法程序，死刑案件必須經過地方各級官府和中央的層層覆核，最終由皇帝決定。也就是說，所有犯人的生死大權，操在皇帝一個人的手裡。地方總督和巡撫，並沒有死刑裁決權。在這樣的制度下，死刑嫌疑犯要經過地方各級官府的審訊，連同案卷、證據一級級押解到上級關押核查，最後等待朝廷的最終裁決。這項制度保證了司法過程的公平、公正，防止草菅人命，但是有利也有弊。整個過程往往要耗費一年甚至數年時間，牽涉的官府人力、物力眾多。不僅費時費力，還

存在犯人劫獄、脫逃等安全問題。

太平天國運動爆發後，各地局勢動盪。官府捉獲的起義軍、土匪、強盜的人數很多，如果繼續按照原來的司法程序來辦，效率太慢，而且官府忙於鎮壓起義，也沒有人力和物力，更耗不起時間去走流程。所以，地方官府紛紛呼籲朝廷下放死刑判決權。結果，朝廷在咸豐三年三月，以咸豐皇帝聖旨的形式，明發天下，賦予地方官府「就地正法」的大權。

皇帝的聖旨是這麼說的：「現在局勢不同往常了，匪徒強盜糾夥搶劫，滋擾地方，如果不嚴辦，怎麼能保證社會安定？所以，各省總督、巡撫，要隨時查訪、用力緝拿匪徒。如果遇到匪徒聚集成群，肆行搶劫的情況，地方官逮捕審訊清楚罪行後，即行就地正法，格殺勿論。」這樣，皇帝就把生殺予奪的大權，下放給了各省總督、巡撫。但是，咸豐皇帝也說了：「至尋常盜案，仍著照例訊辦，毋枉毋縱。」至於一般的案件，還是要按照正常的程序來辦。

這是皇帝擔心地方官員借「就地正法」的名義，無限地擴張自己的司法權。

應該說，就地正法的做法，效率高，威懾力強，對各地鎮壓起義，造成了幫助作用。但是，咸豐皇帝的擔心，也不是多餘的。各地總督和巡撫，果然紛紛以「匪徒騷亂」為藉口，肆意殺戮，擴張司法權。在平定太平天國起義後，各地繼續援引咸豐三年的聖旨，繼續把一些犯人就地正法。一項權力，一旦出讓了，就很難收回。所以，朝廷雖然很頭疼司法大權旁落，但對各地督撫們的專權根本管不了。

當時的兩江總督沈葆楨，就是一個強勢的地方大員。他是民族英雄林則徐的女婿，是福建籍官僚的領袖；同時是湘軍系統的重要人物，作風強勢。《清史稿》說沈葆楨擔任兩江總督才三個月，就殺戮了近百人。

三牌樓案：「一案兩凶」奇聞

這些人都是被沈葆楨藉口兩江地區局勢不穩定，匪徒滋事殺掉的。

沈葆楨拿到江寧三牌樓案的卷宗的時候，也許是出於對得力幹將洪汝奎的信任，他並沒有對案件本身產生疑問。但是，案卷中的一個細節，引起了沈葆楨的高度注意。嫌疑人曲學如的物品中，有一枚五角銅錢。這五角銅錢，有什麼問題嗎？

晚清時期，東南地區的祕密會黨，往往私鑄銅錢，作為憑信。而兩江地區，是太平天國起義的核心地區，雙方征戰十來年。戰後，地方上不安寧，祕密會黨風起雲湧。歷任兩江總督，都把安定地方局勢、懲辦祕密會黨，當作重要關注事項。曲學如的這枚五角銅錢，正好觸動了沈葆楨的敏感神經。他不但拒絕了洪汝奎的建議，沒有派人覆審三牌樓案，也沒有認可此案是「圖財害命」，而是武斷地判定，這次是會黨土匪自相殘殺。最後，沈葆楨援引就地正法的先例，下令將紹宗、曲學如就地正法，張克友割去耳朵，驅逐出江寧。

這麼決定之後，官府先把紹宗、曲學如、張克友三個人在江寧城的城廂內外遊街示眾，接著在光緒四年（西元一八七八年）二月二十四日，官吏把紹宗和曲學如押赴南京水西門外就地正法，梟首示眾；張克友陪綁法場，看著紹宗、曲學如斬首，然後割耳示眾，最後被趕出江寧。這在當年的南京城，甚至在整個江南地區，都是一起挺轟動的案子。

此案從光緒三年（西元一八七七年）十二月初九案發，到光緒四年二月二十日案犯被斬首，前後只用了六十多天的時間。

可是，到了光緒七年（西元一八八一年），出現大問題了！之前，江寧官府抓獲周五、沈鮑洪二人，二人交代了在光緒三年十二月初九，在三牌樓竹園旁殺死朱彪的罪行。周五、沈鮑洪交代的犯罪詳情，和已經結案的紹宗、曲學如殺害外地客商薛春芳的案情，高度重合，幾乎就是同一個案子！那麼，是不是周五、沈鮑洪在撒謊呢？他們倆無緣無故，

不會自己承認殺人。如果他們說的是真的，也就意味著四年前已經審結的三牌樓案，是一個徹頭徹尾的冤案！

我們回過頭來分析洪汝奎主導審結的三牌樓案。它是一起多處違背正常司法程序，牽涉眾多官員的敏感案件。

說它違背正常司法程序，是因為三牌樓案並非由案發當地的府縣官員偵破、審理，而是由營務處直接插手，委派參將胡金傳偵破；偵破後，營務處又繞開地方官府，指派候補官員審訊，胡金傳參與結案；最後，兩江總督沈葆楨沒有履行死刑審批程序，武斷地將兩名嫌疑犯就地正法。可以說，四年前的三牌樓案，在程序上漏洞百出，審理過程是不合法的。

其次，我們說它敏感，是因為此案牽涉了一位當時正在迅速崛起的政壇明星 —— 洪汝奎，還有一位已經去世的朝廷重臣、湘軍和福建官僚群體的首領 —— 沈葆楨。沈葆楨在三牌樓案結案的第二年，光緒五年，病逝在兩江總督的任上。朝廷給他上諡號「文素」，對他的生平給予了很高的評價，樹立為「中興名臣」。而洪汝奎，在光緒五年升任廣東鹽運使，之後調任兩淮鹽運使。兩淮鹽運使掌握東南地區的經濟命脈，是天底下「第一肥缺」。洪汝奎仕途行情看漲，距離封疆大吏就是一步之遙了。洪汝奎本來就是湘軍系統的重要成員，近來又贏得了眾多朝廷官員的稱讚與支持。可以想像，要碰光緒三年已經結案的三牌樓案，就不得不涉及到沈葆楨和洪汝奎，就不得不面臨巨大的政治體制內部的阻力。此外，這案子還涉及到眾多的參與官員，胡金傳、孫雲錦、嚴塈、單之珩、丁仁澤、吳元漢等等。這些人可都還在位呢！

就是因為這事情太敏感了，所以，當周五、沈鮑洪對殺人罪行供認不諱時，負責審訊的官員腦門上卻不斷冒汗；負責記錄供詞的書吏們，手都開始哆嗦了。他們都清楚，如果把這個案子記錄下來，進入司法程序，將意味著什麼。

三牌樓案:「一案兩凶」奇聞

可是,人都已經抓了,罪行都招供了,事情想掩蓋都掩蓋不了了。而且,天下沒有不透風的牆。光緒七年閏七月,江寧城內外都傳開了,說四年前三牌樓命案的「真凶」落網了!「真凶」兩個字,一下子刺激了圍觀者好奇的神經。消息像病毒一樣,越傳越廣,連遠在上海的《申報》都刊發了消息。審訊官員不敢隱瞞,只好一級一級,把周五、沈鮑洪的案情匯報上去,最後上報了當時的兩江總督劉坤一。

另外一邊,四年前被梟首示眾的犯人曲學如的家族,聽到「真凶落網」的消息,群情激奮,組織起來向官府訴訟喊冤。曲學如的哥哥曲學和,集合了家族五十多名親戚,來到兩江總督衙門呈遞狀紙,說曲學如當年蒙冤,慘遭梟首示眾,現在曲家人要求申冤,要求平反!兩江總督衙門在江寧城的繁華市區,他們這麼一鬧,圍觀者眾多,場面相當壯觀。總督衙門的官員,一開始似乎並不想接受狀紙。眼看人越聚越多,不得不出來彈壓。有個官員喝斥老百姓說:「你們這是要做什麼?想要衝擊總督官衙嗎?」但是曲家人一點都沒有被鎮住,七嘴八舌地喊冤枉,要求申冤。官員繼續問:「你們都姓曲嗎?無關人等,趕快散去!」結果,五十多號人幾乎異口同聲地喊:「我們都姓曲!」眾怒難違,兩江總督衙門不得不接受了曲家的申冤狀紙。

所有這些情況,最後都彙總到兩江總督劉坤一那裡。劉坤一知道,案情重大,而且輿論已經譁然,自己根本掩蓋不了這件事情。與其讓老百姓無端猜測,各種流言滿天飛,倒不如由自己出面,把四年前的三牌樓案和現在周五、沈鮑洪招供的殺人案,合併審理。這樣,官府還能掌握此事的主動權,也好引導輿論的走向。

所以,劉坤一決定,委派江寧布政使梁肇煌、鹽巡道德壽、江寧知府趙佑宸等官員,組成專案組,合併審理這兩樁都發生在三牌樓的案子。

專案組成立後,確定了兩項主要工作,或者說是案子的兩個主攻方

向，齊頭並舉，同時推進。第一，核實周五、沈鮑洪等人供述的真實性，進而確定他們招供的案子是否就是四年前的三牌樓案；第二，重新拘捕四年前已經結案的三牌樓案的相關人等，核查當年的案子是否有冤情。

第一項工作進展得很順利。周五、沈鮑洪招供了更多的細節，官府按圖索驥，拘捕了更多的人證，找到了更多的旁證。很快，這個案子的詳細情況就清楚了。

光緒三年（西元一八七七年）十月間，周五在江蘇阜寧縣西鄉誘拐了王老頭的女兒劉王氏，並帶上和自己苟合成婚的劉高氏，乘船南下，想去江南討生活。途中，周五遇到平時認識的朱彪、沈鮑洪二人。朱彪看到與周五同船的劉王氏年輕貌美，動了歪念頭，就問他們要去哪裡。周五回答：「我們想去江南，但是路費短缺。」朱彪高興地說：「巧了，我也正要去江南。」他很爽快地替周五三個人代付了船費，並且和他們同船南下。當時，同行的還有被朱彪誘拐為妻的趙高氏和箆匠許嘉福一家人。他們幾個人同船而行，到了江寧府六合縣，都住進林三子家。

到了江寧，朱彪把年輕的劉王氏引誘到手，與之同宿，而後又把她拐逃了，兩個人不知去處。周五特別生氣，但他知道朱彪平時學拳、功夫了得，自己不是對手，就找沈鮑洪商量，邀請他一起找朱彪算帳。沈鮑洪此時已經和趙高氏產生了姦情，而趙高氏是朱彪誘拐為妻的。沈鮑洪害怕朱彪知道了，自己會有血光之災，不如先下手為強。他很快答應，和周五一起謀殺朱彪。

於是，周五偷了許嘉福的箆刀，攜帶箆刀和沈鮑洪一起抵達江寧。沈鮑洪讓周五買了幾包石灰帶在身上，準備行凶的時候用來迷朱彪的眼睛。

十二月初九日，二人在江寧城內找到了朱彪，並問出了劉王氏的藏

三牌樓案：「一案兩凶」奇聞

身之處。當時，朱彪因為缺錢用，正打算去三牌樓的一家香燭店行竊。他招呼周五、沈鮑洪一起入夥行竊。周五、沈鮑洪假裝同意。朱彪就買了草鞋、火鉢、表芯紙等物品，帶在身上。

當天夜裡三更時分，三人行至三牌樓的竹園旁。因為天寒地凍，他們就蹲在地上用火鉢取暖。過了一會，朱彪走到一邊去小解。周、沈二人密謀後，決定趁機行事。兩個人偷偷靠近朱彪。沈鮑洪突然從背後扭拉朱彪的辮子，朱彪驚慌之下跌倒在地，周五立刻上前，抓起篾刀就是一陣亂砍，期間把朱彪辮子砍落了。這時，沈鮑洪也拔出朱彪隨身攜帶的小尖刀，幫著周五亂戳一氣。朱彪當場斃命。周、沈二人確定朱彪死後，趕緊逃跑了。慌亂之間，篾刀、石灰包、表芯紙、草鞋等物，都丟棄在朱彪的屍體旁邊。

第二天，周五、沈鮑洪兩個人來到了劉王氏藏身的繆瘸子家，找到了劉王氏。兩人托繆瘸子做媒，將劉王氏嫁賣給了余應昌。

官府順藤摸瓜，拘捕了趙高氏、劉高氏、許嘉福等人。趙高氏、劉高氏都證明，她們都聽到周五、沈鮑洪商量謀殺朱彪的事。篾匠許嘉福，指證三牌樓命案現場的篾刀是自己的。綜合以上所有資訊，周五、沈鮑洪供述的殺人案，無論時間、地點，還是現場細節，都與四年前結案的三牌樓命案一致。而案發當晚，三牌樓附近只發現了一具屍體，一起命案，怎麼可能會有兩個案情呢？

同時，曲學如的哥哥曲學和也作證，他曾經派姪子曲惠春到和州四處訪遍，並沒有查到薛春芳其人。當年，洪汝奎負責三牌樓案的時候，並沒有核實所謂的「薛春芳」是否存在。現在，既然周五、沈鮑洪招供的案情和已經了解的三牌樓案高度重合，而原案的遇害者又被證明子虛烏有，所以，重審的官員們傾向認為，所謂的「薛春芳」就是朱彪，已經結案的三牌樓案就是如今重見天日的周五、沈鮑洪殺害朱彪案。

三、眾口一詞的假證

現在，問題就來了！四年前的三牌樓案是怎麼回事？又是怎麼審結的？

要知道，當年的案子，也是人證、物證齊全，三名嫌疑犯對罪行供認不諱，這些都清楚記載在案卷中。當年審訊的時候，到底發生了什麼呢？

案發時，緝捕委員、候補參將胡金傳是根據賣瓜子的小販方小庚的口述，才迅速破案的。方小庚說他在案發現場看到了紹宗、曲學如、張克友三個人。在後來的歷次審訊中，方小庚都當堂指認了這三個人。所以，方小庚可以算是光緒三年三牌樓案的關鍵證人。

此次覆審，專案組傳訊了方小庚。方小庚交代說，案發時自己並沒有到過三牌樓，他也是案發後聽大街小巷的議論，才知道有這樁人命案子的。

方小庚回家告訴了母親。母親知道方小庚比較傻，還叮囑他不要在外亂說。光緒四年（西元一八七八年）正月十九日早上，方小庚像往常一樣，上街賣瓜子。

有個兵勇假裝要買，把他騙到觀音庵，關在一間房子裡。方小庚很害怕，喊了一上午救命，結果也沒人來搭理。中午時分，有一個高級軍官打扮的人，走進房子。後來，方小庚才知道，這個軍官就是此案的緝捕委員，候補參將胡金傳。

胡金傳來到房裡，問方小庚：「你知道三牌樓命案嗎？」方小庚搖頭，說他不知道。胡金傳喝斥他說：「胡說！有個乞丐聲說你方小庚知道內情。」

方小庚一下子就被胡金傳的氣場給嚇唬住了。還沒等方小庚反應過來，胡金傳就叫親兵把方小庚帶到三牌樓附近妙耳山的廟裡，引他見了

三牌樓案：「一案兩凶」奇聞

紹宗和尚。回到觀音庵後，胡金傳讓方小庚向官府供稱，案發當晚親眼看到屍體旁站著三個人。其中一個人就是紹宗。至於另外兩人是誰，胡金傳說等抓到後，再告訴方小庚。

方小庚不願意誣告他人。他人雖然傻，但是非善惡還是分得清楚的。

胡金傳先是利誘方小庚，答應事成之後給他銀子。方小庚還是不願意。胡金傳就恐嚇他，說要對他大刑伺候。方小庚害怕了，退縮了，最後答應了。

當天晚上，胡金傳把方小庚帶到了營務處，又把紹宗和尚也抓了過來。第二天，營務處總辦洪汝奎提審，詢問方小庚是否看到了案發現場。方小庚一開始還猶豫要不要按照胡金傳教的話說。等他一抬頭，看到胡金傳手持馬棒，也就是馴馬用的大木棒，站在洪汝奎的旁邊，方小庚心裡害怕，便按照胡金傳昨天教的話，鸚鵡學舌一樣講給洪汝奎聽。

後來，胡金傳又逮捕了曲學如、張克友。胡金傳派人帶方小庚從沒有糊紙的窗口，看清楚曲、張二人的面貌。期間，胡金傳又多次對方小庚威逼利誘，強迫他不能翻供。

洪汝奎覆審全案的時候，把曲學如混在親兵隊伍中，讓方小庚指認。

方小庚指認時，看到胡金傳又手持馬棒站在旁邊，他很害怕，加上已經看清楚曲學如的相貌，所以很快就跑過去把曲學如指了出來。而張克友是方小庚之前就認識的人。方小庚雖然指控張克友殺人，但沒有和他對質過。案子了結後，方小庚就被釋放回家了。

根據方小庚的供詞，他事先根本不知道三牌樓案，更不是關鍵證人。

所有的一切供詞，都是胡金傳教唆、強迫他說的。正是方小庚的假供詞，最終導致了紹宗、曲學如的定罪斬首，張克友被割去耳朵，逐出江寧。死去的人，難以復生，但是張克友還活著。專案組四處搜尋，最終找到了張克友。

　　張克友講述了自已是怎麼被捲入三牌樓案的。案發當晚,也就是光緒三年十二月初九日,張克友住在熟人陳永卓家中,並不知道殺人的事。專案組傳訊陳永卓到場後,陳永卓證明張克友當天晚上借宿的事情。這樣,張克友就有完美的不在場證明,不可能參與了當天晚上在三牌樓的殺人事件了。

　　但是,案發後張克友莫名其妙地被抓進了監牢,方小庚一口咬定他殺了人。張克友當然要申辯了。他見到的第一個審訊官員是胡金傳。張克友說自己是無辜的,胡金傳根本不給他機會申辯,馬上下令用刑。嚴刑拷打後,胡金傳逼張克友誣陷紹宗與他人通姦殺人。張克友被迫答應了。

　　等到嚴塈正式提審時,張克友又不肯承認殺人。他本來就沒有殺人,怎麼會自己認下人命。但是,嚴塈認為張克友狡辯,下令用刑。參與審訊的胡金傳又喝令加刑。張克友熬刑不過,不得不第二次承認殺人。他胡亂編了一個案情,說死者是何春榮家的謝姓雇工,紹宗和謝某都和高馮氏通姦,因情殺人。結果,何春榮和高馮氏到案後,都矢口否認,人們也都說沒有謝某這個人,案子進展不下去了。於是,胡金傳又私下威嚇張克友,同時說什麼「三人不能同抵一命」,意思是一條人命不需要三個人去抵,只要張克友配合自己,可以免他死罪。胡金傳就這樣軟硬兼施,引導張克友改供。

　　張克友最終編造出了「薛春芳」這個人,第一個承認自己夥同紹宗、曲學如圖財害命,殺害了薛春芳。紹宗、曲學如兩個人也熬刑不過,先後承認殺人。期間,只要有人不服,想辯白,或者招供的案情和其他兩個人有所不同,胡金傳就下令嚴刑拷打。最終三人供認不諱、眾口一詞的罪狀,就是這麼塑造出來的。

　　張克友說,他們三個人被押回監牢後,曲學如一直大喊冤枉,說薛

三牌樓案：「一案兩凶」奇聞

春芳是他亂講的名字，根本沒有這個人，自己根本沒有殺人。曲學如埋怨紹宗和尚先招供認罪。紹宗也說自己不知道死者到底是誰，這凶案到底是怎麼回事，他就責怪曲學如先招供認罪。紹宗、曲學如這兩個無辜的人，生命的最後時刻就是在恐懼和悲涼的絕望、迷惑和相互埋怨中度過的，然後被遊街示眾，押赴刑場斬首。

此外，專案組還傳訊了當年參與三牌樓案的低級軍官和兵勇。當年參與辦案的把總姜志承認，自己親眼目睹了胡金傳與嚴璽嚴刑拷打曲學如的場景。可能是被打怕了，營務處總辦洪汝奎覆核案情的時候，雖然沒有動刑，但三個人仍照前認罪。至於所謂的殺人凶器，是兵勇把紹宗的裁紙小刀，沾了雞血，製造出來的。

至此，完全可以認定，已經結案的光緒三年的三牌樓案，是一個徹頭徹尾的冤案！

對於一樁冤案來說，認定它是冤案僅僅是萬里長征第一步。或者說，認定冤案是相對簡單的，如何平反冤案更難。如果說認定冤案需要高超的智慧，那麼平反冤案就需要刮骨療傷的勇氣。眾多刑訊逼供、徇私枉法的官員，要受到處理；那些沒有參與審訊，但按照程序應該履行覆核責任的官員，要受到處理；沈葆楨、洪汝奎等負有領導責任的高官，也要受到處理。

這無異於讓官僚集團，拿著刀子向自己動手。怎麼辦？

這個難題，最後由兩江總督劉坤一來處理。劉坤一和洪汝奎，都和湘軍系統有千絲萬縷的關聯，兩人抬頭不見低頭見。洪汝奎前途一片光明，就算劉坤一要拿洪汝奎開刀，打斷骨頭連著筋，難免傷及自己。怎麼辦呢？

洪汝奎是兩淮鹽運使，駐紮在揚州。劉坤一思考後，寫了一封信，非常客氣的信，說現在有新情況牽涉到光緒三年的舊案，如果洪大人公

事不是太忙的話，請移步到江寧來，我們一起把案子斟酌辦理。劉坤一在信的末尾特別提到，洪大人當年在報告中有建議另派官員覆核，以成信讞的話。

劉坤一這是在暗示，洪汝奎在此案中有認真履行責任，就算要處分，也可以從輕發落。

在三牌樓案當中，洪汝奎也許是最糾結的人。身為一個讀書人，一個有理想有抱負的官員，洪汝奎當然知道司法公正的重要性。冤案必須平反！但是，如果這樁冤案是自己參與製造的，那麼，還要平反嗎？我想，所有人站在洪汝奎的立場上，都會很糾結、很猶豫。

洪汝奎比一般的人更糾結。這裡面有兩個原因。第一，正如劉坤一所說的，洪汝奎在四年前的審案過程中，其實是認真履行覆核責任的。他不僅親自勘察了現場，審問了方小庚，還把曲學如安排在親兵中讓方小庚辨認。應該說，洪汝奎比大多數官員，都要負責。問題的根源，在於胡金傳逼供、教唆，同時欺瞞上司。洪汝奎沒有識破胡金傳製造的冤情，沒有認真推斷案件的疑點。不過，當時沈葆楨身體不好，洪汝奎幫忙承擔了大量的工作。他工作很忙，也的確沒有時間、沒有精力對經手的每一件事情都做深入的推斷和詳細的審核。現在，因為多年前自己百密一疏的一個失誤，就要承擔天大的責任，洪汝奎難免會覺得很委屈、很難受。

第二，洪汝奎正全力向更高的官職衝刺，勝利在望，突然發現美好的前途可能因為四年前的一樁政務化為烏有。他怎麼能不懊惱、不跺腳。根據《清史稿》的記載，洪汝奎是非常能幹的人，政績顯著。他原本就在財政領域有傑出的才能，自從擔任兩淮鹽運使後，繼續推行雷厲風行的工作作風，裁冗費、建義倉、疏濬揚州城的護城河。他當時五十歲出頭，年富力強、經驗和資歷都剛剛好，正是一個政治人物大展拳腳

三牌樓案：「一案兩凶」奇聞

的時候。《清史稿》就明確說洪汝奎「方欲大有為」，朝廷對他也有很高的期望。

要知道，洪汝奎能走到這一步，非常不容易。他出身貧寒，而且沒有進士功名，自從道光年間考中舉人後，多次會試名落孫山。洪汝奎一心一意要當官，就考取了教職，也就是去官辦學校裡當老師。教書一定年限後，朝廷會選拔部分老師擔任低級官職。洪汝奎就是這麼獲得的候補知縣職位。

他真正發家，就是在太平天國起義時期，加入了湘軍。從此，洪汝奎日夜奔波，為湘軍籌款籌糧，供應軍需，得到曾國藩等人的賞識，才有了升遷的可能。之後，洪汝奎繼續靠著埋頭苦幹，才有了今天的身分和地位。這三十年，付出了多少心血與汗水，只有洪汝奎自己知道。

現在，眼前的一切都要化為烏有了。而且，嚴格依法辦事，洪汝奎還有可能以命償命，性命都有可能不保。你說，洪汝奎接到劉坤一的來信後，會從揚州趕往江寧，接受調查嗎？

洪汝奎的對策是，按兵不動。從光緒七年（西元一八八一年）閏七月，冤案被揭開面紗開始，之後的三四個月內，洪汝奎沒有對此事發表過任何言論，更沒有趕往江寧，他不配合調查。同時，洪汝奎也沒有動用自己的資源和人際關係網路，阻礙案情的調查和平反工作。他佯裝自己是個毫不相關的旁觀者，坐等事情的自然發展。

洪汝奎拒絕配合，為三牌樓案的平反，造成了不小的麻煩。劉坤一對洪汝奎的這種態度，意見很大。他動不了洪汝奎，就決定先動其中涉案官員，從另外的角度推動案件的平反。這個新角度，就是胡金傳。

胡金傳是四年前偵破案子的候補參將，全程參與了審訊。根據方小庚、張克友等人的供述，胡金傳涉嫌教唆供詞、嚴刑逼供，硬生生地製造了一起冤案。同時，胡金傳涉嫌欺騙上司，是三牌樓冤案的始作俑

者。四年過去了，胡金傳還是候補參將，沒有轉正擔任實職，繼續在江寧候補。劉坤一對付胡金傳，方便得多了。他直接參奏了一本，將胡金傳革職，接受調查。

胡金傳非常狡猾，他到案後，堅絕不承認刑訊教供的事實。重審的專案組官員先後審問了他二十七次，胡金傳不是理直氣壯地否認，就是顧左右而言他，根本沒有提供任何有價值的供詞。胡金傳為什麼這麼強硬呢？他有什麼法寶呢？

胡金傳的法寶是朝廷的司法制度。這真是一個諷刺！四年前，三牌樓案之所以成為一起冤案，一個重要原因是它違背了多處司法程序。現在，胡金傳搬出了朝廷制度末了。他說，第一，自己只是一名軍官，軍官沒有司法權。自己只是奉命緝捕嫌疑犯而已，沒有權力審案，也沒有參與審訊；第二，此案的審訊和結案，是嚴塏等文官主持的，自己並沒有問案，自然談不上教唆犯罪、刑訊逼供了；第三，四年前三牌樓案卷上的會審官員，有誰誰誰，就是沒有胡金傳。既然當年的案卷上沒有他的簽名，憑什麼說他製造了冤案？

兩江總督劉坤一親自審訊胡金傳。胡金傳堅持說，自己憑藉眼線，緝獲紹宗之後，就奉差外出辦事了，不知道案情審訊的詳情。現在案子有冤枉，責任全在會審的諸位官員，與自己無關。

可見，胡金傳很了解清朝的司法制度，關鍵時刻抓住朝廷的規章制度和流程自保。不僅如此，他還充分利用這套制度，派出妻子和部下，到各個衙門和高官那裡呈遞狀紙喊冤，要求把四年前參與審訊的所有官員提解到案，大家對質。胡金傳這個要求，又給劉坤一出了一個難題。把當年所有官員都叫過來接受調查的難度很大，而且一旦操作起來，得鬧多大的動靜啊！案子一下子陷入了僵局。

四、重新審案

　　光緒七年（西元一八八一年）十一月初，眼看著此案重啟即將滿四個月了。劉坤一覺得老拖下去也不是辦法，乾脆一狠心，會同江蘇巡撫上奏，請求刑訊已革參將胡金傳，並申請將四年前涉案的所有官員傳訊到江寧，聽候查辦。十一月初十，聖旨同意了劉坤一的請求，命令劉坤一嚴刑審訊此案，務必水落石出，把這起冤案做成鐵案。聖旨要求所有涉案官員一律卸任，聽候查辦。

　　這些官員包括：兩淮鹽運使洪汝奎，淮安府知府孫雲錦，沭陽縣知縣嚴塏，清河縣知縣丁仁澤、候補同知單之珩等。

　　三牌樓案頓時柳暗花明又一村。但是，如果我們以為僅憑這一道聖旨，就能把案子審訊得水落石出，那麼我們就把清朝政治想得太簡單了！

　　三牌樓案情曲折、涉案官員眾多、輿論高度關注。這是多麼好的政治爭鬥的素材啊，怎麼能浪費呢？在晚清，一樁案子如果不上升到政治爭鬥的高度，是稱不上一起大案的。三牌樓案就沒有逃過一些人的眼睛。

　　十一月初，河南道監察御史李郁華首先就三牌樓案發難。他上奏，以「問官濫殺無辜，督臣意存袒護」的大帽子開頭，請求嚴訊此案。李郁華把攻擊的矛頭首先對準了兩江總督劉坤一。他說，四年前冤殺無辜的曲學如、紹宗，都是洪汝奎造成的。現在此案重審，拖延了四個月之久，總督劉坤一想把罪責推卸給胡金傳一個人，來偏袒洪汝奎。可見，李郁華攻擊的真正矛頭，對準的是迅速崛起的政治明星洪汝奎。

　　李郁華的奏摺，觸動了慈禧太后敏感的權力神經。慈禧太后對此案是不是冤案，也不感興趣，對紹宗、曲學如等草民的生死，並不感興趣。她真正關心的是，此案體現出來的地方官員違背正常司法程序，總

督司法權力膨脹，擅自就地正法。總之，地方權力擴張，朝廷權力就萎縮。慈禧太后絕對不能允許這一點。晚清時期，權力下移是一個大趨勢。朝廷權威削弱，封疆大吏勢力越來越大。慈禧太后剛好可以利用三牌樓案，敲打一下以劉坤一為代表的地方勢力。所以，朝廷下聖旨斥責劉坤一，要求查清楚洪汝奎、胡金傳等人在此案中的責任。

當時，劉坤一已經確認去職了，朝廷調左宗棠繼任兩江總督，劉坤一正在辦理交接手續。但是，輿論的力量太強大了。李郁華又有彈劾，劉坤一不能置身事外。十二月二十一日，劉坤一上奏，說明了三牌樓的進展。在奏摺中，劉坤一說明三牌樓案由洪汝奎承辦，查明案情後具稟前兩江總督沈葆楨，聲稱案情重大，請派大員覆訊，以成信讞。洪汝奎並沒有定擬罪名。沈葆楨在二十三日批示，認為案情無疑，將曲學如、紹宗就地正法，梟首示眾，張克友割耳遞解原籍。這些情況，不僅有案卷可查，而且是沈葆楨親筆批示，大家都可以辨認。劉坤一基本上是在為洪汝奎開脫。

十二月初六日，翰林院侍講學士陳寶琛，也上奏議論三牌樓案。陳寶琛的奏摺，比李郁華的奏摺更有內容，還透露出了不少重要資訊。

首先，陳寶琛說，七月周五、沈鮑洪落網，人們重新關注三牌樓案。但是八九月時，千里之外的北京城就出現了匿名書信，痛罵洪汝奎，並提到三牌樓案。有人把書信投遞給許多京城官員，這明顯是帶有政治目的的，陳寶琛就懷疑是洪汝奎的仇家所為。因為洪汝奎擔任鹽運使之後，嚴格依法辦事，損害了奸商的利益，導致部分鹽商的不滿和誹謗。所謂的三牌樓冤案，不排除有鹽商勢力在背後操縱、鼓噪的可能。

其次，陳寶琛說，光緒六年，劉坤一參劾高淳縣知縣唐葆元「巡防疏忽，聽斷糊塗」。唐葆元遭到革職處分。唐葆元不服，跑到北京都察院呈訴冤情，要求傳訊相關的官員洪汝奎、孫元錦到京，和自己對質。

三牌樓案：「一案兩凶」奇聞

恰好洪汝奎、孫雲錦都牽涉到三牌樓案，陳寶琛就懷疑此事背後可能有唐葆元的影子、唐葆元借此案來發泄革職的不滿，同時拉洪汝奎等人下水。至於劉坤一，陳寶琛認為，劉坤一既然將胡金傳革職調查，查明了胡會傳罪無可赦，勢必要牽連洪汝奎。所以，不能斷定劉坤一袒護洪汝奎。

陳寶琛是個很認真的人，他把三牌樓案前後的案卷和人犯供詞，一一對比、分析後，就案情本身提出了六大疑點。

第一，前案中，死者髮辮無存。後案中，周五用篾刀將朱彪髮辮砍落，那麼辮子應該掉在地上，而非無存。後案的辮子到哪裡去了？

第二，前案中，屍體旁留有表芯紙、石灰包、篾刀和草鞋。後案中，多了火鉢和小尖刀。周五、沈鮑洪殺死朱彪後，把表芯紙、石灰包、篾刀和草鞋都扔了，為什麼要帶著一個火鉢逃走呢？小尖刀又在哪裡？

第三，前案中，案發地上並無血跡及踐踏情形。陳寶琛認為應該是移屍，命案第一現場不在三牌樓竹園旁。後案中，既然說朱彪會拳腳、功夫了得，那麼即使辮子被人拉住，也可以用力抵抗，況且還帶著尖刀，為什麼任由周五、沈鮑洪砍殺，沒有反抗呢？況且雪地行凶，肯定會留下踐踏痕跡。

朱彪被砍死，地上肯定會有血跡。為什麼地上既無痕跡，也無血跡？

第四，周五、沈鮑洪招供殺害朱彪的當天，向繆瘸子借了個金戒箍，拿去當錢。但是查對當鋪紀錄發現，當金戒箍是在十二日，不是案發的初九日。再次提審時，兩人又說，時間久了，記不清楚。陳寶琛覺得這也是一個疑點。

第五，案發後，江寧城在緝拿凶犯，周、沈二人為什麼不但不逃

匿，反而還若無其事地出入街坊，先是公然嫁賣劉王氏，數日之後又從容典當金戒箍？另外，朱彪雖然把劉王氏的藏身之處告訴了周五、沈鮑洪，但並沒有和他們兩個人一同去過繆瘸子家交代。周沈殺死朱彪後，突然來到繆瘸子家，將劉王氏嫁賣，繆瘸子為什麼不但不懷疑，還幫忙數錢？

第六，陳寶琛認為此案的動機也有問題。周五因為朱彪誘拐了劉王氏而起殺心，沈鮑洪怕被朱彪看破姦情而起殺心，兩個人都想殺朱彪。為什麼他們在江寧遇到朱彪後還很高興，還商量好入夥行竊？準備行竊的時候，為什麼又乘朱彪離開時，突然密謀將他殺害？況且，朱彪把劉王氏的藏身之所告訴了周五，周五馬上就能找回劉王氏，仇恨應該消解才對。

除了針對案情本身的疑問外，陳寶琛覺得案子覆審過程中，也有三個疑點：其一，告發真凶的李大風並不是朱彪的近親，而證實和州並沒有薛春芳其人的曲學和、曲惠春叔姪，以及指控胡金傳嚴刑逼供的張克友卻是該案的利害相關人。他們的供詞，就百分之百可信嗎？李大風要為親戚申冤，為何不在案發當時，而是行竊被捕後才說？曲學和要為兄弟申冤，為什麼四年前不站出來？

其二，許嘉福認定殺人的篾刀是他的。可是，篾刀是民間尋常物品，江南人家誰沒有？他怎麼就認定那是自己的刀？

其三，關鍵證人方小庚，只是個市井游民，四年前可以被胡金傳威逼利誘，胡亂供述，今日也可能被其他人威逼利誘，反過來指控胡金傳。覆審的人證、物證是否可靠？

綜合上面的種種疑問，陳寶琛認為，朱彪被殺一案，究竟是不是四年多前的三牌樓命案，還有待詳細、認真的審理。可是，劉坤一即將卸任，又剛剛被李郁華彈劾，新任總督左宗棠到任還需要一段時間，如果

三牌樓案：「一案兩凶」奇聞

案件拖延太久，恐怕節外生枝；如果案件讓江蘇省官員重審，又難免會受到原審勢力的影響，不能還原事實真相。所以，陳寶琛奏請朝廷，派遣精通司法刑獄的欽差大臣，前往江南，重新審理光緒三年和光緒七年的這兩件案子，詳細梳理人證、卷宗，查明真相。

應該說，陳寶琛的奏摺，說了一些有利於洪汝奎、劉坤一的話，但總體上是比較客觀中立的，嚴格從案子本身出發，呼籲由相對超脫、獨立的欽差大臣接手調查真相。慈禧太后對他的奏摺也很重視，第三天，也就是十二月初八日，朝廷就命令理藩院尚書麟書、刑部侍郎薛允升為欽差大臣，火速前往江寧查辦三牌樓案。

麟書、薛允升兩個人不敢怠慢，於光緒八年（西元一八八二年）正月十八日就抵達江寧，開始履行職責。當時，三牌樓案已經鬧得朝野皆知，東南一帶更是眾說紛紜。麟書、薛允升充分知道此案的敏感性，不敢掉以輕心。沿途概不見客，謝絕一切酒席禮物，並對屬員嚴加約束。抵達江南之後，兩個欽差大臣迅速建立欽差行轅，第二天，也就是正月十九日，就不顧旅途勞頓，調取三牌樓全案的卷宗開始研究；第三天，正月二十日，洪汝李、孫雲錦、單之珩、嚴塈等人投案；從二十一日開始，欽差大臣提訊全案人犯審訊的時候，行轅裡面站堂、執行的人，都是直接從刑部帶來的書吏和差役。江寧本地的差役只在外面伺候，沒有一個人進入大堂。這就盡可能地避免了受當地勢力的影響。期間，除了新任兩江總督左宗棠，來到欽差行轅進行禮節性拜訪，麟書、薛允升二人和左宗棠寒暄了幾句，其他官員，包括巡撫、將軍、總兵，欽差行轅一概擋駕。可見，兩位欽差大臣，做事相當謹慎。

光緒八年二月初九日，經過二十天緊張的工作，兩位欽差向朝廷呈遞了結案報告。報告認定，薛春芳就是朱彪、朱彪就是薛春芳，兩起三牌樓案是同一起案子。欽差大臣肯定了劉坤一的接任，認定這是一起胡

金傳主導、蒙蔽洪汝奎，製造的冤案。報告還逐一回答了陳寶琛提出的六大疑點。

第一，關於死者辮子的問題。周五供認，他殺死朱彪後，看到被割斷的辮子，就解下上面的辮線，接在自己辮子上，把散髮丟棄在了水溝裡。許嘉福、劉高氏也都證明，周五從當晚回來時，頭上添了一條辮線。

第二，關於後案比前案多火鉢和小尖刀的問題。周五、沈鮑洪殺死朱彪後，因為天氣寒冷，就帶上火鉢烤手，隨後丟棄。沈鮑洪供認，他從朱彪的裹腿布裡抽出兩把小尖刀，戳死朱彪後，沈鮑洪把刀藏在身上，後被劉王氏看到。劉王氏證明，她在繆瘸子家，看到沈鮑洪的襪子裡藏有朱彪的小尖刀。趙高氏供認，朱彪在裹腿布裡的尖刀，和劉王氏看到的一致。

沈鮑洪擔心事情敗露，就把兩把尖刀扔到河裡去了。

第三，朱彪功夫了得，為什麼任人砍殺？雪地上為什麼沒有踐踏痕跡和血跡？沈鮑洪說，他趁朱彪不備，用力抓住他的辮子，拉倒在地上，周五迅速上前，連砍數刀。朱彪當時就不動了，沈鮑洪又拔出朱彪的小尖刀亂戳，確保朱彪斃命。所以，朱彪應該是來不及反抗，就被殺死了。同時，官府驗屍之前，現場已經被圍觀的百姓破壞，難以確認踐踏痕跡。而原驗件作供稱，當日驗屍時，地上是有血跡的，是他為了規避處分，沒有報告。

第四，關於典當金戒箍的事。周五、沈鮑洪前後招供的日期不同，是因為時間太久了，兩人記憶不清

第五，朱彪不在，周、沈二人怎麼就能嫁賣劉王氏？嫁賣之後，為什麼還要借當金戒箍？原來，朱彪把劉王氏送往繆瘸子家時，就說這是周五的妻子，所以周五才能托繆瘸子把劉王氏嫁賣掉。因為有「丈夫」在場，繆瘸子又有利可圖，也就不加懷疑。事後，周五因為擔心事情敗

露，急於回家，立了婚書、沒有收到銀子就先借了金戒箍去典當，籌錢回家。

第六，動機問題。周五恨朱彪把劉王氏拐跑，動了殺機。沈鮑洪因為與趙高氏通姦，害怕朱彪知道後對自己不利，答應幫周五殺人。謀殺起意於周五，成於沈鮑洪。殺人的計畫，也是兩個人商定的。

欽差的報告還回答了其他疑點。第一，欽差曾拿來三把篾刀，讓許嘉福當堂辨認，許嘉福迅速認出了凶器。許嘉福認定凶器就是自己的篾刀，是因為從祖父開始，許家祖孫三代都是用左手削篾，因此刀口手面在右。

同時，他的刀是在東臺縣定做的，和市場面一般的篾刀不一樣。篾刀用了多年，有缺口，所以能夠認清楚。同時，趙高氏證明，事後許嘉福向沈鮑洪索要篾刀，沈鮑洪賠錢了事。

第二，關於方小庚有沒有受到威逼利誘的問題。欽差報告認為，後案傳訊方小庚是在周五等人認罪之後，而且由江蘇省級官員審訊，沒有威逼利誘方小庚的可能。

第三，李大風和曲學和為什麼數年之後才申冤？這是因為李大風也是最近才得知朱彪被周五等人殺害，此前並不知道朱彪被殺，被捕後為了贖罪而主動交代；曲學和等人也是因為真凶落網，才確定曲學如是冤枉的，這才申訴的。總之，欽差報告認為光緒三年的三牌樓是冤案無疑。

朝廷認可了欽差的報告，於光緒八年二月二十九日，公布了對三牌樓案的處理結論：周五是殺人首犯，斬立決；沈鮑洪參與殺人，絞立決。候補參將胡金傳冤殺兩命，情節嚴重，斬立決。三人都立即執行死刑。三月十四日，胡金傳、周五、沈鮑洪三人被押赴刑場正法。做偽證的方小庚，雖然是受到胡金傳的威逼利誘，但也應該受到懲處，因為死在了獄中，免於懲處。

　　當年負責此案的兩淮鹽運使洪汝奎,對胡金傳教供、逼供等事毫無覺察;候補知縣嚴塈,承審此案,坐視胡金傳逼供、誘供,情同附和。洪汝奎、嚴塈,均革職、發往軍臺效力贖罪。會審此案的候補同知單之珩、候補知縣丁仁澤,交部分別議處。前兩江總督沈葆楨,草率辦案,對冤案負有不可推卸的責任,因為已經病逝,免於懲罰。其他官員,免於處罰。應該說,朝廷對官員的處罰並不重。套用後來的話來說,朝廷對懲罰涉案官員不是目的,維護朝廷的權威才是同的。透過高調重審三牌樓案、懲處洪汝奎,朝廷已經造成了敲打地方的目的。事後,朝廷專門頒發聖旨,申戒各省慎重刑獄,並嚴禁武官今後參與地方司法,目的是限制地方的司法權。

　　洪汝奎是此案中最可惜的人物。他的政治生涯因此結束,被押解新疆效力。洪汝奎到流放地後,鬱鬱寡歡,身體徹底垮了。不久遇赦回鄉,很快就病逝了。宣統年間,兩江總督端方,上奏陳述洪汝奎德政績和功勞。朝廷也覺得洪汝奎挺可惜的,便追復了他的官職。

雲南報銷案：「跑部錢進」引發黨爭

雲南報銷案：「跑部錢進」引發黨爭

一、軍費報銷用公款

同治年間，雲南爆發了連綿不絕的農民起義。雲南地方政府花了九牛二虎之力，直到光緒五年才重新穩定了局面。期間，行軍打仗、造橋鋪路等等軍費開支，一直沒有向朝廷報銷。光緒八年，雲南巡撫杜瑞聯，決心要解決久拖不決的軍費報銷問題。他把這個事情交代給了一個官員去辦理。這個官員叫崔尊彝。

崔尊彝是雲南省的糧道，掌管全省的糧食收支，負責軍糧籌措。雲南局面穩定後，崔尊彝又兼任了雲南善後局總辦，負責戰事的善後。軍費報銷的任務，順理成章地就落在了他的肩上。

崔尊彝感到這個任務很艱鉅、很難辦，於是他又拉了一個官員幫忙，這個人叫潘英章。潘英章即將升任雲南省永呂府的知府，當時正在北京辦理手續。所以，崔尊彝就拉上潘英章幫忙，一起辦理報銷。崔尊彝先讓潘英章在北京展開公關活動，後來親自北上，千里迢迢從昆明趕到北京，展開工作。他可不是空著手到北京去的，而是攜帶了巨款，一共是白銀十點七六萬兩，匯到北京城的天順祥、乾盛亨、百川通等銀號，作為請客公關、打通關節的費用。而這筆巨款，是崔尊彝從雲南省的官庫裡提取的。

所以，我們可以把崔尊彝此次北京之行定義為一起由雲南省授意的、當地官員親自執行的、動用公款的政府公關行為。

有人可能好奇了，政府公關需要花費十萬多兩銀子嗎？又不是違法亂紀的報銷，而是辦理正常的軍費報銷，需要花這麼多錢嗎？崔尊彝拿著白花花的銀子，要向誰展開公關呢？我們要回答這些問題，就要從清朝的報銷制度說起。

清朝財政高度中央集權，地方政府財權非常有限，除了官員俸祿

等極少數事項可以自理外，其他事項都要向朝廷報銷。報銷的程序是這樣的：

先是地方政府提出申請：接著是朝廷的戶部、工部等相關部門，主要還是戶部，對地方政府的申請進行審計；如果審計後沒有問題，戶部就同意報銷，交予皇上審批；皇帝簽字同意，戶部給申請的地方政府一個批文，整個報銷流程就算結束了。在這個過程中，最關鍵的是戶部的審計。申請通不過他的審計，帳就報不了，而且官員還可能受到處分。

那麼，誰在主導戶部的審計呢？從理論上說，是戶部的官員，包括尚書、侍郎、郎中、員外郎和主事在內的各級官員。但是，這些官員不是不懂會計、審計等專業知識，就是懶得去管具體的事務，他們幾乎從不埋頭去做業務工作，只在最後的報告上簽字。客觀上，財政工作千頭萬緒，專業性非常強，同時朝廷官員財政工作的法律法規越來越多，各種慣例、做法錯綜複雜，根本就不是讀四書五經、在戶部當個三五年就調走的文官們能搞清楚的。所以，承擔具體工作的是下面的書吏。這些書吏，也就是俗稱的「刀筆小吏」，長年累月埋首具體業務，對規章制度、工作流程和實際情況都非常熟悉。實際上是他們在維持著衙門的運轉。他們越俎代庖，代官員理政。

官員們也不得不依靠他們展開工作，甚至樂享其成了。就這樣，小吏們逐漸掌握了戶部的實權，開始以權謀私、貪贓枉法。

再說外省的重大事項報銷，必須要製造清冊呈報。但每次報銷的事項，常常延續好幾年甚至十幾年，積壓下來的細節和項目非常多。因為事情過去了好多年，難免有帳目不清楚或者細節存在瑕疵的地方，所以地方官府報上來的財務清冊不可能做到萬無一失。而且官員都可能更換過好幾屆了，很難再把大家召集起來交代清楚。戶部的經辦人員，就抓住現實問題，反覆刁難、批駁，不是說「帳目不清」就是要求「發回重

做」，目的就是索取賄賂，要錢要好處。

戶部書吏一般根據申請部門的報銷金額來抽成。他們稱為「厘」，一厘就是百分之一，書吏要多少厘，就要拿報銷金額百分之多少的回扣。比如，書吏張口要「一厘三毫」，就是申請部門報銷一百兩銀子要給他一兩三錢。戶部如此，工部、兵部等其他部門也是如此。

於是，北京城就出現了「小吏巨貪」、「小吏巨富」的怪現象，下吏比大官還要富。書吏們到底有多少錢？晚清學者馮桂芬曾經做過估計，吏部四個司的書吏每年大概有三百萬兩銀子的好處費，加上兵部、戶部、工部，四部書吏每年所得應該不少於一千萬兩銀子（《校邠廬抗議·易吏胥議》），而當時全國的財政收入不過是四千多萬兩。

聽起來觸目驚心，但是在清朝，這是普遍存在的現象。地方官府稱之為「部費」，意思是在中央各部門辦事，要花費的費用。如果地方不按成例奉送，相關官吏往往藉端作梗，百般刁難。雍正初年，地方官奏報：浙江布政司每年向戶部解送部費兩萬兩，直隸布政司在人丁編審時交部費兩千兩百兩，浙江按察司每年向刑部解送部費四千五百兩還多。雍正為此下旨聲討「部費現象」：「兵需錢糧除各省地方正項錢糧外，一應奏銷，其弊甚大。若無部費，雖當用之項，冊檔分明，亦以本內數字互異或因銀數幾兩不符，往來駁詰，不准奏銷。一有部費、即糜費錢糧百萬，亦准奏銷。」雍正要求嚴禁送禮行賄、「跑部錢進」。但是一直到清朝滅亡，這種醜陋現象始終存在，禁而不絕。

我們再來看看雲南的崔尊彝、潘英章兩位，是怎麼展開公關活動，完成雲南軍費報銷的。在一片漆黑的大環境中，各種規則錯綜複雜，各種人際關係重重疊疊，我們不是當事人，不可能知道崔尊彝他們活動的全面情況，只能根據雲南報銷案保留下來的官方資料和當事人的筆記，盡量還原此案幕後交易的大致脈絡。

　　崔尊彝、潘英章首先找到時任太常寺卿的周瑞清。為什麼找周瑞清呢？首先，周瑞清是他們兩個人都熟悉的朋友。幕後交易，肯定要找熟人，而且是雙方都認可的熟人幫忙。更重要的是，周瑞清還有第二個身分：軍機處章京。軍機處是清朝的決策中樞，掌握最高實權。軍機處的所有辦事人員，都是從中央各部院衙門抽調的官員，統稱軍機章京。軍機章京承辦軍機處的具體事務，實權很大，被人們尊稱為「小軍機」。小軍機熟悉朝廷政務，比一般官員掌握更多的消息，擁有更多的人脈資源。所以，崔尊彝和潘英章想到了周瑞清。他們認為周瑞清比其他人有優勢，能在報銷這件事情上幫上忙。

　　周瑞清和崔尊彝、潘英章是怎麼密謀的，我們不可能知道真實情況。

　　根據事後周瑞清的供狀，他說自己其實並不想幫忙。但無奈崔、潘兩個人多次請求，他不得不勉為其難。事實上，周瑞清在整個雲南報銷案中發揮了「權力掮客」的作用，推動了事情向前發展。

　　很快有第二個中央官員出現了這個事件中。這個人就是戶部雲南司的主事龍繼棟。清朝戶部按照行政區設置了十四個司，每個司管轄名稱代表著省份的財政事務。雲南省的報銷申請，到了戶部，由雲南司歸口管理。龍繼棟就是雲南司的主事，是一個七品官。他的另一重身分是潘英章多年前的幕僚。當年，潘英章擔任知縣的時候，曾經聘請還沒當官的龍繼棟為幕僚。潘英章還曾經在龍繼棟家居住過一段時間養病。可見，兩人關係不錯。

　　龍繼棟得知雲南軍費報銷的事情，同時知道是熟人潘英章在負責，他非常心動。他很希望能賺到這筆報銷的部費。誰和白花花的銀子有仇呢？

　　但是，龍繼棟掂量了一下自己的實力，覺得他賺不了這筆錢。因為，龍繼棟只是雲南司一個普通的主事，司裡還有其他主事，上面還有

雲南報銷案：「跑部錢進」引發黨爭

員外郎和郎中等上司。考慮之後，龍繼棟向雲南來的朋友推薦了他覺得能解決問題的「關鍵人物」，自己的同事、雲南司主事孫家穆。孫家穆就成了牽涉本案的第三個中央官員，

為什麼同樣是雲南司的主事，龍繼棟解決不了的難題，孫家穆就能解決呢？這是因為，級別和職權都相同的官員，實際權力卻足不同的。

中央部院的各個部門都有好多名官員，但是最終決策的只能是少數個人。清朝的中央部門一般有滿族和漢族兩套團隊，比如雲南司既有滿族郎中，也有漢族郎中，由滿族官員掌管用印，稱為「掌印」。掌印郎中，就是雲南司的第一負責人。由於滿族官員教育程度相對較低，一般由漢族官員處理政務，起草文書，稱為「主稿」。主稿就是負責本部門政務的實權官員。當時戶部雲南司的主稿，就是孫家穆。孫家穆是雲南司的靈魂人物。所以，龍繼棟把他引見給了崔尊彝、潘英章、周瑞清等人。

孫家穆很快來到了周瑞清的府上，和崔尊彝等人密謀。雲南的報銷申請，就由孫家穆負責審計和起草批准文書。他打包票說，可以解決軍費報銷。崔尊彝等人也完全相信孫家穆能解決這件事。現在的問題是：部費該交多少錢合適？

孫家穆開價要十三萬兩白銀。這筆錢包含一條龍服務，包括雲南軍費報銷在戶部、工部、兵部三個部門的順利通過。孫家穆說他可以讓這筆報銷在相關部門都一路綠燈，各個環節由他來負責打通。

崔尊彝、潘英章覺得這個報價太高了！一開始我們談到，崔尊彝從雲南省的官庫一共才提了十萬兩出頭的銀子，他不可能自己倒貼三萬兩去滿足孫家穆的要求。但是，孫家穆不肯讓步。他覺得這個價位已經很優惠了。這是一次性收費，不管你報銷幾百萬還是上千萬，我都給你放行通過，孫家穆等經辦的官吏同時要承擔巨大的風險。所以，他不願意讓步。最終，雙方僵持不下，談不下去了。

就在崔尊彝等人和孫家穆討價還價的時候，一樁人事任命橫空出世，驚呆了他們：工部右侍郎閻敬銘升任戶部尚書！

閻敬銘是道光年間的進士，仕途是從戶部主事起步的，在戶部工作多年，熟悉財政。鎮壓太平天國運動期間，閻敬銘負責糧臺營務，理財有道，官職開始直線上升，歷任湖北按察使、山東巡撫、工部右侍郎等職。除了熟悉財政，下屬在業務上很難蒙蔽他之外，閻敬銘還有更大的一個特點，那就是他出了名的清廉正直，做事原則性非常強，大公無私。在雲南報銷案發前的幾年，閻敬銘的主要工作就是查處各地的貪汙腐敗行為，上至尚書、侍郎，下至知州、知縣，不少人被閻敬銘拉下了馬。

崔尊彝、孫家穆等人得知閻敬銘就要到戶部擔任尚書了，都擔心自己撞到他反腐敗的槍口上。害怕擔心之餘，他們沒有因此收手，中止幕後交易，而是為了防止夜長夢多，迅速達成了妥協。孫家穆主動讓步，把要價從十三萬兩銀子降低到八萬兩。崔尊彝馬上拍板同意。雙方約定，這筆巨款以「分期付款」的形式交付，崔尊彝先支付五萬兩，等孫家穆把經費報銷在各個部門完成後，再付剩餘的三萬兩。

第一筆的五萬兩銀子，崔尊彝在周瑞清家，把銀票交給了孫家穆。孫家穆拿到銀票後，沒有獨吞，而是給了周瑞清五千兩，自己拿走了四點五萬兩。周瑞清這個中間人，心安理得地收下了這五千兩。

雲南軍費報銷的程序很快就啟動了。戶部雲南司迅速走完了流程，在閻敬銘到任之前完成了審計，並寫好了奏摺，上報光緒皇帝。同時，在孫家穆的工作之下，工部緊接著也完成了雲南軍費報銷的審計，並開始準備上報。崔尊彝、潘英章兩人看到後，覺得雲南軍費報銷，大局已定，可以高枕無憂了。兩個人決定離開北京，坐等最後的好消息。崔尊彝是安徽人，長期在雲南當官，現在就向吏部請假，回安徽老家探親。

潘英章來北京的公開目的是辦理知府的上任手續，現在也辦完了手續，就離開北京，不慌不忙地向雲南出發赴任。

如果不出意外，雲南軍費報銷事件發展到這一步，就可以順利完結了。

二、御史捅破黑幕

可就在各方當事人長舒了一口氣的時候，光緒八年七月，御史陳啟泰，奏參太常寺卿兼軍機章京周瑞清受賄，包辦戶部報銷。雲南報銷事件一下子峰迴路轉，各方力量勾心鬥角，陷入複雜的混亂局面。

御史陳啟泰為什麼要捅破雲南報銷黑幕呢？我們知道，清朝的地方政府找中央部院辦事，送禮行賄，是普遍存在的現象。單單戶部的辦事書吏，每年接受的賄賂就估計超過三百萬兩白銀。雲南報銷事件，只是眾多行賄受賄事件中的一個。而且，他們談好的八萬兩銀子，放在整個大環境下來看，金額並不算特別巨大。御史為什麼單單揪住這一筆交易不放呢？

御史彈劾，是一個政治行為。在晚清時期，如果一個政治行為看似奇怪，有悖常理，我們就不能把它當作一個單純的政治行為來看待，而要從更宏觀的政治格局、權力爭鬥的層面來尋求答案。陳啟泰揭發雲南報銷醜聞，就和當時的朝廷權力格局有關，涉及到複雜的黨爭問題。

御史陳啟泰揭發雲南報銷，目標不是崔尊彝、潘英章，也不是孫家穆，更不是表面彈劾的周瑞清。他有更大的目標。雲南報銷已經透過了戶部的審計，上奏皇帝了。那麼，戶部的尚書，是不是有失察的責任？而且，孫家穆一個人是完成不了報銷流程的，必須得有其他官吏的配合。那麼，配合孫家穆一起徇私枉法的還有哪些官員？這些人從中收取了多少賄賂？

位居戶部權力頂端的戶部尚書，是不是也參與了這起徇私枉法的交易？

當時的戶部尚書是何人呢？清朝的六部，各有一名滿漢尚書。雲南報銷案發的時候，戶部滿族尚書是景廉。景廉出身滿洲正黃旗，當時是軍機大臣、總理各國事務大臣兼戶部尚書。漢族尚書閻敬銘還沒有到任，案發時由王文韶代理戶部尚書。王文韶是浙江杭州人，咸豐進士，當時是軍機大臣，同時以戶部左侍郎的名義代理尚書。

陳啟泰瞄準的目標，是景廉和王文韶，尤其是王文韶。陳啟泰所在的御史群體，早就跟王文韶過不去了。他們雙方的恩怨，要從軍機處的人選結構說起。

從同治年間到光緒早期的軍機處，相對穩定。恭親王奕訢以皇叔之尊，擔任領班軍機大臣，在軍機處內一人獨大。沒有其他大臣可以挑戰他的權勢，就連慈禧太后也要忌憚奕訢幾分，所以軍機處的領導權是穩固的。

問題就出在下面的軍機大臣的內鬥上。排名奕訢之後的兩位軍機大臣，文祥、寶鋆，都是滿族人。再接下去的兩位軍機大臣是漢族人：沈桂芬，江蘇吳江人；李鴻藻，直隸高陽人。兩人一南一北，其中李鴻藻與文祥較為親近，沈桂芬與寶鋆關係莫逆，這直接導致奕訢之下的軍機處分裂為南北兩派，展開了黨爭。

黨爭是中國占代政治的一大頑疾。歷朝歷代都覺得黨爭不好，但總是杜絕不了。清朝在剛入關不久，就爆發了陳名夏「南黨案」。當時就有黨同伐異的事情出現。接著又有著名的索額圖和明珠黨爭。至於不太出名的黨爭，更是層出不窮。黨爭的原因，非常複雜，根源則在於官員們抱團爭權奪勢的需求。黨爭的表現，也很複雜。簡單地說，就是黨同伐異，對人不對事，凡是對立派系支持的事情，我就反對；凡是對立派系

反對的事情，我就支持。黨爭還常常表現出地域特徵，特定區域的官員形成固定的派系。

比如，沈桂芬是江蘇人，他聚攏江浙和南方省份的官員，形成了南黨；而李鴻藻是直隸人，他就聚集了河北和中原省份的官員，形成了北黨。

光緒三年（西元一八七七年），李鴻藻丁憂回籍守孝。軍機處大臣出現了空缺，沈桂芬保舉王文韶入值軍機處。當時王文韶只是一個湖南巡撫，而且只擔任過一個省的巡撫，資歷非常淺，按道理輪不到他進軍機處，但因為他是浙江人、又是沈桂芬的門生，所以得到了沈桂芬的強力推薦，得以進入軍機處。這樣一來，南黨的實力大漲。

李鴻藻雖然暫時離開軍機處，可影響力還在。當時，朝廷中翰林院和都察院中有大批科舉出身的文官，常常上書言事，議論時政，敢說話。他們被稱為「清流黨」。清流黨的主要成員都是北方人，比如著名的「清流二張」，張佩綸是直隸豐潤人，張之洞是直隸南皮人。這些清流黨人和李鴻藻交往密切，站在北黨一邊攻擊沈桂芬和南黨。

光緒六年（西元一八八零年），沈桂芬病逝。王文韶勉為其難，頂上了南黨首領的位置。同年，李鴻藻守孝期滿，返回軍機處。南北兩黨的勢力天平又開始左右調整。清流黨瞄準王文韶，準備要把他拉下馬來。雲南報銷案，可以把醜聞、黑幕和王文韶連繫起來，就成了黨爭的工具。這就是雲南報銷案深層次的背景。

話說御史陳啟泰的奏摺遞了上去，當時的光緒皇帝還是個小孩子，真正決策的人是慈禧太后。慈禧太后看了奏摺後，下令由刑部的兩位尚書麟書、潘祖蔭，「確切查明，據實回奏。」應該說，慈禧的處理方法是一種常規反應。既然御史彈劾太常寺卿周瑞清包攬雲南報銷事項，那就派刑部調查。慈禧知不知道奏摺背後暗含的意思呢？她很可能是知道，

但是裝作不知道，既然陳啟泰沒有點破，慈禧也便就事論事。慈禧權力爭鬥幾十年，很熟悉官僚集團黨同伐異的伎倆，她很可能不願意戳破那層窗戶紙。

刑部兩位尚書接到命令後，傳訊了周瑞清，又拘傳了北京天順祥銀號的掌櫃王敬臣、乾盛亨銀號的掌櫃閻時燦，以及兩個銀票的相關夥計。

周瑞清對指控矢口否認。王、閻兩位掌櫃承認，從光緒七年秋天到光緒八年的春天，兩家銀號的確有從雲南省匯兌來的大量銀兩。雲南省糧道崔尊彝崔大人、永昌府知府潘英章潘大人，拿著票據到店鋪陸續取用。這些都是事實。那麼，這些銀子都用來做什麼了呢？王敬臣等人都堅持說，銀號只提供銀子的匯兌服務，對於銀子的用途，一概不問。這是他們銀號的職業守則。誰拿著票據來，他們就給誰銀子，從來不問、也不方便問客人拿銀子做什麼。

刑部尚書麟書、潘祖蔭兩人，回奏說，雲南報銷案案情重大，經審問涉案的兩家銀號，得知雲南永昌知府潘英章和雲南糧道崔尊彝確實匯兌過銀兩，但做何使用，不太清楚。鑑於潘、崔二人均已離京，報銷事件的詳情只能把二人找回來，問個清楚。

慈禧接到奏摺後，隨後下令，要求雲南和安徽地方政府，立即命令崔尊彝、潘英章迅速返京，到刑部聽候質詢。同時，鑑於周瑞清涉案，免去他的軍機章京的差使，配合調查。軍機處處理軍國大事，政治性和保密要求很高，周瑞清牽涉這樣的事情，也的確不適合繼續在軍機處當差了。

案子因為崔尊彝、潘英章兩人遲遲沒有音訊，拖延了下去。就在這時，彗星出於東南。在古代的時候，異常的天象，往往和政治清明與否連繫在一起。人們普遍認為，如果政治清明，就會風調雨順、天象正常。如果政治有失誤，上天就會透過一些大自然的異常現象，向當政者發出警告。比如地震、海嘯等等。而彗星出於東南，被認為是朝廷用人

雲南報銷案：「跑部錢進」引發黨爭

有失，天降災異示警。現在我們知道，這其實是正常的天文現象，但在雲南報銷案中，卻大大推動了案情的發展。

彗星出現後，朝廷下旨，要求官員們積極進言，參劾違法違規的官員。

八月二十四日，江西道御史洪良品，呈上了一道摺子，重新挑起了雲南報銷案的戰火。洪良品說，雲南報銷案，戶部索賄八萬兩，尚書景廉、王文韶「受賄巨萬」。他將矛頭直指景廉、王文韶，說兩人身為朝廷重臣，卻甘心受賄，名節不保，請求朝廷將兩人罷官，依法處置。在奏摺中，洪良品自動為景廉開脫，說他一向不熟悉業務，但是王文韶就難說了，腐敗受賄的名聲早就流傳開來，應該嚴肅處理。就這樣，洪良品巧妙地把彗星出於東南這個異常的天象，套在了王文韶的頭上。

由於洪良品的奏摺，指名道姓，彈劾了軍機處的兩位大臣。慈禧不得不高調處理。她下令，加派惇親王奕誴和工部尚書翁同龢，傳洪良品詳細詢問，問問他有沒有什麼證據，然後回奏。

惇親王奕誴是道光帝的第五子，奕訢的兄長，是道光皇帝健在諸子中年紀最長的，也是最年長的皇叔。工部尚書翁同龢是咸豐朝的狀元，同治皇帝和光緒皇帝的師傅，兩代帝師。他們兩位的身分，都很顯赫。應該說，慈禧太后處理洪良品奏摺的規格，非常高。

翁同龢有記日記的習慣，他留下來的《翁同龢日記》詳細記載了雲南報銷案之後的發展情況，為我們留下了生動而寶貴的第一手資料。根據《翁同龢日記》的記載，八月二十六日，奕誴、翁同龢傳訊了洪良品。

洪良品先從懷裡掏出已經寫好的說帖，交給翁同龢。翁同龢看了，內容基本上是對奏摺的重複，認為內容太空泛。而彈劾軍機大臣受賄腐敗，是很嚴重的指控，必須得有真憑實據。翁同龢就問洪良品：「洪大人，你有何憑證？」

洪良品回答：「御史風聞其事，我聽到了相關的傳聞，不敢不奏。」

御史負責監察百官，可以聽到什麼就上奏什麼，不需要拿到真憑實據後才能彈劾官員。這就是御史等言官，和刑部等司法官員的區別。如果御史上奏都要證據齊全，那麼他監察官員、預防犯罪的功能就會大打折扣。所以，洪良品的說法也有道理。

翁同龢繼續問：「大臣受賄，必有過付之人、交納之地。你彈劾軍機大臣受賄，那麼錢財是誰轉交的，在哪交付的？」

洪良品說：「這些事情，當事人知道就可以了，怎麼可能會讓第三者知道呢？更何況我是御史，他們更怕御史知道。」洪良品也說不出行賄受賄的時間、地點。

翁同龢就問：「你說外面傳說得很厲害，那麼究竟是何人所傳，你能指證幾個人嗎？」

洪良品回答：「社會上萬口同聲，都說王文韶受賄。我無從指證到底是誰所說。」

翁同龢與奕誴最後問：「除此之外，你有什麼確鑿的證據嗎？」

洪良品回答：「沒有。」

奕誴和翁同龢兩個人就寫了奏摺，連同洪良品的說帖，一起進呈上去。

隨後，宮中傳來聖旨，說景廉、王文韶是否參與雲南報銷醜聞，有沒有接受關說或者賄賂，還要等崔尊彝、潘英章到案對質。現在，此案還是命令麟書、潘祖蔭兩個人負責，詳細審訊。這樣就等於把洪良品的彈劾高高掛起了。

清流黨很不滿意。陳啟泰、洪良品對王文韶發起的兩次攻擊，都被最高層輕輕放在了一邊，王文韶還是穩穩地坐在位置上。清流黨人決心對王文韶發起一次正面的、猛烈攻擊。這一次出場的是第三位清流黨人，鄧承修。

鄧承修是廣東歸善人，雖然在籍貫上屬於南方人，但是和沈桂芬、王文韶等江浙官員結成的南黨並非一派，反而與北黨關係密切。鄧承修膽子大、敢說話，在清流黨中有「鐵漢」的綽號。如今，清流黨人攻勢受阻，該黨內的幹將出馬上陣了！

九月一日，鄧承修上了一道奏摺，言辭激烈，直指王文韶名聲敗壞，推舉王文韶進入軍機處是前任軍機大臣沈桂芬的一大失誤。鄧承修還指出，王文韶被彈劾後，沒有解除職務，導致負責審理雲南報銷案的麟書、潘祖蔭等人投鼠忌器，難免不瞻前顧後，有意包庇。而且，具體負責的官員們聲氣相通，有意大事化小小事化了。

不得不說，鄧承修的這道奏摺相當凶猛，來勢洶洶。但是也許是情緒太激動了，反而沒有造成預想的效果。首先是王文韶以退為進，主動上奏，請求罷免自己官職。很快，宮中就傳出聖旨慰留。同時，作為對鄧承修奏摺的回應，聖旨命令惇親王奕誴、翁同龢等崔尊彝、潘英章到案後，會同麟書、潘祖蔭一體查辦。等於是為雲南報銷案增加了兩名負責官員，增強了辦案力量。清流黨人的第三波攻擊，也同樣被高高掛起了。

王文韶在朝廷的根基，不是清流黨人的一兩封奏摺能夠動搖得了的。

要想扳倒他，必須要有實實在在的證據，證明王文韶的確參與了報銷醜聞。

三、檯面人等紛紛落馬

事情有時真的是「山重水復疑無路，柳暗花明又一村」。就在九月一日，清流黨人的第三波進攻，再一次無果而終的第二天，九月二日，之前聲稱對銀兩用途一無所知的天順祥銀號掌櫃王敬臣，也許是因為被拘捕關押幾十天的緣故，向刑部辦案官員主動交代了有價值的消息。

　　之前，王敬臣只承認雲南糧道崔尊彝、永昌知府潘英章來銀號匯兌過銀子，現在他供稱兩人在辦理業務的時候揚言，這些錢都是拿來北京打點相關的衙門和人員，是用來辦理軍費報銷的。這一條罪證，就坐實了雲南報銷事件中的確存在行賄受賄行為。王敬臣供認的第二條有價值的消息是，崔尊彝透過天順祥銀號，轉交給中間人太常寺卿周瑞清兩封信。至於信裡寫了什麼內容，王敬臣說自己確實不知道。

　　負責此案的刑部尚書麟書等人，一邊將情況上奏，一邊派人，緊急捉拿經辦雲南報銷事務的戶部書吏褚世亨、工部書吏張兆鴻和周仁溥三人。經過「連日熬審」，褚世亨供稱，辦理雲南報銷的還有戶部雲南司書吏張瀛、盧良駒，公文草稿是這兩個人草擬的；此外，戶部書吏陳瑞軒、沈鴻年負責覆核。刑部又趕緊去抓捕上述四個人，結果除了張瀛外，其他三個人都突然失蹤了，極有可能是聽到風聲後潛逃了。

　　朝廷接到報告後，很快下旨，將太常寺卿周瑞清正式解任，聽候調查；同時嚴屬要求他交出崔尊彝的那兩封信，以供查證。周瑞清很配合地上交了兩封信。遺憾的是，這只是兩封官場上相互寒暄、問候的一般書信，並沒有涉及軍費報銷的內幕交易，對此案並沒有幫助。

　　至於那些潛逃的書吏，朝廷認定他們「畏罪情虛，已無疑議」。如果他們沒有做虧心事，為什麼要聞風潛逃呢？這也從一個側面，顯示了雲南報銷事件存在黑幕。朝廷命令嚴肅處理看管不嚴的戶部官員，同時通緝在逃的三位書吏。

　　現在，終於有實實在在的證據，顯示雲南報銷事件有問題了。所以，潘祖蔭、麟書奏請戶部、工部把雲南報銷的款項重新認真查核。朝廷很快同意，由翁同龢負責，抽調了八名有經驗的工部官員，重查雲南報銷事件此後，雲南報銷案的車輪，開始緩慢而扎實地向前進。

　　被捕的張瀛，抗壓能力很差，進了刑部大牢後很快就招供了。他承

雲南報銷案：「跑部錢進」引發黨爭

認雲南永昌知府潘英章曾拜託戶部的官吏在辦理雲南軍費報銷的時候「高抬貴手」，並許諾重金相贈。張瀛承認自己和部中的其他管理，都不同程度地收受了好處。張瀛在招供的時候，專門用了一個詞來形容收受的賄賂：「筆墨費」，此項費用在戶部辦理報銷事務中，是按照慣例收取的。他的供詞，徹底坐實了戶部官吏收受賄賂，徇私枉法，進而證明了戶部管理混亂，送禮行賄已經形成了風氣。

事情發展到這一步，不用清流黨人彈劾，案發時代理戶部尚書的王文韶也知道自己難逃關係。最起碼，王文韶要承擔管理不嚴，失察失誤的領導責任。他先是請病假十天，假滿後上奏請求辭職，理由是自己的老母親年邁多病，需要奉養。如果說之前王文韶申請罷官，還有以退為進的意思，那麼現在，他請求辭職，是真的想撇清與此案的關係，全身而退了。

慈禧太后沒有批准，理由是王文韶已經把母親接到北京來奉養了，沒有必要辭職，只是給了他幾天假，讓他多陪陪老母親而已。王文韶不死心，又一次請求辭職奉養老母親。這一次，慈禧太后還是沒有批准，說現在政務繁忙，軍機處和總理衙門正是需要人的時候，慰留王文韶堅持工作。

王文韶和慈禧的這兩個回合，透露出了一絲敏感的氣息。之前，清流黨人彈劾王文韶的時候，慈禧太后都幫著王文韶把彈劾輕輕放到一邊，就事論事，沒有往王文韶身上引。現在，慈禧太后雖然沒有說王文韶和戶部的腐敗醜聞有關係，但是也沒有說王文韶是乾淨的。而是以工作太忙，正足用人之際，這麼一個非常客觀的理由，讓王文韶留任。經歷了這麼多事情，王文韶的權力根基終於出現一點點動搖了。

清流黨人敏銳地抓住了這個機會。十月下旬，清流黨的主將，當時擔任詹事府右庶子的張佩綸針對王文韶連續上奏，要求罷免他。除了重

彈王文韶早前名聲惡劣、現在牽涉雲南報銷醜聞的老調外，張佩綸指出在現在的情況下，王文韶已經眾望不孚，不適合繼續留在軍機處主持中央政務了，此外，張佩綸還在奏摺巾附帶了一份資料，說明王文韶在雲南報銷案中涉嫌很深。

張佩綸提出了三個疑點。第一，案子幾個月前就爆發了，聖旨也下來要求查辦了。為什麼王文韶沒有看管傳問承辦報銷的書吏，最後造成書吏潛逃，「人或曰文韶機警，何獨於書吏則不機警」？第二，刑部查出雲南報銷的款項存在出入，「人或曰文韶精密，何獨於報銷則不精密」？第三，雲南的崔尊彝、潘英章兩個人送禮行賄的罪行，可以確定無疑了，為什麼到現在還沒有被革職，身為軍機大臣的王文韶是有責任的。「人或曰文韶明白，何獨於該兩員處分則不明白？」綜上所述，如果不把王文韶罷免，案件無法深究。

最後，張佩綸也把此事和剛剛發生的某次地震掛勾，說「王文韶剛剛被朝廷慰留，地氣即不安靖。我不是說王文韶足以導致地震，但是兩者肯定是有關係的」。張佩綸的彈劾，是清流黨人的第四波攻擊，也是內容最扎實，時機掌握得最好的一次，取得了上佳的效果。

就在張佩綸上奏的同時，江蘇巡撫的奏報到達了北京。江蘇巡撫報告說，根據崔尊彝家丁呈稱，崔尊彝一個多月前在江蘇丹徒縣病故。崔尊彝是雲南報銷案的關鍵人物，卻在案件取得實質進展的時候突然死去，而且消息遲了一個月才報上來。當時就有人議論，崔尊彝是不是真的「病故」，很值得懷疑。慈禧也下令，要求安徽、江蘇巡撫查明崔尊彝是否真的是病故。

人們很自然地把崔尊彝的死想多了，這是不是和雲南報銷案有關呢？是不是和王文韶有關呢？大家一多想，就增加了張佩綸奏摺的效力。

還有另外一個情況，增加了張佩綸奏摺的威力。刑部尚書麟書等

雲南報銷案：「跑部錢進」引發黨爭

人，審訊天順祥商人王敬臣和周瑞清的家丁譚升得知，崔尊彝、潘英章到北京後，多次和周瑞清碰頭商討。周瑞清也曾派人拿著雲南的銀票到天順祥匯兌銀兩。至此，周瑞清涉案完全可以確定，不用等另外一個雲南官員潘英章到京對質了，現在就可以查辦周瑞清了。於是，聖旨下來，將周瑞清革職，歸案審訊。

雲南報銷案發展到這一步，肯定不可能大事化小、小事化了了。在檯面上的當事人紛紛落馬，種種疑問都指向更高的、更深層的王文韶。王文韶如果再不主動辭職，只會引發更多的懷疑，招致更多的彈劾。到時候，王文韶能否全身而退，就很難說了。所以，王文韶第三次請求辭職。十一月初五，朝廷下旨，批准王文韶辭官養親。王文韶辭職後，收拾行李，很快離開了北京。但是他並沒有返回杭州老家，而是帶著老母親，逗留在天津，等待此案的進一步發展。原來，王文韶表面上看來和雲南報銷案沒有關係，一再否認，其實在內心深處，他還是非常在意此案的進展的。

王文韶辭職後，軍機處出現了空缺。當年八九月份，恭親王奕訢一直生病，無法理政；加上王文韶和景廉又牽涉雲南報銷案，慈禧太后有事只能找李鴻藻、寶鋆人商量。所以現在，慈禧太后一下子補充了兩位軍機大臣，工部尚書翁同龢和刑部尚書潘祖蔭。翁同龢、潘祖蔭進入軍機處後，他們兩位都是南方人，表面上看走了一個南黨的王文韶，卻多了兩個南方人，南派力量成長了。但實際上，李鴻藻在軍機處資歷老，又能幹，深得慈禧倚重，翁同龢和潘祖蔭完全無法與他對抗。再加上一個多月後，潘祖蔭因為父親病故，回鄉丁憂守孝，李鴻藻的力量在軍機處占絕對優勢。清流黨人在此前後，也在朝堂之上發展迅速。張佩綸在光緒八年年末，署理左副都御使，第二年被提拔為侍講學士；張之洞則早在一年前外放山西巡撫。北黨勢力，經過扳倒王文韶的這場硬仗，如日中天。

　　雲南報銷案繼續向前推進，但是此後，清流黨人再也沒有對相關人員進行彈劾，或者對案件的審理有所進諫。這也可以進一步證明，清流黨人只是把此案當作是南北黨爭的工具，主要目的就是扳倒王文韶，而不是真的關心雲南軍費問題或者要懲治書吏腐敗。

　　雲南報銷案在王文韶罷官後，進入了一個新的階段，即根據案情，實事求是審理的階段。

　　十一月初，周瑞清革職後接受刑部審訊。周瑞清供出了孫家穆，孫家穆接受了刑部的傳訊。孫家穆供稱，當年二月，同司的主事龍繼棟提到雲南報銷的冊子要到，有人托龍繼棟幫忙從中照料，龍繼棟請求孫家穆幫忙，在辦理此案時給予方便。孫家穆承認自己從中收取了賄賂。至於收取了多少賄賂，都分給了哪些人，怎樣分配的，孫家穆卻推說自己不知道。龍繼棟很快也被傳到刑部接受調查。他堅絕不承認自己受賄枉法。朝廷將孫家穆、龍繼棟都先革職，再接受進一步的質詢。同時，將雲南永昌知府潘英章擱置，嚴厲催促迅速將潘英章押送北京。光緒九年（西元一八八三年）二月，潘英章押解到京。

　　潘英章對挪用公款，打點關節的事情，供認不諱。但是在具體的金額問題上，潘英章閃爍其詞，或者把責任推給了已死的崔尊彝。當時，審訊的重點已經轉移到了這筆行賄用的銀兩，到底是從哪來的？潘英章只承認其中的五萬多兩是動用的雲南的官銀，其餘的都是籌措的私人款項，似乎幻想以此來減輕罪責。

　　在光緒九年前後的審訊過程中，有兩件事情不得不說。第一是，審查出監察御史李郁華涉嫌受賄。這是雲南報銷案中一個有趣的小插曲。

　　李郁華曾經擔任過雲南鄉試主考官，可能由此和潘英章熟悉。潘英章此次來京，李郁華在雲南的親戚拜託潘英章幫忙帶東西給李郁華。由此，潘英章到北京後，和李郁華往來密切。李郁華察覺潘英章此行除了辦理知

雲南報銷案：「跑部錢進」引發黨爭

府上任手續外，重要任務是辦理雲南軍費報銷事宜。他非常好奇，先後向銀號掌櫃王敬臣、周瑞清、龍繼棟、孫家穆等人打聽消息。這幾個人都推脫不清楚，但都把消息反饋給了潘英章。說李郁華這個人問東問西，會不會出問題？潘英章覺得李郁華已經知道了此案的幕後情況，同時忌憚他監察御史的身分，不得不給予李郁華部分利益。潘英章把雲南方面在北京採購物資的事情，委託李郁華幫忙採購，讓他能夠落下一部分好處。同時，潘英章額外給了李郁華四百兩銀子。李郁華是否一開始就想參與雲南報銷事件的分紅，我們不得而知，但是他的所作所為，的確是收受賄賂。他很有可能根本就不知道雲南報銷案的幕後情況，但他收的這些好處，卻帶有「封口費」的意思。最終，李郁華也鋃鐺入獄。

第二件事情，則重要得多。雲南報銷案，按說主要是查辦戶部的腐敗問題，抓住戶部在辦理報銷事宜時索取好處的問題不放。受到查處的官吏，也主要是戶部的官吏。按說，戶部會對此案有抵制、有反彈。但是，新到任的戶部尚書閻敬銘，一點牴觸情緒都沒有。相反，閻敬銘非常配合雲南報銷案的查辦工作，同時他自己在戶部展開了轟轟烈烈的反腐敗運動。

閻敬銘首先針對戶部官員，尤其是其中的滿族官員不熟悉財政業務的情況，調整了官員設置情況，把部分熟悉業務的漢族官員調往關鍵崗位。在此之前，戶部檔案房的官員全部是滿族官員，漢族人對全天下財政收支的詳細數據並不清楚，閻敬銘頂住壓力，在檔案房增加了漢族官員。從此，清朝的財政開支數據才被天下官員所熟知。其次，閻敬銘斥退了許多索取好處、收受賄賂和回扣的書吏，同時接連上奏彈劾罷免了相關的貪腐官員。

戶部之前有「四大金剛」，分別是姚楊董啟四位官員。他們四個人，常年在戶部當官，熟悉法規和業務流程，受賄徇私，貪贓枉法，胡作非

為不是一天兩天了，其他官員敢怒不敢言。這四大金剛也在閻敬銘的反腐敗運動中被拉下了馬來。其中，四大金剛之首的姚覲元，當時已經高居廣東布政使的高位，前途一片光明。閻敬銘硬是彈劾姚覲元在戶部工作時的老毛病，把他扳倒了。經過閻敬銘的強力整頓，戶部的風氣得以好轉。

光緒九年三月，慈禧加派閻敬銘一同審理雲南報銷案，這是對閻敬銘的肯定。

四、晚清政治黑暗之例

負責此案審訊的官員，調集了天順祥、百川通等銀號的帳簿，又清查了崔尊彝、潘英章的收支，結果發現了新問題。

什麼問題呢？辦案人員在帳目中，發現了很多列為「別敬」、「贈敬」、「炭敬」、「節敬」之類的款項支出。這些支出都列出了對象，絕大多數是中央各部院的官員，少數是近期在北京辦事的地方官員，涉及的人數很多。而支付給這些官員的款項，很難分明是崔尊彝、潘英章的私人錢財，還是他們挪用的雲南省官銀。

這些錢，有的還算是禮尚往來，但是大多數已經超過了正常人際交往的範疇，過於頻繁，金額也太大了，涉嫌行賄受賄了。但是，官員不送錢不行，不送就可以被官僚集團孤立，難以獲取消息，辦事情找不到幫手。最後，一些囊中羞澀的地方官員不敢到北京辦事，擔心到了北京被扒掉好幾層皮。

情況反饋到主審的幾位官員那裡，惇親王奕誴認為這是行賄受賄，主張對此展開嚴厲追查，一查到底，處理所有涉及的官員。以翁同龢為代表的其他主審官員，包括麟書、閻敬銘等人，一致反對，表示這些都

雲南報銷案：「跑部錢進」引發黨爭

是京內外官員相互饋贈，而且千百年來官僚集團都是這麼往來的，不能當作賄賂。

惇親王堅持把這些敬禮當作賄賂，是有特定的制度原因的。清朝的宗藩制度規定，嚴禁宗室親王和外朝官員相互往來。目的是為了防止宗室王爺們建設個人勢力，危害皇權。所以，宗室王爺和官員們互通書信，相互饋贈，都是違法的，雙方都是要受到懲處的。因此，沒有官員向惇親王送過任何敬禮，惇親王對官場的送禮饋贈風氣，也沒有直觀的感受。他完全可以站在道德的制高點，要求一查到底。

但是，翁同龢等人的情況恰恰相反。他們都是官僚集團的一分子，接受了許多饋贈和敬禮，自己也送了很多的金銀禮品。如果把這些行為當作行賄受賄，深究起來，他們每個人都是犯罪分子。就比如翁同龢，他錄取了不少門生，接受了門生們的許多饋贈和孝敬，如果按照惇親王的思路辦理，那他翁同龢不就成了接受巨額賄賂的腐敗分子了嗎？

所以，翁同龢明確反對追究雲南報銷案中的饋贈和禮品情況，把案情局限在報銷事務上。私底下，翁同鑠也多次拉住惇親王，向他曉之以情、動之以理，說明當時官場存在的實際情況，希望惇親王能不追究那些禮金支出。但是，惇親王奕誴就是不同意。奕誴是出了名的犟脾氣，頑固得很。

當年，他就因為這個脾氣很不討父皇道光皇帝的喜歡，被早早地排除在皇位候選人的名單之外了。如今，惇親王奕誴在此案橫生出來的禮金問題上，也是一根筋，堅持要追究。翁同龢在日記中記載，自己對他是「雖百方開譬，終執不可移」，不禁感嘆「曉事之難」。

翁同龢等人和惇親王奕誴的另外一個矛盾是雲南方面還沒有支付的三萬兩銀子的性質認定問題。潘英章供認已經支付給孫家穆等人五萬兩銀子，還沒有支付的三萬兩銀子是要送給戶部承辦官員及經手書吏的，

並不是要送給王文韶、景廉。孫家穆也供認，王文韶、景廉並沒有參與賄賂款項的分配。因此，翁同龢等人認為，王文韶其實並沒有收受賄賂。但是，奕誴認為，這預留的三萬兩銀子，就是在事成之後要送給王文韶等人的。這是他和翁同龢的另一個矛盾。

怎麼解決兩人之間的矛盾的？翁同龢覺得解絕不了。他就另外召集參與審訊的其他官員，在自己家裡召開小會，孤立了惇親王奕誴。

在翁同龢家中開會的，有奉派查辦雲南報銷案的刑部尚書麟書、戶部尚書閻敬銘；原刑部尚書潘祖蔭丁憂後，張之萬繼任，他也參加了會審；此外還有刑部左侍郎薛允升。他們五位大臣，一致同意限制雲南報銷案追究的範圍，嚴格按律治罪。刑部左侍郎薛允升精通刑名，在刑部任職十多年。

其他四個大臣就推舉他來草擬最後的結案奏摺。為了應付奕誴，防止他認為罪名太輕，五個人決定分兩套方案來定罪：一套是嚴格按照法律條文來擬定，一套是酌量加重。擬好草稿，大家傳閱後，再拿給奕誴商量。惇親王看了定罪草稿後，認為判得太輕。同時，他堅持要把留在銀號的三萬多兩銀子，認為是留著送給王文韶、景廉的。王文韶、景廉銀子雖未到手，也要受到懲處。

最後，翁同龢、麟書、閻敬銘、張之萬、薛允升會同惇親王，在刑部提訊雲南報銷案全部人犯，過堂劃押。雲南報銷案，在翁同龢等人的主審下，得出了一個官方版本的案情。

崔尊彝、潘英章兩人為了報銷雲南省積壓多年的軍需收支及年例奏銷款項，由於擔心戶部經辦人員從中作梗，利用朋友關係找到太常寺卿周瑞清，請他從中疏通關係，又找到潘英章的朋友、戶部主事龍繼棟，由龍繼棟向負責報銷事務的主稿主事的孫家穆溝通。崔尊彝拿出八萬兩作為疏通各戶部、工部、兵部關節的費用，首付五萬，事成再給三萬。

雲南報銷案：「跑部錢進」引發黨爭

五萬銀子中，周瑞清留下了五千兩，孫家穆拿到四點五萬兩後，除預留的六千兩準備分配給兵部官吏外，其餘都分配給了戶部、工部各司官吏。孫家穆自己分到七千兩。這些款項都經天順祥、乾盛亨等銀號匯兌變現。

專案組還釐清了兩個問題。第一是，雲南報銷的財務清冊，合法合規，並沒有虛報亂報的問題。也就是說，按照正常的財務流程，雲南省不送禮行賄，相關部門也要按照正常的程序報銷雲南的款項。雲南地方官員因為大環境的限制，原本應該辦理的手續，也送了錢。戶部收錢後，透過了報銷；工部審計透過後，但還沒有上奏；兵部因為雲南省沒有事先造冊，給予駁回。

第二個問題是，雲南報銷清冊中的經費支出所列款項都符合規定，崔尊彝等人用於行賄的銀子，並沒有列入軍費中報銷。那麼，這些行賄的銀子是從哪裡來的呢？審查發現，行賄銀十點七六萬兩，都是從雲南省捐納款項的結餘裡面支付的，屬於官銀。崔尊彝用了其中的八萬多兩，將剩餘公款二點三二萬餘兩侵吞了。潘英章則侵吞了一千七百兩公款。

在這定案的最後時刻，惇親王奕誴還想把饋贈送禮的所有官員名單也報上去，翁同龢等人不同意。翁同龢說：「王爺把這些人奏報上去，是要擬罪呢，還是不問呢？」惇親王關鍵時刻，退縮了，說：「不問。」翁同龢說：「既然王爺不打算追究這些人，為什麼還要報告上去呢？不如等我們面奏的時候，一起提一下。」經過翁同龢等人再三勸解，惇親王才最終同意了定案結論。

慈禧太后接到報告後，召見了惇親王、翁同龢、閻敬銘等六人。慈禧隔著簾子，問道：「雲南報銷案如何？」

閻敬銘代表大家，回答說：「案內不敢一字遺，案外不敢一字牽

涉。」他這個回答，其實替全案定了辦事的基本原則，即局限在因為報銷引起的行賄受賄內，不牽涉更多的人和事。在範圍內的，嚴格依法辦事；不在範圍內的，一概不問。

慈禧說：「案外的事情，原來就不必牽連。」她肯定了大家的辦案原則後，又問：「此案罪名如何？」閻敬銘簡單匯報了基本情況。慈禧說：「國家多故，天子幼沖，而執法官員敢舞弊至此。你們這麼辦，沒有輕縱相關罪犯吧？」這時候，惇親王奕誴動了一下，慈禧馬上問他：「惇王，你有話儘管說。」

奕誴就說：「潘祖蔭在丁憂之前，定下了完贓減罪的意見，告訴了幾位大人。幾位大人就是根據潘祖蔭的意見，從輕發落罪犯的。」翁同龢趕緊接上話：「潘祖蔭已經離職去位，即便他不去位，此案也不是他一人所能主持的。」

奕誴又挑起話題，說：「今日須遵旨嚴辦。」當時，翁同龢等人先遞上的是對軍機大臣景廉的處理意見，建議對景廉從輕發落，所以奕誴才有這樣的說法。

翁同龢針鋒相對：「現在沒有降旨嚴辦，就算是有旨要求嚴辦，也要依照律例，怎麼能畸輕畸重。律例是祖宗成法，國家憲章。嘉慶年間就有對類似犯罪從輕發落的先例。只要不枉法，我們的行為都是可以原諒的。」

慈禧聽出翁同龢話中有活，讓他把枉法不枉法的詳細說明。翁同龢舉了之前處理高官牽涉類似案件的處理意見。慈禧表示明白了。

惇親王奕誴不死心，說：「太后垂簾辦事，若輕縱，將來皇上親政時，必有議論。」

翁同龢抓住他這句話，說：「惇親王失言，太后簾聽以來，事事秉公處理，此案也斟酌詳審，將來會有什麼議論？」慈禧也說：「我也不想從

重處理，只是需要按律例辦理，」翁同龢等人回答：「無一字非律例。」翁同龢緊接著對奕誴說：「意見不同須先討論，數日來惇親王與臣見面，從未議及罪名，今天怎麼說意見不同呢？」慈禧也對惇親王說：「你應該學學律例，講解明白，再與諸位大臣商量。」

奕誴委屈地說：「事情應該在太后和皇上面前商定，否則我一人難敵五嘴。」為了給自己臺階下，奕誴說：「可否將律本所引一一寫出，請上閱定，再最終決定？」慈禧同意，翁同龢等人也同意。雲南報銷案的處理就這麼大局決定了。

光緒九年六月二十二日，吏部奏上雲南報銷案議處。

太常寺卿周瑞清、戶部主事孫家穆都革職、賠贓，也就是退回贓款，兩人都發往黑龍江效力贖罪。周瑞清藉口老母親年邁，自己又是獨子，請求留養老母，沒有得到批准，最終還是流放了黑龍江；雲南永昌知府潘英章、戶部主事龍繼棟、御史李郁華都革職、流放軍臺效力贖罪；戶部雲南司員外郎福祉，對雲南報銷事項不聞不問，事後分得四千兩贓銀，革職，流放軍臺效力贖罪；戶部雲南司主事崔澄寰、周頌，以及工部相關官員，從孫家穆處分得數百兩贓銀，一併革職；接受賄賂的相關書吏，全部仗責一百，流放三千里。

此案受到懲處的高官很多。王文韶、景廉和前任戶部侍郎、現任吏部侍郎奎潤、前任戶部尚書董恂，都降二級調用；雲貴總督劉長佑、雲南巡撫杜瑞聯，都降三級調用；工部尚書翁同龢，因為失察工部之報銷，罰俸九個月。因為他並未受贓，且辦案有功，准其抵銷。另外，軍機大臣景廉雖然受罰，但沒有受賄，保留軍機大臣的職務。

此事的始作俑者崔尊彝，因為已經去世，免於重罰，但勒令他的家人退還的兩萬多兩公款。如不能足額清退，即行查抄家產。

應該說，對雲南報銷案最終的處理還是算嚴厲，對遏制當時部費橫

飛、貪汙成風的風氣也有一定的作用。此案更大的歷史意義，在於它是晚清黨爭的一個重要事件，對最高權力結構的消長產生了直接的推動作用。雖然以李鴻藻和清流派為代表的北派官僚，藉此案獲得了實際利益，但慈禧太后對此看得非常清楚。她不會讓任何一個官僚派系長期保持優勢。很快，慈禧就借助中法戰爭，斥退了以恭親王奕訢為首的整個軍機處團隊，並把清流派骨幹陸續派往前線或者地方，用一個個實際難題壓制了清流中人。閻敬銘很快也進入了軍機處，可因為在修建頤和園問題上反對慈禧挪用款項，遭到罷免；翁同龢一度在軍機處順風順水，卻在戊戌變法前被勒令退休；王文韶六年後東山再起，出任雲貴總督，戊戌年再次進入軍機處。雲南報銷案給他的教訓，就是為人處世更加圓滑，趨利避害、明哲保身。正因為如此，王文韶在此案的眾多出場人物中，挺立在政壇的時間最長，並且得到了「琉璃蛋」的綽號。這也是清朝晚期政治黑暗的一個例證。

後記

感謝閱讀本書。

國家之敗，由官邪也。官員清廉與否，關乎國運；官場風氣，關乎世風人心。此理，想必不用多說。清朝作為最後一個封建王朝，累積的歷代廉政思想、吏治箴言，最為豐富。聖祖仁皇帝康熙「治國莫要於懲貪」的重言，聲猶在耳。清朝也汲取了歷代制度之精華，設計了最為繁複與成熟的政治制度，且「重典治貪」。本書所列的反貪腐案件，僅僅是清朝兩百多年懲治案件的一小部分。有興趣的讀者，可以參見牛創平、牛冀青編著的《清代一、二品官員經濟犯罪案件實錄》一書，書中有更多詳實的資料介紹。樁樁件件，觸目驚心，引人深思。

可是，清朝的貪腐現象，即使不一定是歷朝最為嚴重的，也是「名列前茅」。發展到王朝末期，政治黑暗。真正的大奸大惡之人，少之又少，卻產生了令人扼腕、匪夷所思的悲劇、鬧劇。所有人都成為了黑暗背景中的「犧牲者」，這是最大的腐敗，也是最令人恐懼之處。為什麼清朝擁有豐富的思想與制度遺產，吏治卻沒有較大的好轉？為什麼在強力反貪的背景下，貪腐現象始終伴隨著清王朝的命運，且愈演愈烈呢？很難解釋這個現象。

局外說閒話，天下無難事；事後說閒話，古今無完人。本書嘗試著進入清朝的情境之中，從制度和社會兩個層面，詳細剖析清朝具有代表性的貪腐與反貪腐事件。這些事件主要涉及財政虧空、司法腐敗、人事制度二大力幾個面向，至於剖析的成果如何，就要由讀者諸君來評定了。

本書在寫作時，基本史實參考《清實錄》、《清史稿》的相關記載，我手頭並沒有這兩部皇皇巨著，使用的是網路版本。實體圖書方面，我

主要參考了《清朝文官制度》（艾永明著）、《清代貪汙受賄大案》（華爾嘉著）、《清朝地方政府》（瞿同祖著）、《明清律例研究》（柏樺主編）等書。具體的案件，我也參考了網上的相關文章。因為個人能力有限，時間有限，本書難免存在錯誤，歡迎讀者諸君批評指正。

張程

當官員全是飯桶，朕想好好治國也沒用！

貪汙侵吞、濫權枉法、昏庸無為……當初意氣風發的新科進士，入了官場就只知道以權謀私！

作　　者：張程

發 行 人：黃振庭

出 版 者：崧燁文化事業有限公司

發 行 者：崧燁文化事業有限公司

E-mail：sonbookservice@gmail.com

粉 絲 頁：https://www.facebook.com/sonbookss/

網　　址：https://sonbook.net/

地　　址：台北市中正區重慶南路一段六十一號八樓 815
室

Rm. 815, 8F., No.61, Sec. 1, Chongqing S. Rd., Zhongzheng
Dist., Taipei City 100, Taiwan

電　　話：(02)2370-3310

傳　　真：(02)2388-1990

印　　刷：京峯數位服務有限公司

律師顧問：廣華律師事務所 張珮琦律師

定　　價：420 元

發行日期：2023 年 11 月第一版

◎本書以 POD 印製

國家圖書館出版品預行編目資料

當官員全是飯桶，朕想好好治國也
沒用！貪汙侵吞、濫權枉法、昏庸
無為……當初意氣風發的新科進
士，入了官場就只知道以權謀私！
/ 張程 著 . -- 第一版 . -- 臺北市：崧
燁文化事業有限公司 , 2023.11
面；　公分
POD 版
ISBN 978-626-357-834-0(平裝)
1.CST: 清史 2.CST: 中國政治制度
627　　112018281

電子書購買

臉書

爽讀 APP